Nouvelle Bibliothèque franciscaine. — 1⁰ *Série.* — **XIV.**

ALPHONSE GERMAIN

Sainte Colette
de Corbie

PARIS

Librairie CHARLES POUSSIELGUE

15, RUE CASSETTE, VI⁰

SAINTE COLETTE DE CORBIE

SAINTE COLETTE

DE CORBIE

(1381-1447)

PAR

ALPHONSE GERMAIN

« Quiconque s'humilie sera exalté. »
(Matt., XXIII, 12; Luc, XIV, 11;
XVIII, 14.)

PARIS

LIBRAIRIE CHARLES POUSSIELGUE

15, RUE CASSETTE, VIe

BIBLIOGRAPHIE

A. — MANUSCRITS.

1. Ms. de Pierre de Vaux (dit de Reims). Il commence en ces termes : « Cy s'ensuit une petite extraction de la parfaite et saincte vie de très vénérable et dévote religieuse et de mémoire glorieuse, nommée Sœur Colette, de l'Ordre de Madame saincte Clare, sa en terre première réparatresse, et, comme je croy sans point doubter, avecque elle là-sus en gloire corrégnateresse. » Cette biographie comprend vingt chapitres avec un appendice; elle appartient au couvent de Poligny depuis 1887, il en existe plusieurs copies, dont une chez les Clarisses d'Amiens. Elle a été traduite en flamand par Olivier de Langhe, prieur de Saint-Bavon de Gand, et en latin par le Franciscain Étienne Juliaque, doct., de Sorbonne.

2. Ms. de Sœur Perrine, appartient aux Clarisses de Besançon. En voici le début : « *In nomine Patris, et Filii, et Spiritus sancti. Amen!* Cy-après s'ensuit la déclaration de ce que je, Sœur Perrine de Balme, de l'âge de soixante-six ans, à présent religieuse de l'Ordre de Sainte-Claire, réformé par vénérable et très dévote religieuse en son temps du dict ordre et maintenant très glorieuse en Paradis, Sœur Colette, sçay tant avoir vu, et ossy oy dire et

expérimenté plusieurs fois, de la saincte et honorable vie et conversation très religieuse de la dicte glorieuse vierge Colette. » — Bibl. franciscaine, ms. 834 (351).

3. Témoignage authentique de quatre bourgeois de Corbie, acte rédigé en 1471 par le notaire Gérard Guiot. Reproduit en latin par les *Boll.*, mars, t. I, pp. 534-535.

4. Relation authentique de douze miracles, par Philippe Courault, rédigée en 1471. Reproduite en latin par les *Boll.*, loc. cit., p. 588.

5. Mémoire de ce que notre béate mère a faict au couvent de Poligny, monastère de Poligny.

6. Récit de Sœur Marie de La Marche, rapporté par Fr. Claude Champion. — Biblioth. de Besançon.

7. Ms. des PP. Capucins de Thonon (Fin xv⁰ ou commencement xvi⁰ s.). Il comprend vingt chapitrets, qu'émaillent d'assez nombreuses fautes d'orthographe. Beaucoup de passages ont été empruntés, semble-t-il, à Pierre de Vaux. Le f⁰ 1 commence par ces mots : « Je l'apelle la petite ancelle, c'est-à-dire la petite serviteresse de nostre Seigneur pour certaine cause qui est en ma cognoyssance car je say que devant Dieu pluseurs foy elle a este ensi dite et nomée. » Et voici l'intitulé du dernier chapitre :

« S'ensegunt les miracles que nostre Signur a fait pour elle en son vivant : que le xx⁰ et derrenier chapitret loueur de Dieu et de la glorieuse Virge Marie mere de nostre Signeur salveur Jhésuchrist. Cy ensugant sont recue aucunz des miracles que Dieu a voulsu fere par la petite ancelle en son vivant. Et tout premierement.

« Des mors qu'ils furent ressucite.

« De ceulx qui furent du peril de mort perservez.

« De ceulx qui furent du peril de yaues (des
eaux) delivrez.

« De aucunz de chartes delivrez et d'aultres en
prison confortez.

« Des femmes ensaintes de peril d'anfant delivrez.

« Des yeulx malaydes sanez et garis.

« Des enraygiez demoniacles de l'ennemi delivrez.

« Des diverse malaydie qui furent gariz et sanez.

(F° 165 v° et 166.)

8. Annales des Clarisses de Poligny.

9. Archives des Clarisses de Besançon.

10. Archives des Clarisses d'Amiens.

11. Ms. de l'abbé de Saint-Laurent, début du
xviii° siècle. — Monastère de Besançon.

12. Vie de sainte Colette en 110 cahiers, par
l'abbé Larceneux, 1783. — Monastère de Poligny.

13. Bibliothèque de Besançon : liasse concernant
sainte Colette.

14. Bibliothèque de Besançon : liasses concernant
les Clarisses.

15. Bibliothèque de Besançon : lettres de Guillaume de Casal.

16. Bibliothèque de Besançon : lettres de Julien
Cesarini.

17. Archives départementales du Doubs.

18. Archives départementales de la Côte-d'Or.

19. Archives municipales d'Auxonne.

20. Archives municipales de Seurre.

21. Archives de Gand : liasse des Collectines de
Bethléem à Denynse.

B. — Imprimés.

Biographie nationale de Belgique, IV, 276 à 281.

Abbé J.-Th. Bizouard, *Histoire de sainte Colette*

et des Clarisses en Franche-Comté, Besançon-Paris, 1888.

Id., *Histoire de sainte Colette et des Clarisses en Bourgogne*, Besançon, 1890 (3ᵉ édit.).

Cabinet histor., 1858, IV, ii, 58-60.

Ulysse CHEVALIER, *Documents hist. inédits sur le Dauphiné*, 1874.

Jodocus CLICHTOVEUS (Josse Clithou), *Brevis legenda bᵉ virg. sor. Colete, reformatricis ordin. S. Clare;* Parrhisiis, 1510, trad. franç. par Douillet.

Pierre COLLET, *Hist. abrégée de la bᵉ Colette Boellet, avec l'abrégé de l'hist. de la v. Philippe, duch. de Gueldres*, mis au jour par de Montis; Paris, 1771.

Comment. praev. dans *Acta SS. Bolland.*, 1668, mars, t. I.

Abbé CORBLET, *Hagiographie diocès. d'Amiens*, 1869-74, I, 357-544; IV, 700-1.

Louis DOMAIRON, *Sœur Colette et Jacques de Bourbon*, dans *Cabinet histor.*, 1864, X, L, 288-98.

Abbé DOUILLET, *Sainte Colette, sa vie, ses œuvres*, etc. Paris, 1884 (2ᵉ édit.).

R. P. FAGES, O. P. *Hist. de saint Vincent Ferrier*, Paris, 1893, t. II.

G. DU FRESNE DE BEAUCOURT, *Charles VII*, Paris, 1880-91, t. I.

R. P. Jacques FODÉRÉ, *Narrat. historique et topographique des couvents de l'Ordre de Saint-François et des monastères de Sainte-Claire*, etc., Lyon, 1619.

GONONUS, *Vitae patr. occid.*, 1625, 383-5.

F. H., dans *Revue Suisse cathol.*, 1871, III, 296-307.

Abbé Ed. JUMEL, *Vie de sainte Colette*, Tournai, 1868.

L. DE KERVAL, *Saint Jean de Capistran*, Paris, 1887.

LATERA (Flam. Mar. Annib. da), *Vita delle vergine S. Coleta*, etc., Roma, 1807.

Hubert LEBON, *Vie de sainte Colette*, Tours, 1846.

LELONG, *Bibl. France*, 1768, I, 15181-7; IV, S.

Olivier DE LA MARCHE, *Mémoires mis en lumière par D. S. Fontenaille*, Lyon, 1561.

R. P. MARC de Lisbonne, M. O. *Chronicas da Ordem dos Frades menores*, Lisbonne, 1557. Trad. franç. 1601-03-09-23.

NOAILLES, *Vie de sainte Colette*, Avignon, 1857.

Michel NOTEL, *La Vie de sainte Colette*, Mons, 1594.

PARADIN, *Annales de Bourgogne*, Lyon, 1566.

Dom PLANCHER, O. S. B., *Hist. du duché de Bourgogne*, Dijon, 1748.

R. P. PRUDENT de Faucogney, O. M. C., *Vie de sainte Claire*, 1782.

Col. RAES, *Vita della gran serva Di Dio bᵃ Coletta*, Fuligno, 1703.

RITUEL ou *Cérémonial à l'usage du mon. des religieuses de Sainte-Claire de Besançon*, Lyon, 1671.

ROHRBACHER, *Hist. univ. de l'Église cath.*, t. XXI.

ROUSSET, *Dictionn. histor. et géogr. du Jura*.

S. Rituum Congr. canonizationis b. Coletae positio super signatura..., Romae, 1739, 4 p. fol.; — *positio super dubio...*, id., 1740, id.

S. S. Franche-Comté, 1856, IV, 341-400.

SBARALEA, *Suppl. script. Francisc.*, 1806, 198.

R. P. Louis SELLIER, S. J., *Vie de sainte Colette..., rédigée d'après des mémoires authent.*, etc.; Amiens, 1853-55, 2 vol., Paris, 1861, 2 vol.

R. P. Claude SYLVÈRE d'Abbeville, O. M. C. *His-*

toire chronolog. de la B. Colette, Paris, 1619,
id., 1628.

SURIUS, *Vitæ SS.*, 1618, III, 56; *Vie de sainte Colette,* Lyon, 1835.

WADDING, *Annales Minorum*, Rome, 1731-40,
t. X et XI.

Sainte Colette de Corbie

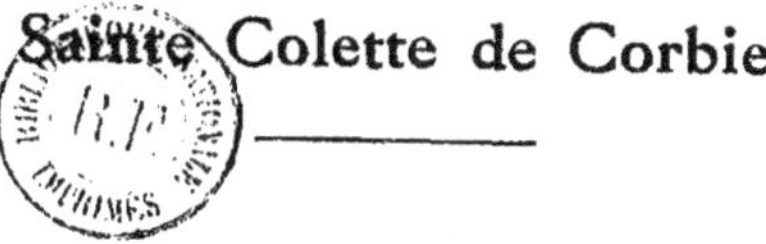

CHAPITRE PREMIER

Naissance de Colette. — Ses parents. — Son enfance. — Premières manifestations de sa piété. — Premières faveurs dont Dieu l'enrichit. — Sa dévotion à Jésus-Crucifié et à Jésus-Hostie. — Sa charité. — Son esprit de renoncement. — Sa persévérance à assister aux matines. — Étonnement des gens de Corbie. — L'esprit du monde et l'esprit de Dieu. — Sagesse prématurée de Colette. — Son développement physique à la suite d'un pèlerinage.

C'est près d'Amiens, à Corbie, rue de la Chaussée, que naquit, le dimanche 13 janvier 1381, l'enfant qui devait s'élever à la sainteté en régénérant la famille franciscaine et une importante partie de la société. Depuis longtemps déjà, ses parents, le charpentier Robert Boellet et Marguerite Moyon, imploraient la grâce de ne pas mourir sans postérité. Marguerite allait être sexagénaire et il semblait bien qu'elle dût rester stérile ; mais elle avait prié avec une si belle foi, une si pieuse confiance pour qu'il n'en fût rien, et son époux l'avait si bien imitée, que Dieu les exauça par un prodige semblable à celui qu'il avait accompli en faveur d'Anne et d'Élisabeth. La joie de ces vrais fidèles fut débordante, et, comme ils avaient eu recours à l'intercession de saint Nicolas, ils donnèrent le nom de Colette à la fille que leur envoyait le ciel.

Du jour où leur union fut fécondée, ils formèrent réellement une sainte famille ; et Colette en retira d'inappréciables avantages. Car si la sainteté dépend avant tout de la coopération constante d'une volonté humaine à l'action de la grâce divine, elle se développe avec une vigueur et une promptitude singulières dans une âme que de pieux parents ont cultivée selon la loi et les préceptes évangéliques. Les mères surtout sont d'admirables collaboratrices de Dieu dans la formation des jeunes âmes. Combien de prêtres, de religieux et de religieuses doivent à celles qui les mirent au monde et les élevèrent d'avoir répondu à leur vocation ! « C'est Sylvie, ma sainte mère, qui m'a donné à l'Église », inscrivit saint Grégoire sur une paroi du monastère du mont Cœlius. Beaucoup d'autres saints, on le sait, eussent pu manifester leur reconnaissance de la sorte.

Si Marguerite Boellet n'était pas assez élevée dans la spiritualité pour gagner l'auréole de bienheureuse, elle avait du moins à un haut degré le sentiment de ses devoirs et toutes les vertus nécessaires pour imprégner sa fillette de l'esprit du divin Maître. D'ailleurs, quand cette excellente chrétienne se vit mère, loin de rompre avec ses habitudes pieuses, comme font tant de prétendues catholiques en pareil cas, sous prétexte d'un surcroît de besogne, elle résolut de redoubler de ferveur pour mieux remplir sa mission d'éducatrice. La vie d'un ménage d'artisans a été, de tout temps, laborieuse, et, à la fin du xive siècle, elle n'était pas moins dure qu'aujourd'hui; cependant, Marguerite, sans négliger quoi que ce fût dans son intérieur, continua de fréquenter l'église assidûment, de s'approcher chaque semaine du sacrement de pénitence et de communier fréquemment. Enfin non seulement elle continua de méditer, chaque jour, sur la vie et la Passion de Notre-Seigneur, mais encore elle apporta plus de soins que jamais à cet exercice. Est-il besoin d'ajouter qu'elle s'en trouva fortifiée de toutes les manières? Jamais les efforts tentés chrétiennement pour vivre de la vie spirituelle n'ont affaibli la volonté et les énergies, bien au contraire. Ainsi cette digne mère imprima dans le cœur de son enfant l'amour de Dieu et l'horreur du péché, ainsi la conservat-elle dans l'innocence et la pureté.

Quant à Robert Boellet, qui n'appréciait pas moins que son épouse la bonté du Seigneur envers eux, il déploya un courage au moins égal pour avancer dans la voie de perfection. D'après le P. Marc de Lisbonne, il avait été naguère assez emporté et querelleur, et, au cours de nombreuses altercations, il s'était montré « fort rogue, cruel et inhumain ». Mais à force de lutter contre lui-même, il finit par acquérir de la douceur et de l'humilité. Pour devenir plus vertueux encore et mieux témoigner sa gratitude à Dieu, il s'attacha, autant que son labeur le lui permettait, aux bonnes œuvres. Les quelques bénéfices que lui rapportait son métier, il avait depuis longtemps l'habitude de les employer au soulagement des pauvres ; à cette charité, il en ajouta une autre toute spirituelle. Il voulut dissiper dans autrui les défauts qu'il avait entretenus si longtemps en lui-même, il voulut pacifier ceux que la colère emportait. Nulle contestation ne se produisit entre ses concitoyens sans qu'il n'essayât d'y mettre fin, nul désaccord ne divisa une famille autour de lui sans qu'il n'intervînt en médiateur. Ses accents étaient si sincères, ses exhortations jaillissaient si bien du cœur qu'il se faisait généralement écouter de tous. D'ailleurs, il insistait au besoin et, par son tact, sa patience, sa générosité, il parvenait à calmer les animosités, à pacifier les esprits, à les élever pour un moment au-dessus des grossiers intérêts matériels. Toujours prêt à se dévouer, il devint bientôt l'arbitre du pays. D'autre part, ce brave serviteur du Christ, que rien ne rebutait quand il s'agissait de la gloire du divin Maître et du bien du prochain, prit, comme l'avait fait saint Antoine de Padoue (1), l'initiative d'une œuvre délicate et difficile entre

1. *Légende primitive*, p. 198.

toutes. Se rappelant que le Sauveur avait eu pitié de la Samaritaine, il essaya d'arracher à leur vie de hontes et de péchés les malheureuses qu'une première chute avait plongées dans la débauche. Dieu bénit ses efforts. Il eut la satisfaction de ramener à de bons sentiments quelques-unes de ces pécheresses et d'intéresser à leur sort plusieurs charitables personnes du pays.

On comprend qu'entre de tels parents, Colette ait acquis très vite une solide piété et qu'elle se soit ouverte aux lumières du ciel comme une fleur aux rais solaires ; elle n'avait qu'à regarder autour d'elle pour apprendre à prier. Très tôt, d'ailleurs, Dieu, qui la destinait à de grandes choses, l'enrichit de grâces extraordinaires. Elle n'était encore que dans sa quatrième année qu'il lui donnait de son adorable personne une notion qu'aucun enfant de son âge n'aurait pu avoir naturellement. Dès lors, elle fut en état de vivre l'esprit fixé sur Notre-Seigneur, et, peu après, elle commença de méditer sa vie et sa Passion. A sept ans, elle faisait déjà une heure d'oraison par jour, quelquefois davantage, et ce lui était très doux. Ses parents contemplaient avec un indicible bonheur son recueillement lorsqu'elle pratiquait ses pieux exercices ; toutes les bénédictions que recevait cette âme privilégiée rejaillissaient sur eux et ils ne travaillaient qu'avec plus de sollicitude à la préserver des souillures du siècle, à l'embellir spirituellement. Ils l'avaient mise à l'école que tenaient les Bénédictins de Corbie dans leur monastère (1), et l'instruction religieuse qu'elle y recevait complétait à merveille l'œuvre de son père et de sa mère.

A mesure que la raison se développait en Colette, sa spiritualité devenait plus intense, et elle coopérait si fidèlement aux opérations de la grâce qu'elle se modelait, malgré sa jeunesse, à la ressemblance de Dieu. Car l'action sanctifiante empreint l'image du Créateur au fond des âmes où il se plaît à établir sa demeure (2). « C'est par la ressemblance que l'on s'approche de Dieu, déclare saint Augustin, c'est par la dissemblance que l'on s'en éloigne (3). »

1. Ce monastère avait été fondé par sainte Bathilde vers 657. On lui doit saint Anschaire et les premiers apôtres qui allèrent évangéliser les Danois et les Scandinaves; saint Martin, le confesseur de Charles Martel; Adhélard, cousin de Charlemagne et organisateur d'une pépinière de savants et d'apôtres; saint Paschase Radbert, abbé du ix° siècle; saint Gérard, qui fonda, au xi° siècle, la Sauve-Majeure dans l'Aquitaine. Détail curieux, une des premières communes de France fut établie par l'abbaye de Corbie en 1123; l'esprit brouillon des gens du pays et force malentendus amenèrent sa suppression par un compromis en 1310.

2. « Au-dessus de la manière commune suivant laquelle Dieu est en toute créature, dit saint Thomas, il est un mode spécial de présence qui convient exclusivement à la créature raisonnable, dans laquelle il est présent comme le connu dans le connaissant, l'aimé dans l'aimant; et parce que la créature qui aime et connaît, atteint Dieu lui-même par son opération, il en résulte que Dieu, suivant ce mode spécial de présence, n'est pas seulement dans la créature raisonnable, mais qu'il *habite* en elle comme dans son temple. » (S. Thom., I p., p. 43, a. 3.)

3. *De Trinit.*, vii, c. 6, n° 12.

Ainsi comblée de faveurs divines et tout aban-
bonnée à la volonté sainte, Colette rechercha de
plus en plus la solitude. Tout l'attirait vers
Dieu, tout l'éloignait du monde. L'étonnante
enfant, dont on peut dire que, comme Origène,
elle n'eut pas d'enfance, ne se récréait guère
qu'en priant. Aux jeux de ses compagnes, elle
préférait les entretiens avec Jésus. Cette mystique précoce savait si bien que sa conversation
n'a point d'amertume ! Cela ne l'empêchait point
de se mêler à l'occasion aux fillettes les plus
sages de son milieu, et surtout de s'appliquer à
leur être agréable, car la piété vraie ne rend
jamais maussade ; mais toutes les fois qu'elle
pouvait éviter ces actes de complaisance, elle
n'y manquait pas. Il lui arriva de se dissimuler
dans sa chambre, et même sous son lit, pour
échapper aux sollicitations de ses petites amies.
Car celles-ci l'aimaient beaucoup à cause de son
aménité et de ses vertus (1), et se plaisaient si
fort en sa compagnie qu'elles lui eussent pris
volontiers tous ses loisirs. Or, Colette entendait en consacrer la plus grande partie à Dieu.
Elle avait parfaitement conscience de la vanité
d'une vie sans base spirituelle.

Vers sa neuvième année, l'angélique enfant
était assez pénétrée des enseignements de la

1. Les bourgeois de Corbie, interrogés lors de l'infor-
mation ouverte après la mort de la Sainte, déposèrent
que, pendant son enfance, elle s'était fait remarquer
« par son bon naturel, son humble obéissance » et
qu'elle avait sanctifié, « par la dévotion, les prémices
de son jeune âge ». (*Boll.*, mars, t. I.)

Passion pour recevoir du ciel une nouvelle faveur insigne : elle connut complètement, par
révélation, l'esprit de l'Ordre franciscain (1).
Dès lors, consciente de la valeur de l'oblation de
soi-même, elle commença de se mortifier. Avec
un courage héroïque, elle ceignit ses reins de
cordes grossières, elle contracta l'habitude de
se donner la discipline, de s'abstenir très souvent de viande et de jeûner avec rigueur. Et,
pour mieux pratiquer cette dernière mortification, elle rentrait le plus tard possible au domicile paternel. De plus, quand elle ne couchait
pas sur le plancher ou sur des sarments,
elle glissait sous son drap, afin de durcir sa
couche, soit des copeaux, soit des branches
d'arbres. Assurément, ce sont là des austérités,
des pénitences bien rigoureuses pour une enfant ; mais Colette, ne l'oublions pas, marchait
dans des voies extraordinaires, et, destinée à une
mission fort pénible, elle ne pouvait y être pré-
parée par une vie amollissante.

D'ailleurs, Dieu ne l'encourageait pas dans
ses projets de renoncement sans la doter d'am-
ples forces pour les réaliser. Il n'aurait pas permis qu'elle tombât dans quelque excès fâcheux
ni qu'il lui arrivât malheur. Il la voulait pour
une œuvre d'une haute importance et visible-
ment la protégeait. Certain jour, pendant son
enfance, s'étant avisée de manier la cognée

---

1. Les années ne devaient lui apprendre rien de plus
à ce sujet, elle l'affirma dans la suite à Sœur Perrine
en lui confiant cette incomparable faveur.

de son père, ses faibles mains la laissèrent choir
et l'instrument lui fit à la jambe une large bles-
sure. Mais sa foi était trop vive pour qu'elle
s'effrayât d'un tel accident; tout en implorant
l'infinie bonté divine, elle s'improvisa un panse-
ment avec son mouchoir et attendit avec confiance. Le lendemain, ne ressentant aucune
douleur, elle débanda sa jambe; la plaie était
cicatrisée. Pour éviter des inquiétudes à ses
parents, elle ne leur avait pas dit qu'elle s'était
blessée; mais, dans la suite, elle signala souvent à ses religieuses cette guérison surpre-
nante, sans doute en vue de leur rendre plus
sensible la nécessité de recourir à Dieu en toutes
circonstances.

Depuis que Dieu s'était fait connaître à son
âme, Colette n'avait cessé de croître en piété, et
un bel amour pour notre adorable Sauveur
l'embrasait. Sa dévotion pour Jésus crucifié
était si profonde qu'elle ressentait des douleurs
aux mains, aux pieds et au côté droit quand
elle méditait sur le sacrifice du Calvaire. On
devine son bonheur le jour où il lui fut enfin
donné de recevoir le divin Maître dans la sainte
Eucharistie. Depuis qu'elle connaissait ce don
indicible, qu'elle savait ce qu'était le pain des
Anges, elle désirait ardemment s'en nourrir.
Elle avait une telle intuition des délices et des
vertus du Sacrement ineffable, elle l'enveloppait d'une si sainte dilection, que, les jours où
sa mère s'était approchée de la sainte table,
elle se plaisait plus que jamais auprès d'elle.

On eût dit qu'elle percevait les aromes laissés par le corps et le sang de l'Homme-Dieu en l'âme de Marguerite Boellet. La spiritualité de la jeune vierge s'épanouit d'une manière merveilleuse lorsqu'elle eut été admise à communier. C'est avec un entier abandon de soi-même qu'elle accueillit les effusions de la grâce, c'est avec un pur séraphisme qu'elle s'offrit en hostie de réparation. Vraiment, le Saint-Esprit, selon les paroles du P. Sylvère, « régentait cette créature si tendrelette ».

Un amour si ardent pour Jésus, une union si intime avec le bon Pasteur impliquait une vive et tendre charité. L'amour ne va pas sans la reconnaissance, et celle-ci se manifeste par des actes. Colette ne voyait pas un malheureux sans se sentir émue. — « Si je n'aimais pas les pauvres, déclarait-elle en toute candeur, il me semble que je n'aimerais pas le bon Dieu. » Aux indigents qui se présentaient au logis paternel comme à ceux qu'elle rencontrait en allant à l'école, elle s'empressait de porter secours, présentant aux premiers ce qu'elle trouvait de mieux chez ses parents, abandonnant aux autres son propre repas, dont elle était toujours prête d'ailleurs à disposer en faveur de ses compagnes. Ceux qui passaient implorant une aumône étaient-ils, selon la saison, couverts de poussière ou transis, elle se plaisait à les laver ou à les installer près du feu. Dès que son âge et ses forces le lui permirent, elle alla donner des soins aux miséreux que la maladie retenai.

sur leurs grabats. Le P. Claret, qui fut un de
ses confesseurs, rapporte que la vaillante
enfant ne craignit pas d'assister de la sorte des
patients aux plaies repoussantes et jusqu'à des
lépreux. Ainsi s'achevait sa conformité avec
Notre-Seigneur, la charité, selon l'heureuse
expression du bienheureux Albert le Grand,
nous tournant vers Dieu et nous transformant
en Dieu (1). Enfin il n'est pas excessif de dire
que sa pureté égalait sa charité, car elle fuyait
les personnes d'esprit frivole et se dérobait aux
regards indiscrets comme aux propos futiles.
En tout elle était chaste ineffablement.

Mais pour alimenter la piété dévorante de
Colette, il fallait d'autres exercices que ceux
auxquels elle se livrait au foyer paternel et à
l'école. Ces exercices, l'office canonial les lui
fournit. Ce lui était un bonheur d'en suivre
les différentes parties à l'Abbaye bénédictine,
de s'unir à ces prières rythmées si chrétiennement expressives. Elle comprenait toute l'importance de cette liturgie que Dom Guéranger
a si bien appelée la religion de l'Église envers
Dieu. Et comme elle n'ignorait pas la valeur du
lever nocturne, comme elle était insoucieuse de

---

1. « Par elle, expose le célèbre docteur en s'inspirant des
Écritures, nous adhérons à Dieu ; par elle nous lui sommes
unis, tellement que nous devenons un même esprit avec
lui... Par l'amour de charité, Dieu vient à l'homme et
l'homme se porte vers Dieu. Dieu n'habitera jamais dans
un cœur vide de charité. Si donc nous avons la charité,
nous possédons Dieu parce que Dieu est charité. »
(B. Albert. M., *De adhærendo Deo, c. 12.*)

son repos, du moment qu'il s'agissait de consacrer quelques instants de plus à la louange du
Créateur, elle se délectait particulièrement aux
Heures solennelles des Matines. Toutes les fois
que ses parents lui permettaient d'y assister
avec quelques pieuses personnes, sa félicité
était inouïe. Quelle que fût la saison, rien
n'aurait pu l'arrêter.

Mais beaucoup de *bonnes gens* trouvèrent
excessif qu'une fillette se rendît si souvent aux
Matines, des veilles de ce genre devant forcément altérer sa santé. Et cependant, lorsque
Colette était née, les habitants de Corbie,
étonnés à juste titre puisqu'ils connaissaient
l'âge de sa mère, avaient tous déclaré qu'une
destinée peu commune attendait une enfant
venue au monde dans des conditions aussi
exceptionnelles. Au lieu de les surprendre, la
piété précoce de cette privilégiée aurait dû les
affermir dans cette opinion; mais ils raison-
naient avec l'esprit du monde. Aussi entre-
prirent-ils une véritable campagne pour amener
les Boellet à modérer, dans son intérêt même,
le zèle religieux de Colette. Ils les accablèrent
de critiques et d'axiomes, les enveloppèrent de
conseils, les fatiguèrent si bien que notre
future moniale se vit retirer la permission
d'aller à l'office nocturne.

Certes l'exquise enfant était obéissante, mais
Boellet savait quelle dévotion l'embrasait et
combien il lui serait dur de ne pas se sacrifier
pour le service de Dieu; ne considérerait-elle pas

comme un devoir d'aller quand même à l'église abbatiale? Afin d'être certain qu'elle ne sortirait pas, il la logea en haut de la maison, dans une chambre qu'elle ne pouvait quitter sans traverser la pièce où lui-même et sa femme couchaient.

Dans sa hâte à faire taire les propos de la ville, Boellet n'avait examiné les actes de sa fille qu'au point de vue humain. Un de ses voisins, Adam Mannier, les considéra de plus haut. Ce brave homme, d'esprit très religieux, avait l'intelligence des choses spirituelles et il ne doutait pas que Dieu n'eût de grands desseins sur la petite Sainte. Il l'avait toujours encouragée dans sa ferveur, et même dans ses mortifications, allant jusqu'à lui procurer les cordes dont elle se composait un cilice. Quand elle lui eut fait part de son chagrin par suite de la détermination de ses parents, il la consola de son mieux et, sans hésiter, lui proposa de l'aider à s'évader chaque nuit. En agissant ainsi, conclut-il, elle ne pouvait offenser Dieu puisqu'elle n'avait en vue que sa glorification. C'était aussi la conviction de Colette, qui pouvait d'autant mieux tenir pour exagérées les craintes de son père que sa santé ne souffrait nullement du lever nocturne; elle accepta donc ce concours que lui envoyait la Providence. Pendant plusieurs soirs, Mannier la fit sortir par une fenêtre, probablement au moyen d'une échelle, et la conduisit lui-même à l'office. Mais quelques précautions qu'ils prissent l'un et l'autre, Boellet ne fut pas longtemps sans les surprendre. Alors une telle persévérance le toucha, ses yeux se dessillèrent et il se rendit sans peine aux raisons de son voisin qui l'invitait à ne pas contrarier en Colette les inspirations de l'Esprit-Saint. La séraphique enfant put fréquenter régulièrement l'Abbaye. Aux prudentes personnes et aux impitoyables commères qui renouvelaient leurs craintes, Robert, délivré de tout respect humain, répondit que sa fille était assez sage pour ne rien commettre de répréhensible (1).

Beaucoup auront peine à comprendre cette piété active. Car on élève les enfants, aujourd'hui, dans une incroyable mollesse et, même au sein de certaines familles catholiques, dans une coupable ignorance des devoirs religieux. On croit trop volontiers qu'il leur suffit, pour devenir des chrétiens, de formuler quelques prières et de se bien tenir à la messe. On ne comprend pas assez qu'en les ouvrant à l'esprit du monde, on les ferme à l'esprit de Jésus, et qu'en essayant de les former sans une pratique sérieuse des vertus, on les déforme forcément (2). Pour leur éviter la lutte méthodique

1. Peut-être est-ce à ce moment qu'il lui construisit un petit oratoire afin qu'elle eut, au foyer paternel, un endroit favorable pour pratiquer ses pieux exercices. Tous les historiens parlent de cet oratoire, mais ils diffèrent sur l'époque où Boellet l'aurait installé.

2. « Les petites pratiques font les petites âmes, dit fort justement le P. Tissot, car l'âme arrive toujours à prendre les proportions des choses auxquelles elle

contre la nature, on en fait d'aimables égoïstes ou d'affligeants apathiques qui s'écoutent en toute circonstance et restent incapables de supporter la moindre peine. Bref, en voulant leur bonheur terrestre, on les rend très malheureux ici-bas; et, tout en leur souhaitant l'éternité bienheureuse, on agit de manière à compromettre leur salut. Et pourtant nos contemporains n'auraient qu'à se rappeler leurs ancêtres pour comprendre les avantages d'une éducation moins veule et moins mondaine. Sans une culture basée sur le renoncement, sur le sacrifice volontaire, il n'est pas d'âme vraiment christianisée, pas de caractère vigoureusement trempé. Il faudra bien cependant que tous les parents chrétiens adoptent un système éducatif en rapport avec leurs croyances s'ils ne veulent que leurs enfants tombent dans la sécheresse de cœur et glissent dans l'apostasie. C'est parce que leur formation a été défectueuse que tant de catholiques défendent si mal les droits de l'Église et de leur conscience.

La sagesse prématurée de Colette édifiait fort les différentes personnes qui l'approchaient, « Ses sens, lit-on dans un vieux manuscrit, n'estoient ouvers ne habandonnez par dehors a chose qui peust blasciers conscience. Sa conver-

s'attache. » Aussi lorsqu'une âme développe pleinement en elle la vraie piété, acquiert-elle « la force par l'unité de toutes les puissances, la liberté par le dégagement des créatures, la paix par le rétablissement de l'ordre. » (*La Vie intérieure simplifiée* p. 299.)

sacion se monstroit mieulx celestienne que
terrienne et angelique que hummaine (1). » Mais
si son esprit se développait à ravir, son corps
demeurait chétif. Sa treizième année achevée,
comme elle ne grandissait pas, on s'en inquiéta
dans l'entourage des Boellet; et ceux-ci, malgré
qu'ils s'abandonnassent à la volonté sainte,
heureux avant tout d'avoir une enfant spiritualisée, en furent douloureusement impressionnés. Leur vieillesse s'accentuait, leurs
forces diminuaient; il importait, par consé-
quent, que Colette devînt au plus tôt apte à
suppléer sa mère en maintes besognes, à
rendre dans le ménage des services d'ordre
matériel. La vie des artisans a de dures exi-
gences.

La sainte enfant eut bien vite deviné pourquoi la mélancolie envahissait ses chers parents,
et elle leur demanda aussitôt de faire un pèlerinage pour obtenir de Dieu une stature plus
haute. Qui donc eût repoussé une telle demande ?
Elle alla donc à quelque sanctuaire peu loin-
tain (2), et, avec l'exquise simplicité qui carac-
térise la ferveur par excellence, elle présenta
sa requête au divin Maître par l'intercession de

1. Manuscrit inédit, appartenant au monastère des
Capucins de Thonon, fᵒ 3. Cette curieuse vie de
sainte Colette, dont nul biographe ne s'est encore servi,
croyons-nous, paraît avoir été écrite à la fin du
xvᵉ siècle ou au début du xviᵉ.
2. On suppose qu'elle se rendit à Notre-Dame de
Brebières, chapelle très fréquentée à cette époque en
Picardie.

sa sainte Mère. Pierre de Vaux s'exprime à ce sujet d'une façon charmante — « humblement et dévotement lui dit : Hélas, sire, vous plaît-il que je demeure ainsi petite? Et incontinent, l'oraison terminée, elle trouva qu'elle était *accrue* et qu'elle était plus grande au retourner qu'elle n'avait été au venir (1). »

Colette avait, en effet, réellement grandi ; ses historiens sont unanimes à l'affirmer. Et comment Notre-Seigneur aurait-il refusé cette grâce à sa petite servante? Ne fallait-il pas, de toute nécessité, qu'elle devînt plus robuste? Sa taille s'était suffisamment augmentée pour que les Corbéiens en aient été frappés à son retour. On cria au prodige, l'*opinion publique* s'émut et l'on entoura du plus vif respect la jeune privilégiée.

1. Pierre de Vaux fut le confesseur de Colette pendant la seconde moitié de sa vie. On l'appelle aussi Pierre de Reims, parce qu'il reçut, dans cette ville, disent quelques auteurs, son titre de docteur. Sa biographie de la Sainte contient de précieux renseignements.

CHAPITRE II

Après ce pèlerinage, Colette acheva de croître
d'une manière normale, et, en se fortifiant, elle
embellit. Quand elle eut la stature d'une jeune
fille, sa beauté devint sensible à tous, et plusieurs adolescents en furent impressionnés.
Quelques-uns la demandèrent en mariage. Un
autre, tout aux pensées terrestres et ne pouvant comprendre sans doute qu'une jouven-
celle aussi jolie fut pieuse avec austérité, ne
craignit pas de la suivre à l'église et d'interrompre son oraison pour lui débiter ces fa-
daises que les libertins jettent comme des ap-
pâts et que les coquettes acceptent comme des
hommages. Ce langage était nouveau pour
notre petite Sainte, mais elle n'en sentit pas

moins l'inconvenance et l'abjection. Tout ce qui portait la marque du péché blessait cette âme cristalline. Elle souffrait des laideurs morales comme les esprits affinés souffrent des choses grossières. Enfin, les paroles coupables, ayant été prononcées devant l'autel, constituaient un outrage envers le glorieux Sauveur; comment y serait-elle restée insensible? C'est avec une profonde compassion, un accent d'indicible charité, qu'elle répliqua au damoiseau : « Le Seigneur vous fasse la grâce de comprendre ce que vous dites ! »

Notre-Seigneur voulut bien faire cette grâce au jeune homme, il jeta dans son cœur un émoi salutaire. Tout d'abord, ce malheureux eut honte de son action et se rctira précipitamment; mais son trouble était tel qu'il ne put retrouver la porte de sortie. Alors le repentir l'envahit, il revint vers Colette, lui demanda pardon et, soit de lui-même, soit à l'instigation de la jeune fille, il implora la miséricorde de Jésus. On ne sait quelle influence cette aventure exerça sur la vie du téméraire; à la chaste vierge, elle découvrit des dangers que, dans son innocence, elle ne soupçonnait pas. Devenue consciente de sa beauté corporelle, de son charme juvénil, elle craignit que ces attraits périssables n'entraînassent quelque âme faible au péché et ne compromissent son propre salut; aussi supplia-t-elle le divin Maître de les lui enlever.

Jésus satisfit à sa demande dans la mesure

où c'était nécessaire (1). Sur ses traits brillants de santé, il étendit une pâleur ascétique ; à son visage gracieux comme une fleur épanouie, il donna une expression purement méditative. En réalité, Colette, dont la physionomie, la démarche et tout dans sa personne révélait une rare noblesse morale, Colette n'en fut que plus belle. Mais le monde n'a jamais perçu cette beauté spiritualisée. On trouva sans doute que la fille des Boellet prenait un air raisonnable, sévère même, *au-dessus de son âge ;* et les plus frivoles durent renoncer à tout espoir de séduire une jeune personne d'esprit si profondément austère.

Toutefois, le visage de notre Sainte conservait une infinie douceur, et son aménité restait

1. « Et avec'que ce que Dieu ly avoit donne habondance de grace et de vertus au per dedens, ly pleut-y a li donner des grâces au per dehors comme de beaute corporelle, de gracieusete et de amiablete. Elle estoit de face et de corps ung tres belle et plaisante fille, non obstant que par tous les temps de sa vie elle s'est jugie et reputee une très laide créature et per dedens et au per dehors. Elle estoit de couleur blanche et vermeille, et la couleur blanche povoit bien signifier la purte et nettete de sa conscience et la couleur vermeille la parfeite amour qu'elle avoit à Dieu dont son cuer estoit tout enflame. Celle beaulte courperelle par loing temps ignoramment elle eust car nullement ne la cuidoit avoir. Il ly fust une foy manifeste a certes, et en fust treste et doulente et retournat a Dieu poui avoir remeide convenabla et ly pria humblement qui ly voulsit houster cette biaulte, et incontinant couleur vermeill luy fust hostee entierement par telle meniere qu'elle fust et demourat d'une seule couleur par la face, par les mains et par tout le corps, et ensi a estee par tous les temps de sa vie. » (Manuscrit cit., f° 3 v° et f° 4.)

exquise. Enfin les feux de la charité s'avivant sans cesse en elle et l'Esprit-Saint lui prodiguant les trésors de sa grâce, son action sur les âmes s'étendit. Elle n'eut plus seulement des jeunes filles autour d'elle, quelques femmes vinrent aussi l'écouter et même lui demander des conseils. Ses paroles sur Dieu et l'obligation de le servir étaient si convaincantes, les raisons jaillies de son cœur touchaient si bien les cœurs qu'elle détermina plusieurs personnes tombées dans l'apathie à revenir aux pratiques de la vie chrétienne, et d'autres dont, au contraire, la piété n'avait pas failli, à entrer en religion. De tels résultats étaient pour réjouir une âme d'apôtre. Mais les joies de cette missionnaire qui avait seize ans à peine furent assez vite étouffées par des peines très vives; elle perdit sa mère et, un peu plus tard (Noël 1399), son père. Ces deuils l'affectèrent profondément, et, sans sa foi, elle se fut livrée à une désolation extrême. Cependant notre orpheline ne resta point abandonnée; le R. Père Abbé des Bénédictins de Corbie, Dom Raoul de Roye, la prit sous sa tutelle, comme il l'avait promis à Robert Boellet avant que celui-ci ne succombât (1).

Les grandes épreuves supportées chrétiennement trempent et affinent les âmes. La douleur est nécessaire, il ne faudrait jamais l'ou-

1. Boellet était le charpentier de l'abbaye. D. Raoul de Roye était abbé depuis 1391. — Cf. *Gallia christiana,* tom. X, col. 1284.

blier. « Comme dans la nature elle fait l'homme, a fort bien dit Blanc Saint-Bonnet, dans l'homme elle fait le saint. » Ses larmes séchées, Colette, très résolue à pratiquer le renoncement le plus complet, s'empressa d'apprendre à son tuteur qu'elle désirait ne rien garder du modeste héritage de ses parents. Mais ce fut seulement un peu plus tard que Dieu accepta un tel sacrifice. La formation spirituelle de l'héroïque jeune fille exigeait quelques années encore.

Le soin de cette formation incombait alors au P. Bassand ou Bassadan, du couvent des Célestins d'Amiens. Peu après avoir fondé cette maison (1), il avait eu l'occasion de voir la petite Sainte et était devenu son directeur. Aussi lorsque Colette n'eut plus rien qui la retint à Corbie, s'installa-t-elle à Amiens afin de mieux profiter des lumières et de l'expérience d'un guide si justement réputé. Sous sa direction, elle fit de rapides progrès dans la voie parfaite et pénétra vraiment dans la vie unitive. Tout en travaillant à la purification de son âme, elle étudiait sa vocation avec le Père. La vie religieuse l'attirait, devait-elle se croire appelée par la grâce ? Son directeur, après avoir prié Dieu de l'éclairer sur ce point, reconnut le caractère sérieux de cet attrait. Mais à quel Ordre sa pénitente était-elle destinée ? En at-

1. Ce fut en 1392. L'Ordre des Célestins existait depuis 1254; rappelons que son fondateur fut Pierre de Mouron, devenu pape sous le nom de Célestin V.

tendant une manifestation de la volonté divine à ce sujet, il lui conseilla de faire vœu de chasteté perpétuelle.

Pendant ce temps, Dom Raoul de Roye cherchait à sa pupille un mari à Corbie et il en trouvait plusieurs parmi les meilleures familles de la cité. Mais, quand il informa Colette de ses projets matrimoniaux, la jeune fille, en le remerciant de ses bontés, lui répondit nettement qu'elle ne croyait pas devoir s'engager dans l'état de mariage. A la manière dont elle exposa ses raisons, le Père Abbé comprit que Notre-Seigneur la voulait dans l'état religieux. Il l'autorisa donc à se dépouiller de tout ce que ses parents lui avaient laissé, ce qu'elle fit aussitôt avec un bonheur dont les mondains ne peuvent se douter. Souhaitant « demeurer pauvre avec le pauvre Jésus-Christ », selon l'expression du P. Sylvère, la sainte enfant « vendit son héritage et aumosna tout son argent (1) ».

Rien ne la retenait plus dans le monde, toutefois elle ne savait toujours à quelle famille religieuse s'offrir. Un essai s'imposait donc, elle l'effectua chez les Béguines (2). Au bout d'un an, certaine de n'être point là dans sa voie,

1. P. Sylvère, p. 15.
2. Il existait alors à Corbie une communauté de Béguines dans la rue de la Boulangerie près du Pont-Neuf. Ces Béguines différaient complètement de celles que leur adhésion à des erreurs firent condamner par deux conciles. C'étaient de pieuses femmes vivant selon une règle, mais sans prononcer de vœux solennels.

car la vie du béguinage paraissait trop douce
à cette éprise d'austérité, elle se présenta dans
une maison de Bénédictines, mais elle n'y resta
pas longtemps. Certain jour qu'elle priait devant un autel orné d'une image de saint François d'Assise, il lui sembla que le Patriarche
l'incitait à partir (1). Peut-être pensa-t-elle
alors qu'elle n'avait eu, pendant son enfance,
la faveur d'une révélation relative à l'Ordre
franciscain que parce qu'elle devait en faire
partie. Comme pour lui enlever toute hésitation, elle apprit, presque aussitôt, qu'il y avait
à Pont-Saint-Maxence un couvent de Clarisses;
elle y courut, regardant comme un honneur
d'y devenir la servante de ces servantes du
Christ. N'était-ce pas en somme chez les filles
de sainte Claire qu'elle pouvait le mieux satisfaire ses ardents désirs de mortification ?

Mais ces moniales vivaient selon la Règle
adoucie par Urbain IV, surtout en ce qui concernait le droit de propriété. Elles ne pratiquaient pas le renoncement jusqu'à l'héroïsme,
Colette le constata bien vite et il lui fallut réin-
tégrer Corbie. Alors, les habitants lui devinrent hostiles; les uns la regardèrent avec dé-
fiance, d'autres la jugèrent avec sévérité. On
la traita d'inconstante, de tête légère, d'esprit
inquiet et fantasque. Dieu permit cette injustice. Sa petite servante avançait dans la voie

1. C'est probablement chez les Bénédictines de Corbie
que Colette se trouvait. Ces religieuses desservaient
l'hospice de la ville.

spirituelle, mais il lui restait encore beaucoup d'étapes à franchir; et, pour l'affermir, des séries d'épreuves étaient nécessaires. Aussi ne reçut-elle pas de consolations. Le P. Bassand qui, seul, à ce moment, aurait pu la réconforter, l'aider à supporter « les délais de la Providence (1) », était passé en Italie pendant qu'elle séjournait dans une communauté.

Une âme ordinaire se fut découragée; Colette, au plus fort de ses maux, s'ancra dans l'espérance. Rien n'ébranla sa résignation. Loin de l'abattre, ses souffrances lui communiquèrent des énergies nouvelles. Alors un guide lui devint nécessaire; Dieu le lui envoya.

Ce guide, le R. P. Pinet, appartenait à la famille franciscaine; il était Gardien du couvent d'Hesdin et custode de Picardie. Quelques devoirs de sa charge l'ayant obligé de venir à Corbie, il vit Colette et discerna tout de suite en elle les qualités d'une digne fille du Poverello. L'état d'âme de la jeune ascète lui fut d'autant mieux compréhensible que, passionné lui-même pour les sacrifices, il travaillait à ramener à la Règle primitive les religieux de sa custodie. Et comment aurait-il trouvé mauvais que Colette ne fût pas restée chez les Urbanistes? Il savait si bien qu'elle ne pouvait trouver dans les monastères d'alors l'atmosphère dont elle avait besoin.

C'était une de ces époques funestes où sé-

1. Ps. XXXIV, 14.

vissent sur les âmes de véritables épidémies
d'apathie, d'amollissement; et une multitude
immense de Frères-Mineurs n'avait pas échappé à la contagion. Ces religieux s'étaient accou-
tumés aux dispenses, aux mitigations de toute
sorte, et rien ne les décidait à changer de vie.
Les beaux exemples de renoncement prodigués
par quelques vrais continuateurs des ancêtres
du XIIIᵉ siècle comme le P. Pinet, leurs exhortations, leurs apostrophes empêchaient que le
mal n'empirât, ils ne le détruisaient pas.

De son côté, Colette eut bien vite reconnu,
aux conseils et aux consolations qu'elle en
reçut, que le P. Pinet était un religieux réellement séraphique et elle se mit avec empresse-
ment sous sa direction. Grâce aux lumières que
lui dispensa le Saint-Esprit, le Père ne tarda
pas à découvrir ce qui convenait à notre jeune
ascète. Elle devait, de toute évidence, chercher
ailleurs que dans une communauté les moyens
d'atteindre à son idéal d'abnégation. La vie
solitaire dans une cellule — un reclusage —
paraissait indiqué. Depuis que la claustration
volontaire était passée en usage dans l'Occident, c'est-à-dire depuis le Vᵉ siècle au
moins (1), le nombre des reclus n'avait cessé
d'augmenter jusqu'aux années 800. A cette

1. C'est à ce siècle qu'appartiennent les premiers solitaires de France dont on connaît les noms : Saint Aignan
et saint Eucher, qui passèrent une partie de leur existence en des logettes avant de devenir évêques, l'un à
Orléans, l'autre à Lyon, et saint Léonien, reclus à Autun,
puis à Vienne.

époque, il y en eut tellement que l'on se préoccupa de réglementer leur vie. Puis les vocations pour ce genre d'ascétisme diminuèrent à
partir du xive siècle ; toutefois, au xve, on
comptait encore maints solitaires des deux
sexes. En recommandant à Colette de se cloî-
trer dans une logette, le P. Pinet ne pouvait
donc la surprendre. En effet, la sainte jeune
fille accueillit ce projet avec enthousiasme, et
elle accepta, non moins ardemment, de suivre
dans sa recluserie, ainsi que le Père l'y engageait, la Règle du Tiers-Ordre de Saint-François.

C'est probablement alors qu'elle commença
son noviciat de tertiaire. Une joie inexprimable
l'envahit. Elle allait enfin se sacrifier à satiété
pour l'amour du divin Crucifié, elle allait s'é-
tendre sur sa croix pour s'y embellir par les
suprêmes douleurs! Ah! comme elle comprenait l'insuccès de ses tentatives précédentes !
Et comme elle s'empressa de choisir le lieu de
sa retraite !

Toutefois, ses désirs ne furent pas satisfaits
immédiatement. Il lui fallait le consentement du
Père Abbé de Corbie, son tuteur et son seigneur
temporel; or celui-ci différa de le donner, car
il tenait à ce que la jeune fille réfléchisse longuement avant d'entrer en reclusion. Il savait
que beaucoup se croient appelés à une vie de
hautes austérités qui sont victimes de leur
imagination, et l'âge de sa pupille l'obligeait à
une extrême prudence.

Colette ne pouvait que s'incliner devant les raisons de l'Abbé ; elle attendit avec patience, mais ne laissa pas de renouveler sa requête de loin en loin. De la sorte elle finit par avoir gain de cause. Certain jour que l'Abbaye célébrait une fête, elle se rendit auprès de son tuteur et, tombant à genoux, supplia les nombreux invités du R. Père d'intercéder en sa faveur. Aux objections qu'on lui fait, elle répond en citant l'Évangile, en rappelant les exemples de Notre-Seigneur, en invoquant sa Passion et son précieux Sang. Bref, elle plaide si bien sa cause que Dom de Roye accède à sa demande. Il ne lui manque plus, pour réaliser son dessein, que le logement indispensable. Aussitôt, de bonnes âmes viennent en aide à cette pauvresse volontaire. La veuve du prévôt de Corbie (1), damoiselle Guillemette Gameline, prend à sa charge les principaux frais de la construction, et le Père Abbé s'applique à rendre ce reclusage « le plus consolatif » qu'il peut, selon l'expression de Sœur Perrine.

Selon le désir de Colette, on bâtit sa cellule près de l'église Notre-Dame, dans un recoin qu'elle avait désigné (2). Cette recluserie se composait d'un vestibule, d'une pièce d'habitation, d'un oratoire et d'une sorte de débarras. Ce dernier lieu, destiné à renfermer les quel-

1. Ce prévôt s'appelait Jean Sénéchal.
2. Notre-Dame, l'un des trois sanctuaires de l'Abbaye, était alors église paroissiale ; on lui donna plus tard le vocable de saint Etienne.

ques objets indispensables à la recluse, était en réalité une cave, car il s'étendait sous le logement jusqu'à six pieds plus bas que le niveau de l'église. Le vestibule, qui devait servir de parloir, avait des dimensions exiguës ; une grille le séparait de la pièce d'habitation. A côté de cette dernière pièce, s'élevait l'oratoire ; on y pratiqua, du côté du chœur, une étroite ouverture à barreaux de fer disposés en croix et fermée par une trappe mobile (1). Si bien que Colette n'eut qu'à faire jouer ce volet pour voir l'autel où résidait le Saint Sacrement et recevoir la sainte communion.

Toute entrée en reclusion était en général précédée d'une cérémonie ; celle que l'on célébra pour introduire notre jeune ascète dans sa retraite fut imposante. Elle eut lieu, croit-on, le jour où l'Église fête les stigmates de saint François, le 17 septembre ; toute la communauté des Bénédictins y assista, et le P. Pinet prononça le sermon d'usage. La nef de Notre-Dame était pleine comme aux grandes solennités et beaucoup de personnes se pressaient dehors aux porches, n'ayant pu trouver place à l'intérieur. La plupart des Corbéiens voulaient être témoins de l'acte sublime qu'allait accomplir la fille des Boellet.

Notre Sainte était alors dans sa vingt et unième année. Une belle flamme intérieure ani-

---

1. Cette fenêtre avec ses barreaux et sa trappe est conservée au monastère des Clarisses de Bruges.

mait ses yeux et illuminait son visage. Ce fut
sans le moindre trouble qu'elle répondit aux
questions du Père Abbé et formula ses engagements éternels. Et quand, la messe dite, on la
conduisit à sa clôture, elle marcha d'un pas
ferme et même avec quelque hâte. Il lui tardait
tant d'être retranchée du monde ! Dès qu'elle
eut pénétré dans sa logette, on ferma l'huis et
l'on y appliqua le sceau de Dom de Roye. Puis
la foule s'écoula, très émue par ce qu'elle venait
d'entendre et de voir.

Ce fut, pendant quelques jours, le sujet de
toutes les conversations. D'aucuns pensaient
que la jeune recluse n'aurait pas la force de
persister, que l'ennui l'abattrait; beaucoup la
plaignaient, le sens chrétien de sa décision leur
échappant. Mais Colette jouissait d'une très
réelle félicité. A peine avait-elle pris possession
de sa cellule qu'elle s'était sentie pénétrée
d'une liesse surnaturelle. Ses vœux les plus
chers n'étaient-ils pas exaucés ? Dans sa sainte
exaltation, elle avait baisé pieusement le sol
de cet asile que Dieu venait de lui octroyer.
Avec d'indicibles actions de grâces, elle s'était
offerte de nouveau au divin Maître en hostie
de réparation.

Dès lors, la vie de cette victime volontaire
fut plus que jamais pénitentielle. Sa couche se
composait de quelques sarments et d'une pièce
de bois servant de traversin. Sa nourriture consistait le plus souvent en une maigre soupe,
une portion de légumes apprêtés sommaire-

ment et un morceau de pain grossier (1). Et le repas, pourtant bien modeste, que cela constituait, elle le réduisait encore pendant les temps de pénitence prescrits par l'Église. Enfin, non contente de jeûner et de veiller fréquemment, elle portait autour de son torse un cercle de fer et trois chaînes sur sa poitrine (2).

Quoique ces terribles macérations soient l'apanage des âmes privilégiées, des grands lutteurs de l'ascétisme, elles ne seront pas sans choquer maints lecteurs ; d'autant plus qu'à notre époque, c'est l'idée même de la mortification qui déplaît ou effraye. Hélas ! c'est tant pis pour l'époque. En empêchant que l'âme ne s'alourdisse, la mortification la met en état de recevoir avec fruit les inspirations divines. En nous assurant la ferveur et force guérisons spirituelles, elle nous aide puissamment à développer et à discipliner notre volonté. En nous entraînant à soumettre notre volonté à notre foi, elle nous facilite la pratique des autres vertus (3). En nous incitant aux sacrifices vo-

1. Ces aliments lui étaient apportés par deux fidèles amies : Jacquette Legrand et Marie Sénéchal.
2. Parlant du reclusage de Colette, l'auteur du manuscrit de Thonon s'exprime en ces termes : « Elle y mena une vie sobre et apra, en vestant d'une hayre rude et inhumaine et en scindant son debile et tendre corps de trois cruelles chaines de fer qui doleureusement son innocente char playoient et navroient, en soy repousant sur la terre nue et en metant son chief sur ung bloc de bois pour oroyllier. » (f° 13 v° et f° 14.)
3. Aux moines qui, frappés par la haute perfection de leur frère Dosithée, lui demandaient quelles vertus il

lontaires, ces actes d'amour, elle augmente notre dilection pour Dieu et nous rend plus chers à Dieu. C'est donc une source de grâces et un foyer de vie. « ... Plus un homme meurt à lui-même, plus il commence à vivre en Dieu, nous enseigne l'*Imitation*. Personne n'est propre à comprendre les choses du ciel s'il n'est disposé à endurer les adversités pour Jésus-Christ (1). » Sans mortification, pas d'abnégation, pas de progrès dans la voie parfaite ; tout le christianisme se résume en la croix. Nul ne vivra par l'esprit s'il ne triomphe de la chair. Or, pour vaincre cette dernière, dont les forces redoutables renaissent si facilement, il faut la supplicier. Pour obtenir l'accès de la haute spiritualité, il importe que l'esprit soit délivré de toutes les gangues terrestres. Et, seule, la douleur opère cette délivrance. « S'il y avait un

pratiquait, le disciple de saint Dorothée répondit candidement : « Je mortifie tous mes désirs et je soumets ma volonté. » (Scaramelli, *Méthode de direction spirituelle*, II° partie, art. VI, ch. III.)

1. *Imitation*, L. II, ch. XII. — Ecoutons aussi l'éminent P. Joseph. « La mortification, déclare-t-il dans son *Explication mystique de la règle de saint François*, comme la tige, donne la vie et la nourriture au saint amour, qui est greffé et enté en elle. Il lui apporte aussi un fruit tout surnaturel et divin. Cet amour est si pénétrant que sa vertu se communique à la racine de toutes nos activités pénibles et les rend méritoires de la gloire immortelle. Oh ! le doux fruit d'une racine si amère !... La mortification sans l'amour est un sauvageon stérile, et l'amour sans la mortification est comme un rameau séparé du tronc, qui pend pour enseigne d'une hôtellerie, plus propre à inviter l'âme à rechercher les plaisirs sensuels qu'un vrai profit spirituel. »

moyen meilleur et plus avantageux pour le
salut des hommes que celui de souffrir, Jésus-
Christ nous l'aurait sans doute appris par ses
paroles et son exemple (1). » Concluons donc,
avec le vénérable Olier, que le fond de toute
vertu, c'est d'être pénitent en Jésus-Christ (2).

Mais quelles félicités pour quelques moments
de souffrance ! Colette le savait bien. Et la
vaillante ascète savait aussi qu'en s'immolant
soi-même, on concourt avec le Christ à l'œuvre
de la Rédemption. C'eût été assez pour stimuler son courage. Elle se ménageait d'autant
moins que, se considérant comme une pécheresse insigne, il lui fallait expier pour elle-
même avec autant de rigueur que pour le
monde. Ces sentiments ne cesseront de se développer en son âme à mesure qu'elle avancera
dans la vie. L'humilité et l'immolation de soi-
même seront ses vertus dominantes, les carac-
téristiques de sa sainteté.

Les heures de nuit pendant lesquelles Colette se privait de repos, elle les consacrait à
la prière, à la récitation de l'office canonial, à la
méditation. Tandis que tout sommeillait autour de son reclusage, elle contemplait et ado-
rait Notre-Seigneur dans le sacrement de son
amour. Quant à ses journées, elle les parta-
geait entre l'oraison, le travail pour les pauvres
et le soin des âmes. Les personnes qui la consultaient lorsqu'elle était dans le monde l'ayant

1. *Imitation*, L. II, ch. XII.
2. *Introduction à la vie chrétienne*, VII, p. 164.

suppliée de ne pas les abandonner, elle eût été
fort empêchée de leur opposer un refus. Elle
avait donc fixé une heure pour les recevoir; et
comme elle les entretenait surtout de la bonté
et de la grandeur divines, son esprit ne quittait
guère Jésus, et l'on peut dire que son existence
s'écoulait dans une prière incessante.

La sainte recluse trouvait toujours des accents touchants pour inciter à la pratique de la
vie chrétienne. Elle exaltait le zèle des prêtres
— car il y en avait aussi parmi ses visiteurs —
et elle exhortait vivement les laïques à prêcher
d'exemple autour d'eux, à répandre les bons
propos, à sanctifier les dimanches et les fêtes.
On l'écoutait avec plus d'attention que jamais.
Ainsi continuait-elle l'apostolat fécond de ses
jeunes années.

Son confesseur ordinaire, Jean Guyot, curé
de Saint-Martin(1), qui l'estimait énormément,
lui demanda de préparer son jeune frère,
Jacques, à la vie spirituelle (2). Elle édifiait
beaucoup aussi son confesseur extraordinaire,
le P. Pinet. Ce sage religieux s'appliquait à la
faire croître en humilité, convaincu avec saint
Grégoire que tout bien passe et périt s'il n'est
gardé par cette vertu, et ses soins diligents ne

1. Paroisse supprimée en 1567 et réunie à celle de
Saint-Etienne.
2. Elle s'acquitta de cette mission en l'initiant aux
beautés des cantiques du Psalmiste. Ce Jacques Guyot
devint clerc de la cour spirituelle de Corbie et notaire
public, il fut l'un des quatre vieillards qui témoignèrent
solennellement des vertus de Colette.

tardèrent pas à donner d'admirables résultats.
L'âme de Colette s'épanouit en une splendide
floraison mystique et Notre-Seigneur récom-
pensa sa petite ancelle de ses progrès dans la
spiritualité en la favorisant d'une vision.
Comme elle achevait son oraison, toute consu-
mée d'amour, Jésus lui apparut tel qu'il avait
été sur la croix, et il se plut à l'initier à ses
souffrances d'alors. La jeune Sainte fut si ter-
riblement émue qu'elle pensa succomber; et,
depuis, elle ne se remémora jamais cette apparition sans ressentir une douleur cruelle.

Dans une autre vision, Colette reçut une connaissance exacte, complète, de l'état moral de
son époque. Et l'on sait si cet état laissait à
désirer! La France souffrait d'une crise telle
qu'il semblait qu'elle ne dût s'en relever. La
mort de Charles V avait livré le royaume aux
intrigues des oncles et du frère du jeune roi (1).
Tous les groupes sociaux en ressentaient les
funestes conséquences. D'autre part, le schisme
d'Occident faisait sur notre pays, comme sur
les autres parties du corps de la chrétienté,
l'effet d'une fièvre sur l'organisme d'un indi-
vidu : il en abattait les forces, il en anémiait
l'esprit. Le mal ayant gagné le clergé, puis les
ordres monastiques, les vrais bons chrétiens
devenaient rares. La simonie, les exactions,
l'immoralité, tous les vices, toutes les ignomi-

1. Ses oncles paternels : le duc de Berry, le duc d'Anjou,
le duc de Bourgogne (Philippe le Hardi). Son oncle maternel : le duc de Bourbon. Son frère : Louis d'Orléans.

nies désolaient et gangrenaient notre malheureuse patrie. Colette en perçut les effets désastreux dans l'Église, à la Cour, dans les divers milieux de la société (1). Et elle vit tournoyer, semblables à des feuilles mortes qu'emporte une rafale, des multitudes d'âmes rongées et tuées par le péché. C'était comme la dépouille d'une vaste forêt aux derniers jours d'automne.

Cette épouvantable vision se renouvela sept fois encore, et la recluse en fut d'autant plus chagrinée qu'elle voyait aussi quels tourments attendaient les coupables. Quand elle reprit conscience d'elle-même, son émoi n'était pas calmé; elle saisit d'une main convulsive l'un des barreaux de sa fenêtre et l'étreignit pendant quelques minutes, comme les enfants épouvantés étreignent le bras de la personne dont ils implorent la protection. Puis, rassérénée, elle comprit que son devoir était de travailler plus que jamais à la conversion des pécheurs ; et, dans le désir d'un surcroît de grâces, elle ajouta quelques prières spéciales à ses heures canoniales.

Le Malin ne pouvait assister, sans fureur, au

1. « Une mervoylleuse et expaentable vision ly fust de Dieu demonstree et presentee et en quelle vision elle vit et congneu generalement tous les estas de l'eglise et du bras seculier, des principaulx jusque aux moindres, et le regime et gouvernement d'ung chacun d'iceulx estas, tant des principaulx que des moindres, et consequantment les orribles paines et griefz tourmens dont ung chacun selon ses dessertes estoit puniz. » (Manuscrit de Thonon, f° 18 et 18 v°.)

développement de cette sainteté. Quand Colette était encore enfant, il avait déjà cherché, sans succès d'ailleurs, à la troubler, à l'effrayer pendant ses prières, soit par des bruits, soit par des gémissements, des plaintes lamentables. Il la harcela de mille manières dans son reclusage, la rouant parfois de coups d'une violence inouïe. Un jour, en vue de compromettre cette vierge qu'il ne réussissait pas à vaincre par la force brutale, car il est — saint Bernard le précise très bien — maître ès scandales (*magister scandalorum*), il fit à la muraille de sa cellule une brèche assez large pour qu'un homme pût s'y glisser. Mais Colette ayant appuyé contre cette ouverture une image de la sainte Mère du Sauveur, la paroi fut réparée miraculeusement. Les tentatives du déchu tournent toujours à sa confusion lorsqu'il s'attaque à des âmes saintes; Dieu ne lui permet de tourmenter ses serviteurs les plus vaillants que pour les rendre intrépides. Nul n'est couronné s'il ne combat vaillamment (1). D'où la nécessité des tentations qui poussent l'âme bonne vers Dieu; la vertu se perfectionne en luttant.

Ses prières pour les pécheurs valurent à Colette de nouvelles faveurs. Il lui fut révélé que la réforme des ordres de Saint-François remédierait aux maux qu'elle connaissait si bien, et cela la rendit très heureuse. Mais, peu après, une vision l'emplit d'inquiétude. Elle se

1. II Timothée, II, 5.

vit, en effet, elle-même, près du Patriarche d'Assise et de saint Dominique, que la Reine du ciel montrait à Notre-Seigneur en le priant de suspendre, à cause de leurs milices, son courroux contre les hommes. Puis, le Poverello, présentant notre recluse au Souverain Juge, la demanda, non sans instances, pour la réforme de sa famille. Et le divin Maître voulut bien accéder à sa requête.

Colette se crut victime d'une illusion. Car les révélations dont elle avait été favorisée jusque-là ne nuisaient pas, bien au contraire, à son humilité. Cette vertu si rare chez les jeunes personnes (1), elle la cultivait sans relâche. Comme tous les saints, elle se jugeait d'après les grâces reçues et, très sincèrement, se trouvait indigne. Comment aurait-elle cru que Dieu la voulait pour réformer les ordres franciscains, alors qu'elle se savait ignorante et sans le moindre don pour entreprendre une œuvre aussi lourde ? Et cependant une voix lui répétait jusque dans l'oraison que telle était bien la volonté divine.

Son trouble ne fit que s'accroître lorsqu'une autre vision l'ayant ramenée devant Notre-Seigneur et sa sainte Mère, qu'entouraient quelques saints, elle s'entendit réclamer de nouveau par François, appuyé cette fois par Claire, tandis que Jean-Baptiste et la Magdeleine la demandaient pour la vie érémitique. Elle ne sut que penser quand notre Reine, chargée par son

---

1. *Humilitas rara in juvenibus*, Ambros. *in Psalm.* 118.

divin Fils de décider, la donna au Père séraphique. Et, loin de dissiper sa perplexité, le P. Pinet y avait ajouté encore en lui annonçant, à la suite d'une vision, qu'elle aurait à subir, pour la gloire de Dieu et le salut des âmes, de dures épreuves et de formidables travaux (1).

Sur ces entrefaites, ce religieux, étant tombé gravement malade, voulut mourir près de sa pénitente, certain que l'assistance d'une ascète sur laquelle le Seigneur avait de si grands desseins lui vaudrait de précieuses consolations. Mais il ne convenait pas qu'un moine trépassât hors de son monastère; Colette le lui fit comprendre, avec une infinie délicatesse, dès qu'il fut à Corbie. Ses justes raisons convainquirent facilement le vieux Franciscain; il réintégra son couvent d'Hesdin, et, peu après, il y rendit à Dieu son âme, que Colette vit s'élever au ciel (2).

Ce décès laissait la recluse dans un cruel embarras, car elle n'avait pas eu le temps de consulter son père spirituel sur ce qu'elle devait faire. Or, dans les circonstances qu'elle

1. « Il avait vu une jeune vierge moult belle et moult plaisante qui travaillait péniblement et avec douleur à cultiver une vigne, arrachant les herbes et les pieds mauvais et palissadant les jeunes plantes. Il lui fut dit que cette vigne, c'était la vie religieuse, et que cette vierge, c'était Colette. » (Pierre de Vaux, ch. III.)

2. La mort ne devait point rompre complètement les relations spirituelles du religieux et de la Sainte. Chaque année, au jour anniversaire de sa mort, le P. Pinet revint visiter son ex-pénitente.

traversait, elle ne pouvait se passer de conseils ; elle eut donc recours aux personnes de son entourage que recommandaient leur science religieuse et leurs vertus. Toutes conclurent que ses visions présentaient des avertissements du ciel, une révélation réelle, et l'engagèrent à s'y soumettre. Mais comment concilier avec son humilité les obligations d'une œuvre comme la réforme des ordres franciscains ? Et l'engagement solennel de vivre dans son reclusaige ? C'était assez, semble-t-il, pour affoler même un ascète déjà très aguerri.

Bien que Colette ne voulût point résister au divin Maître, elle n'en persistait pas moins à rester recluse. Pour triompher de l'excès d'humilité de son ancelle, pour la bien convaincre qu'elle n'était victime ni d'une illusion, ni de son amour-propre, Notre-Seigneur recourut à un moyen énergique. Il la rendit muette pendant trois jours. Et comme elle hésitait néanmoins à répondre à son appel, il la frappa de cécité pendant trois autres jours, sans lui rendre l'usage de la parole. Ce furent six jours d'angoisses indicibles et de prières belles entre toutes, pendant lesquels son âme acquit de nouvelles puissances. Alors, elle perçut les lumières que Dieu lui prodiguait ; elle se remémora ses avertissements, ses révélations, et comprenant enfin, promit de tout cœur d'obéir.

Jésus lui rend aussitôt la parole et la vue, et, pour la rasséréner en même temps que pour l'amener à un entier abandon, il fait surgir

soudain, du sol de la cellule, un arbre et maints
arbustes, tous également beaux et couverts de
fleurs aussi splendides que doux-odorantes (1).
Tout d'abord, supposant que l'ennemi l'abuse
par un prestige, Colette les arrache et les jette
hors du reclusage; peine inutile, d'autres
naissent et se développent à l'instant. C'est en
vain que la recluse se signe, cette singulière
plantation va et vient autour d'elle comme pour
lui tenir compagnie. Et comme elle prend le
parti de se résigner, une voix lui dit que l'arbre,
c'est elle-même, que les arbustes représentent
les âmes qui s'assembleront autour d'elle et
que leurs mouvements annoncent des conquêtes
spirituelles en divers pays. Cette fois, la recluse
s'incline devant la volonté divine; toutefois,
son humilité ne lui permet pas de s'abandonner
sans réserve, elle s'offre pour être la servante,
non la directrice, des âmes appelées à remettre
en honneur les vertus de François et de Claire.
Ecce ancilla, dit-elle comme Marie. Et Dieu se
plaira dans la suite à l'appeler sa petite ancelle.

Quoique restrictif, l'abandon de Colette n'en
était pas moins très méritoire; la récompense
ne se fit pas attendre. La sainte jeune fille se
demandait avec inquiétude comment elle pourrait seule et sans ressources réaliser le projet
que le Seigneur lui traçait; son esprit fut délivré de toute appréhension à ce sujet et reçut la
parfaite connaissance de tout ce qu'exigeait

1. Pierre de Vaux, ch. v.

l'accomplissement des ordres divins. Elle s'empressa de résumer en un écrit les prescriptions
que lui communiquait le ciel, et, dans la suite,
elle ne cessa jamais de les suivre. Ainsi put-elle
dire que son œuvre était bien réellement l'œuvre
de Dieu.

CHAPITRE III

« O profondeur des trésors de la sagesse et
de la science de Dieu ! Que ses jugements sont
incompréhensibles et ses voies impénétra-
bles (1) ! » En 1406, vers le milieu de juillet,
une dame de haute condition et quelques-uns
de ses serviteurs arrivèrent à Corbie, guidés
par un Franciscain, pour parler à Colette.
L'entrée de ces voyageurs dans la ville excita
les curiosités, car on devinait à leur langage
qu'ils venaient de loin. Conduits au confesseur

1. Rom., xi, 33.

de la recluse, au curé Jean Guyot, le religieux
et la dame se firent connaître : l'un était le
P. Henri de la Balme ou de la Baulme, l'autre
Isabeau de Rochechouart, veuve du baron de
Brissay. Ils n'eurent pas besoin d'expliquer
longuement le but de leur voyage; dès les premiers mots, le curé leur déclara que la recluse
les attendait. Et cela ne les surprit point, on va
voir pourquoi.

Excellent religieux, digne fils du Patriarche
d'Assise, le P. Henri souffrait si profondément
de la dégénérescence des mœurs et des divisions
de l'Église qu'il avait résolu d'aller en pèlerinage au tombeau de Notre-Seigneur pour implorer un réveil de l'esprit chrétien. Mais il ne
dépassa pas Avignon. En effet, dans cette ville,
il apprit que Dieu le voulait, non pas à Jérusalem, mais à Corbie, en pays picard, afin d'y
guider et d'y soutenir une jeune ascète destinée
à de très grandes œuvres. L'avertissement lui
fut donné par une pieuse recluse, Marion
Amente, la Colette avignonnaise; et, ayant
consulté et prié comme il convenait en pareille
circonstance, car il était, selon Pierre de Vaux,
« saige et prudent ès choses spirituelles (1) »,

1. Il avait aussi beaucoup de sainteté, et de multiples
témoins affirmèrent, après sa mort, qu'il avait opéré des
guérisons par le signe de la croix. Un érudit Minime,
le P. Génébrard, l'a mis « au nombre des sages écrivains
ecclésiastiques » du xvᵉ siècle. (*Translat. de Ste Col.*,
ms. 1785, p. 3.) Il était dans sa quarantième année quand
il rencontra Colette. — Cf. Chevalier, *Hist. de Poligny*,
II, p. 159.

il connut que l'ordre venait bien du Seigneur.
Il obéit donc sans tarder. Peu après, la baronne
de Brissay, à laquelle Blanche de Savoie l'avait
adressé, lui offrait de l'accompagner à Corbie
avec quelques serviteurs et il acceptait (1). On
sait le reste.

L'entrevue des deux voyageurs avec Colette
fut d'une exquise cordialité. Quand des âmes
nées pour sympathiser se rencontrent, leur effusion est rapide ; il semble qu'elles se retrouvent
après une longue absence. Or, tant d'affinités reliaient ces êtres que Jésus avait préparés pour
une action commune ! Le Père et la recluse se
confièrent tout ce que Notre-Seigneur avait fait
pour leur manifester sa volonté (2) ; et, toujours
convaincus de leur indignité, ils s'étonnèrent
d'avoir été choisis pour entreprendre une œuvre
difficile entre toutes. Quels secours divins ne
leur faudrait-il pas ! conclurent-ils. Mais ils les
imploreraient, ces secours, à l'instar de saint
Augustin, avec un entier détachement (3) ; et,
certains qu'ils leur seraient accordés puisque le

1. Les anciennes chroniques ne disent pas où habitait
la baronne. Peut-être avait-elle un château assez près de
celui où le P. de la Baulme était allé saluer Blanche de
Savoie, comtesse de Genève ; en tout cas, les deux
pieuses femmes entretenaient des relations très amicales.

2. D'après la Sœur Perrine, un des arbustes miraculeux était encore sur la croisée du reclusage, Colette
n'ayant pu l'arracher.

3. *Da quod jubes, et jube quod vis !* « Donnez-moi, disait
à Dieu le Saint d'Hippone, tout ce qui m'est nécessaire
pour accomplir ce que vous m'ordonnez, et ordonnez-moi
ce que vous voulez. »

Très-Haut voulait se servir de leurs chétives personnes, leur reconnaissance s'exhala en de ferventes paroles. Comme le Psalmiste, ils exaltèrent Celui que l'on ne saurait trop louer, le Roi des rois dont la puissance ne finira jamais (1). Leur conversation devint une longue suite d'actions de grâces, une sorte de chant d'amour, pendant lequel Colette aurait eu un moment d'extase (2).

Comme il importait de passer promptement aux actes pour réaliser les ordres divins, le P. Henri s'empressa de demander au Souverain Pontife une dispense de clôture perpétuelle pour la recluse. Reconnaissant alors pour pape Pierre de Lune — Benoît XIII — ce fut à lui qu'il s'adressa. Dans le lamentable état de division qui désolait la chrétienté, il était admis que l'on devait se soumettre au Pontife dans l'obédience duquel on habitait jusqu'à décision d'un concile général.

« On disputa beaucoup sur cette matière, dit saint Antonin de Florence, on écrivait beaucoup pour la défense de l'un et de l'autre parti. Tout le temps que dura le schisme, chaque obédience avait pour soi des hommes très habiles dans l'Écriture et dans le droit canon, et même des personnes très pieuses, et, qui plus est, illustres par le don des miracles. Cependant la question ne put jamais être si bien décidée, qu'elle ne

1. *Magnus Dominus, et laudabilis nimis;*
   Et magnitudinis ejus non est finis. (Ps. CXLIV, 3.)
2. Manuscrit de Besançon.

laissât toujours du doute dans l'esprit d'un grand nombre. Car, encore qu'il faille croire que, comme il n'y a pas plusieurs églises catholiques, mais une seule, aussi n'y a-t-il qu'un seul Vicaire de Jésus-Christ qui en soit le pasteur, cependant, s'il arrive que, par un schisme, on élise plusieurs papes en même temps, il ne paraît pas qu'il soit nécessaire au salut de croire que c'est celui-ci en particulier ou celui-là qui est le vrai pape, mais en général celui d'entre eux qui est élu canoniquement. Or, les peuples ne sont point obligés de savoir quel est celui qui est élu canoniquement, de même qu'ils ne sont point obligés de savoir le droit canon; mais ils peuvent en cela suivre le sentiment de leurs supérieurs et de leurs prélats (1). »

Le pouvoir de dispenser de la clôture perpétuelle fut octroyé, le 23 juillet, à l'évêque d'Amiens par le légat à la Cour de France (2). Cette dispense, signée le 1er août, après que le vicaire général du diocèse eut contrôlé la véracité des motifs allégués et fait un rapport, fut signifiée et effectuée à Corbie le 2 ou le 3. Déliée de sa promesse à Dom de Roye, Colette eut l'autorisation de quitter son reclusaige pour entrer dans un couvent de Bénédictines ou de Clarisses. Ainsi évitait-on, par cette clause, de froisser les Bénédictins de l'Abbaye corbéienne, car leur Abbé ne pouvait accepter avec indiffé-

1. Saint Antonin, part. III, tit. XXII, chap. II.
2. C'était le cardinal Antoine de Chaland. L'évêque d'Amiens était Jean de Boissy.

rence que sa pupille passât sous la direction d'un autre Ordre que le sien.

Rien ne retenait plus les serviteurs de Dieu à Corbie. Ils partirent pour Nice, où résidait alors Benoît XIII, à l'approbation duquel Colette devait soumettre son œuvre (1). La baronne de Brissay prit à sa charge les frais de ce voyage, que l'état troublé des provinces rendait assez périlleux; car les troupes d'hommes d'armes qui battaient les routes ne valaient souvent guère mieux que les bandes de larrons. Mais Jésus ne permit pas qu'il arrivât malheur à sa servante et à ses compagnons. « En icelui voyage, Dieu les conserva et conforta, relate Pierre de Vaux (ch. VI), et furent tous grandement consolés d'être en la compaignie de la glorieuse ancelle de Notre-Seigneur, laquelle leur estoit comme l'exemplaire de toute sainteté et souvent leur monstroit bonne et belle doctrine pour les enflammer pour Dieu parfaitement amer, à le servir, craindre et doubter, à péchié fuyr et ses saints commandements garder. Et si estoit de si beau maintieng et de honneste conversation entre eulx, qu'il leur sembloit que che fust un Angèle qui fust descendu du chiel. Aulcune fois par pitié et compassion pour tant qu'elle étoit josne et tendre, ils la mettaient sur la beste, et comme jamais n'était oyseuse, ainsi

---

1. Après avoir quitté Avignon, Pierre de Lune s'était retiré en Italie. C'est parce que la peste le chassa de Gènes qu'il vint à Nice en 1406. La France était encore, à ce moment, sous son obédience.

toudis (toujours) se occupoit à penser ou à parler à Notre-Seigneur, incontinent qu'elle étoit sur la beste, elle mettoit si vivement son cœur à penser à Dieu qu'il sembloit qu'elle fust toute ravie et transfigurée en ly; ne elle ne savoit que on disoit ne que on faisoit auprès d'elle et néantmoins elle se tenoit sy ferme sans vachiller d'ung côté ni d'aultre qu'il sambloit que les angèles le tennissent. Aulcune fois quand elle alloit à pieds et quand elle estoit en fort et difficile chemin et plain de pierres, plusieurs fois il sembloit qu'elle ne touchoit point à terre. Aulcune fois qu'elle volast ou qu'elle fust élevée en l'air, et aussy à petit d'espace elle faisoit si grand chemin que nul tant fust fort et bon chemineulx ne le povoit poursuivre. »

De Corbie, le P. Henri, Colette et la baronne se rendirent d'abord en Bourgogne, en passant par Paris, où ils demandèrent au légat de bien vouloir les protéger. Les nouvelles se répandaient assez vite en ces temps. On savait déjà dans les États de Jean sans Peur que les pieux voyageurs avaient une haute mission à remplir et que la jeune Corbéienne était comblée de grâces et de faveurs extraordinaires; ce fut à qui leur offrirait l'hospitalité. Obligés de choisir, ils s'arrêtèrent à Bourg-en-Bresse, chez le jeune duc de Savoie, Amédée VIII, sur lequel la spiritualité de la jeune Sainte devait faire une impression ineffaçable.

Nos voyageurs allèrent ensuite à Rumilly, au

château de Blanche de Savoie, comtesse de
Genève, qui témoigna de la vénération à Colette, car elle savait par le P. Henri combien
Notre-Seigneur aimait sa petite ancelle. Heureusement, cette dernière ne discernait pas toujours les marques de respect dont on l'entourait ; elle en eut été marrie. Plus humble que
jamais et comme perdue en Dieu, elle s'appliquait à s'effacer, *à choisir la dernière place,*
selon le conseil évangélique (1).

La comtesse de Genève voulut recommander
l'exquise vierge à Benoît XIII, avec lequel elle
avait quelques relations (2); elle lui écrivit donc
une missive qu'elle envoya porter à Nice, ainsi
que la lettre du légat, par une de ses dames
d'honneur. Chose étrange, que l'on peut considérer, certes, comme une manœuvre du malin,
cette dame, en arrivant au terme de son voyage,
eut une crise d'égarement qui lui fit perdre,
avec la raison, le sentiment de la pudeur. On
eût dit que la malheureuse était possédée. Toutefois, malgré cet état, elle n'oublia pas complètement sa mission et demanda d'une manière instante à voir le Pape. Celui-ci, apitoyé,
consentit à recevoir la tourmentée et il n'eut
pas lieu de le regretter ; à peine en sa présence,
elle fut guérie. Les lettres du légat de France et
de la comtesse de Genève édifièrent de tout
point Pierre de Lune ; il fit prendre aussitôt des

1. *Recumbe in novissimo loco.* (Luc, XIV, 10.)
2. Blanche de Savoie était la nièce du prédécesseur de
Pierre de Lune.

mesures pour que Colette fut accueillie, à son arrivée, dans une maison religieuse.

Pierre de Vaux nous a laissé un récit savoureux de l'entrevue du Pontife et de la Sainte. Après avoir fait oraison, « comme elle avait accoutumé en toutes ses affaires, dit-il, et à Dieu elle et son fait recommanda : puis s'en alla en bonne simpleté, confidence et grant humilité, les yeulx en bas et le cuer en hault élevé à Dieu et le vénérable Père et noble dame et plusieurs autres notables personnes avecque elle. Quand elle parvint jusques à la présence du Saint-Père, ainsy comme il levait ses yeulx pour la doulcement regarder et bénignement saluer, une chose de grant admiration advint, car devant la dite ancelle de Notre-Seigneur du haut de la dite chayre où il étoit assis, il chut à terre, dont elle eut en son cuer ugne grant freieur ; et ainsi comme il cheoit, Dieu lui donna clère congnoissance qui elle étoit et que elle demandoit ; dont il fut grandement conforté, et incontinent qu'il fust relevé, de son propre mouvement il se avancha et prit une petite boursette pendant à sa corroye, où elle avait mis ce petit rollet qu'elle avoit escrit en son renclusage, des choses que Dieu par grâce lui avoit manifestées et qui lui estoient nécessaires. »

Quand le Pape eut achevé la lecture de cet écrit, Colette lui demanda de prendre l'état évangélique et d'entrer dans la famille « des povres dames dont Madame sainte Claire fut la première », en vue de réformer les Ordres institués par « Monsieur saint François », d'en faire revivre la Règle (1). Pierre de Lune n'avait rien à objecter à de telles demandes, toutefois il se vit obligé de retarder son consentement. Car la plupart de ses cardinaux contestaient la nécessité immédiate du projet de Colette et pensaient qu'en tout cas une œuvre aussi considérable ne pouvait être menée à bien par une frêle jeune fille dénuée d'instruction et de ressources. C'était oublier étrangement que Dieu se plaît à réaliser les grandes choses avec d'humbles instruments, afin d'infliger à l'orgueil humain d'éclatantes leçons, et à révéler aux humbles des mystères qu'il cache aux sages et aux prudents (2).

Sur ces entrefaites, une peste sévit dans la ville et emporta quelques-uns des prélats qui s'étaient montrés défavorables à la future réformatrice. Cet événement fut très remarqué. Au Conseil qui suivit, l'un des survivants fit observer qu'il était impossible de rejeter les demandes de Colette sans s'opposer à la pratique parfaite de l'Évangile; et chacun se rangea de son avis. Pierre de Lune qui, en attendant que ses conseillers reçussent des lumières, avait donné audience plusieurs fois à la jeune Sainte, ne doutait pas qu'elle ne fût pénétrée de l'esprit de Dieu. Et considérant, d'autre part, que sa vie antérieure lui tenait lieu d'un noviciat régulier, il l'appela, sans plus attendre, à la profession.

1. Ms. de Sœur Perrine, p. 18.
2. Matth., xi, 25.

Lui-même procéda très paternellement à la cérémonie, et, après des paroles d'une belle onction sur l'état religieux, il lui imposa le voile et la ceignit du cordon séraphique. Puis, la profession faite, le Pontife bénit comme « abbesse, dame et mère », la petite ancelle — ce qui donna lieu à une seconde cérémonie — et lui conféra l'autorité non seulement sur toutes les religieuses, mais encore sur tous les religieux qui adopteraient « la réformation de l'Ordre de Saint-François (1) ». Telle était sa confiance en Colette qu'il alla jusqu'à lui accorder ce que l'humble vierge n'aurait certes jamais osé désirer : la faculté de se choisir un confesseur ayant pouvoir pour admettre à la profession de la Règle primitive du Patriarche d'Assise les Frères-Mineurs qui en manifesteraient le désir (2). Enfin, il l'autorisa, décision exceptionnelle, à demander à un évêque étranger, en cas de refus d'un évêque diocésain, la consécration des églises des monastères qu'elle fonderait (3).

Tout embrasée d'amour, la jeune Sainte était

1. C'est sous l'autorité de la Sainte que le P. Henri de la Baulme fut nommé Supérieur général des religieux et des religieuses réformés de Saint-François.

2. L'un des deux ministres généraux de l'Ordre franciscain, présent à la cérémonie (il y en avait un auprès de chaque pape), lui donna d'ailleurs à elle-même les pouvoirs de vicaire pour recevoir ceux et celles qui demanderaient d'entrer dans la réforme.

3. Les bulles contenant les pouvoirs conférés à Colette portent la date du 17 des calendes de novembre, treizième année du pontificat de Benoît XIII, soit du 14 octobre 1406.

imprégnée, enveloppée de tels flots de grâce qu'elle paraissait angélique. Son âme constituait alors, au sens intégral de l'expression, un sanctuaire vivant : la substance et l'action divines la pénétraient entièrement. Dieu l'avait embellie avec magnificence. Car lorsque le Très-Haut est entré par le moyen de la grâce au fond d'un cœur, il travaille incessamment à se l'unir. Sublime artiste caché dans un instrument devenu sien, selon les Pères, il tire alors de l'âme d'ineffables harmonies. Soleil intérieur, il embrase et éclaire cette âme ; il y trône comme un roi « avec le cortège des vertus pour armée », comme dit saint Augustin.

Le rayonnement de notre professe s'étendit quelque peu sur Benoît XIII, dont la ferveur et l'onction, particulières en cette circonstance, frappèrent les assistants. Le Pontife exhorta une dernière fois la nouvelle religieuse et, pour l'aider efficacement, l'engagea à se fixer dans l'Aragon, où il avait une grande influence. Il termina en la recommandant au P. Henri, et, baisant l'épaule de ce dernier : « Épaules bénites, fit-il, qui porteront le pain à une personne si sainte ! Que ne suis-je digne moi-même de mendier pour elle le pain quotidien ! »

Colette s'était si bien abîmée en oraison pendant la cérémonie qu'elle n'en avait pas nettement compris la seconde partie. Quand, une fois hors de Nice, elle s'entendit appeler mère abbesse, quand elle se vit traiter avec des honneurs inattendus, elle demanda des explications, et, en apprenant la vérité, son inquiétude fut extrême (1). Elle pensa tout de suite à supplier le Pape de la relever d'une charge qui l'effrayait. Mais Pierre de Lune, très touché d'un tel émoi, répondit au messager de la Sainte que ce qui était fait devait demeurer. Et il lui adressa, dans l'espoir de la consoler, un très beau bréviaire finement enluminé. Néanmoins, tout ce que le P. Henri put lui dire ne triompha pas de son humilité ; elle se refusa toujours à prendre le titre d'abbesse et à se laisser appeler mère, elle insista pour rester la « pauvre Sœur Colette, indigne serviteresse de Dieu (2) ».

En quittant Nice, notre Abbesse malgré elle n'était pas très bien portante ; tant d'épreuves et de fatigues l'avaient épuisée. Les appréhen-

1. « ... Et finablement on ly declairat comme nostre seigneur Pere (le Pape) l'avoit benite et fait mere et abbasse. Dont elle fust mervoylleusement doulante et desconfortee, car onques son cuer ne se peust enclener de le estre, pour choses que on ly seust dire, et seulement elle cuidoit estre simple religieuse sens avoir office de abbasse. Et le plaisir de Dieu estoit qu'elle n'aust point congnoyssance qu'alle le fust jusques apres ce qu'elle le seroit. Quant elle fust infourmée pour vray que nostre seigneur Pere l'avoit benite et fait abbasse, elle feist diligence d'envoier par devers luy pour humblement requerir et supplier qu'il ne voulsit point consentir qu'elle fust abbasse. Il respondit que ce qui avoit fait seroit fait et que ensy demouroit. » (Ms. de Thonon, f° 27 v° et 28.)

2. « Nous avons es ses ordonnances, qu'elle fit pour les suers plus seurement garder leur sainte reigle, comme elle se nomme suers Coulette, petite et humble ancelle et indigne serviteresse de nostre Seigneur, povre et inutile religieuse de l'Ordre de Madame sainte Clare. » (Ms. de Thonon, f° 8.)

sions que lui causaient ses nouveaux devoirs jointes aux fatigues de la route déterminèrent une fièvre violente. Sa bouche se dessécha, sa langue se replia au fond de son gosier; toute parole lui devint impossible. Le P. Henri et la baronne de Brissay craignaient qu'elle ne trépassât, lorsqu'une jeune dame fort belle, d'aspect très noble et de physionomie très douce, arriva soudain près de la malade. A peine l'eut-elle examinée, qu'elle se fit apporter deux jaunes d'œuf; et, les introduisant dans la bouche de Colette, elle s'efforça d'en ramener la langue à sa place naturelle. Après quoi, l'inconnue, dont le regard disait la tendre sollicitude, mit un baiser sur le visage de l'alitée et disparut. Colette guérit aussitôt et quitta son lit; elle crut, nous apprend Sœur Perrine, et le P. Henri partagea sa croyance, que la dame inconnue n'était autre que la sainte Vierge.

La Sainte et ses deux collaborateurs ne furent pas longs à se remettre en chemin. A Rumilly, où ils passèrent de nouveau, la comtesse de Genève aurait aimé les garder; Amédée VIII eût été très heureux aussi de les installer dans sa ville.; mais Colette, qui croyait nécessaire d'établir la réforme en Picardie ou tout au moins dans les provinces limitrophes, n'avait demandé l'autorisation de commencer son œuvre que dans l'un des trois diocèses d'Amiens, de Noyon ou de Paris. Elle se hâta donc de regagner Corbie.

De nouvelles épreuves l'y attendaient. Il y

avait eu, pendant son absence, un revirement d'opinion contre elle. Son départ avait mécontenté ceux qui retiraient quelques avantages matériels du passage des étrangers qu'attirait à Corbie le renom de la recluse (1). D'autres, considérant sans doute la Sainte comme une sorte de gloire locale, n'avaient pas vu sans regret, sinon sans dépit, son départ et son changement de vie. D'autres encore, les plus nombreux peut-être, étaient simplement jaloux de la jeune ascète et las d'entendre célébrer ses vertus. Ils furent toujours légion par le monde ceux que choque ou exaspère toute beauté morale. Et c'est surtout depuis l'avènement du christianisme que l'homme d'Athènes, le proscripteur d'Aristide, a été dépassé. Enfin les Bénédictins, qui pouvaient espérer que Colette entrerait dans la famille de leur Patriarche, n'apprirent pas sans déplaisir qu'elle était devenue tout à fait franciscaine et qu'elle allait fonder un couvent de Clarisses dans le pays. L'esprit de corps exerce ses ravages, hélas ! dans les Ordres religieux comme dans les autres institutions humaines. N'oublions jamais que ceux qui ont renoncé au monde ne peuvent pas ne point se rattacher par quelques liens à l'humanité. Et elles sont innombrables, les misères de l'humanité ; la pratique sérieuse de l'examen de cons-

1. Colette avait été bien vite connue en dehors de son terroir ; de tous les pays picards, et même des provinces limitrophes, on venait, avant qu'elle ne quittât sa clôture, pour l'entrevoir et la consulter.

cience renseigne là-dessus d'une façon salutaire.

Lorsque Colette, de retour en sa ville natale, fut traitée d'inconstante et vilipendée de la plus abjecte manière (1), les Bénédictins restèrent impassibles, sans même dire un mot en sa faveur. Ceux des Corbéiens qui étaient hostiles à la jeune vierge travaillèrent avec tant d'insistance l'esprit de leurs concitoyens, et, dépourvus de scrupules, ils recoururent à de tels moyens qu'elle dut quitter la ville. Vainement, se retira-t-elle à Noyon; ses ignobles ennemis avaient répandu leurs perfidies dans toute la province. Les Noyonnais ne se contentèrent pas de l'abreuver d'insultes et d'outrages, ils s'en prirent même à ses amis qu'ils criblèrent de brocards. Et, comme les honnêtes gens ne sont pas toujours les plus courageux, la plupart n'osèrent pas affronter un orage de ce genre et combattre pour la servante du Seigneur. Peureusement, ils s'éloignèrent d'elle et la laissèrent sans défense contre le mépris. Ce fut, au dire de Pierre de Vaux, une persécution atroce.

Colette la subit avec une patience qui l'empêcha de se troubler (2) et une charité que rien ne lassa. Mais, condamnée par le plus aveugle des parti pris, que pouvait-elle? Il ne fallait pas songer à fonder un couvent à Noyon; elle revint

1. Plusieurs déclarèrent qu'elle se trompait dans ses dévotions. Certains l'accusèrent de sorcellerie, assurant qu'un démon familier lui fournissait des caractères magiques, imputation très grave à cette époque.

2. « C'est par votre patience que vous posséderez vos âmes. » (Luc, XXI, 19.)

donc à Corbie, non dans l'espoir de désarmer ses ennemis, mais pour se cacher, en attendant des jours meilleurs, dans l'une des carrières abandonnées de la colline voisine. Selon une tradition, elle aurait alors prononcé cette apostrophe : « Malheureuse ville, on dira un jour : ici fut Corbie ! » De fait, cette cité, tout à fait déchue à la suite des guerres et des troubles de la période révolutionnaire, n'est plus qu'un village (1). Quant à l'abbaye, les ruines en sont lamentables. Cette terrible épreuve acheva de préparer la Sainte à l'œuvre que Dieu attendait de sa vaillance et de sa foi. Les réalisateurs de telles œuvres doivent avoir des âmes exceptionnellement trempées et spiritualisées. Or, répétons-le, c'est la souffrance qui purifie et fortifie. En détruisant en nous le mal, elle nous forme moralement. « Avant tout, la douleur éclaire, explique Mgr Gay. Elle est un feu qui brûle, mais aussi une flamme qui illumine (2). » L'âme de notre réformatrice était définitivement délivrée de toute gangue terrestre. « Dans ce débordement d'invectives et d'insolences imprudentes, lit-on dans la bulle de canonisation, elle se conduisit de manière à montrer qu'elle y trouvait de vraies délices. »

Colette ne pouvait rester longtemps dans sa cachette. Il fallait agir. Le P. Henri conçut le projet de l'emmener chez son frère Alard, au

1. C'était, au temps de sainte Colette, une ville de quelque importance pour la région.
2. *Vie et vertus chrétiennes*, p. 311.

château de la Baulme (1). Là, du moins, rien n'empêcherait de chercher à loisir les moyens de fonder un couvent. Ils partirent avec deux vraies amies de la Sainte, assez dévouées pour tenir à la suivre : Marie Sénéchal et Guillemette Chrétien (2).

Alard ou Alain de la Baulme se fit avec allégresse l'hôte de la pieuse troupe, et il eut aussitôt à s'en réjouir. Grâce aux prières de la jeune Abbesse, son épouse, que torturaient les souffrances d'une parturition laborieuse, fut heureusement délivrée. La fillette à laquelle elle donna le jour devait entrer plus tard dans la famille colettine sous le nom de Sœur Perrine (3) et devenir l'un des biographes de la Sainte.

C'est dans le château de la Baulme que la réformatrice et ses compagnes se préparèrent à la vie monastique. Et cet essai fut si édifiant que l'une des filles d'Alard, la jeune Odile, forma le projet de se joindre à celles qui le pratiquaient. Bientôt sa sœur Mahault prit la même résolution. Et leurs parents s'étant inclinés devant cette double vocation, dont le

1. D'après M. l'abbé Bizouard, qui s'appuie sur des témoignages sérieux, cette Baulme serait celle de Frontenay. (*Hist. de sainte Colette et des Clarisses en Franche-Comté*, p. 12.)

2. Peut-être Colette emmena-t-elle aussi cette Jacquette Legrand qui l'avait assistée dans son reclusage. En tous cas, Jacquette devint très tôt une de ses religieuses.

3. Abréviation de Pétronille. Ses parents la confièrent à la Sainte vers 1416; elle fit sa profession religieuse au couvent de Poligny, où sans doute son éducation s'était terminée.

P. Henri reconnaissait le caractère sérieux,
plusieurs jeunes filles, également de noble famille, postulèrent la faveur de compter parmi
les servantes de Jésus. Il fut alors impossible
de loger dans la demeure de la Baulme la communauté naissante, Colette alla l'installer près
de Genève dans un château que Blanche de
Savoie lui offrait. C'est là que la vierge séraphique et ses filles commencèrent leur vraie vie
régulière, l'observance de la stricte pauvreté.
Et, quoique mondaines la veille encore, les
Colettines de la première heure devinrent assez
vite de véritables religieuses sous l'influence de
leur Mère, dont les exemples avaient une éloquence irrésistible et dont la sainteté attirait
autour d'elle d'innombrables grâces.

Toutefois, la meilleure installation dans le
plus favorable des châteaux ne tient pas lieu
d'un monastère; la comtesse de Genève le comprit bien et l'idée lui vint d'en fonder un près de
Rumilly. Très délicatement, sans que Colette
s'en doutât, elle se procura les pouvoirs nécessaires. Mais Rumilly, étant une ville ouverte,
se trouvait à la merci des bandes armées qui
battaient le pays; on ne pouvait raisonnablement y construire un couvent (1). C'est ce que
fit remarquer notre Sainte quand elle apprit la
tentative de sa bienfaitrice. Celle-ci s'empressa
de chercher autre chose et, ayant découvert à

---

1. Dijon, Gray, Dôle avaient été saccagés par les
grandes compagnies; et, dans maints endroits, routiers,
écorcheurs, tard-venus avaient outragé les religieuses.

Besançon un moutier de Clarisses Urbanistes
où il n'y avait plus que deux religieuses (1), elle
pria Pierre de Lune de l'accorder à sa séraphique
amie. Le 27 janvier 1408, le Pontife signait la
bulle qui mettait la réformatrice en possession
de ce monastère, à charge d'y entretenir les
deux dernières Urbanistes; néanmoins, Colette
et ses filles demeurèrent encore plus de deux
ans dans le château de la comtesse.

Le schisme traversait alors une phase aiguë.
C'était le moment où les tergiversations de
Grégoire XII et de Benoît XIII lassaient cardinaux et princes. Et bientôt, Pierre de Lune,
par son manque de bonne foi, ayant obligé la
France à cesser de lui obéir, Colette put craindre
que la bulle de janvier ne perdît toute valeur.
Au mois de juin de l'année suivante, elle se
rangea sous l'autorité de l'élu du concile de
Pise, Alexandre V, que reconnurent tous les
fils de François; et ce fut seulement quand le
nouveau Pape eut approuvé les faveurs qu'elle
devait à Pierre de Lune que l'ancelle du Seigneur se rendit à Besançon.

1. Comme beaucoup de maisons à règle mitigée, celle-
ci avait fini par manquer de sujets. Ce couvent, rapporte
Fodéré, dans sa *Sainte Claire de Besançon,* « où souloit
estre anciennement un grand nombre de très dévotes et
très vertueuses religieuses » à cause de son saint renom,
« étoit tellement obscurci, que les familles honorables
n'y vouloient plus nicher leurs filles et parentes ».

CHAPITRE IV

Tandis que se déroulaient ces événements, la comtesse de Genève avait eu le loisir de renseigner l'archevêque de Besançon, Thiébault de Rougemont, sur l'humble Colette et ses filles. Charmé d'avoir dans sa ville épiscopale des vierges si séraphiques, ce prélat voulut les recevoir avec solennité. Le jour de leur arrivée, 14 mars 1410, il alla les attendre, entouré de son clergé, au village de Beurre, assez loin de Besançon. Des seigneurs, des dames, des notables s'y rendirent aussi au milieu d'une foule innombrable. La comtesse de Genève présenta elle-même notre réformatrice à Sa Grandeur; et tous les Bisontins assemblés là firent cortège à la jeune Sainte. Chacun se réjouissait à la pensée

des bénédictions abondantes que la communauté colettine attirerait sur la ville, ce fut une
entrée triomphale.

Une fois en possession du monastère, Colette
expliqua son œuvre aux deux Urbanistes et les
laissa libres de continuer leur vie ordinaire dans
le cas où elles ne voudraient pas revenir à la
règle primitive. L'une, sœur Simonnette, augmenta la troupe des réformées; l'autre passa
chez les Bernardines.

La Sainte s'accommoda très bien de son couvent; la seule chose qui lui déplut, c'est que des
rentes y étaient attachées. Saint François et
sainte Claire ayant toujours refusé d'en avoir,
elle n'entendait pas faire autrement que ses
chers imitateurs. Le Pape satisfit à ses très légitimes désirs sur ce point. Son légat en Bourgogne, Pierre de Thuray, cardinal de Sainte-
Suzanne, donna commission à l'archevêque de
Besançon de fonder des chapellenies avec les
biens et les rentes que la jeune Abbesse abandonnait (lettre du 17 mai 1410), puis il ratifia
(lettre du 24 mai) tout ce que l'autorité apostolique avait fait jusque-là en faveur de notre
réformatrice. On consιitua les trois chapelles
par ordonnance du 24 octobre suivant, et il fut
stipulé que la Supérieure du couvent des Clarisses en nommerait les titulaires et fixerait
l'heure à laquelle ils devraient dire la messe dans
le dit couvent (1). Les hôpitaux bénéficièrent de

1. Plus tard, l'insuffisance des revenus fit réduire à
deux le nombre des chapelains.

l'argent qui restait. Enfin Colette se trouva réellement dans cette pauvreté qu'elle regardait comme la *nourrice des cloîtres* qui veulent se soutenir dans la vertu.

Il y avait cinq jours seulement que la petite ancelle de Jésus était installée lorsqu'elle accomplit sa première guérison miraculeuse. On venait de lui amener une bourgeoise de la ville qui souffrait cruellement de plusieurs maladies nerveuses, dont l'une lui causait des crises épouvantables (1), et on lui demandait le secours de ses prières. Colette commence par exalter la bonté divine et par recommander à la malade d'avoir une grande foi en Notre-Seigneur. Puis elle se retire en son oratoire pour implorer la guérison de cette infirme; mais elle en sort peu après, l'air contrarié. La malade, dit-elle, n'a pas bonne foi en Dieu; si elle l'avait, elle serait guérie. Puis, étant retournée dans son oratoire, elle en sort plus marrie que précédemment et réitère ses recommandations à l'infortunée qu'un accès vient de prendre. Et, tandis que cette dernière invoque le divin Maître, la Sainte va se remettre en prière une troisième fois. Peu après, elle revient rayonnante. « Par le moyen de votre foi, s'écrie-t-elle, il a plu à Notre-Seigneur de vous donner santé et guérison. — Madame, je suis guérie, répliqua la bourgeoise, et Notre-Seigneur m'a donné la santé par sa grâce, non pas pour bien ni foi qui soit en moi, mais pour

1. On ne sait rien autre de cette bourgeoise, sinon qu'elle se prénommait Marguerite.

5

les mérites des prières et oraisons que vous
avez faites pour moi. — Gardez-vous bien de
dire ainsi », protesta Colette (1). Et, fort dési-
reuse de ne point passer pour thaumaturge, elle
prescrivit à la patiente d'aller en pèlerinage à
certaine église de Saint-Loup, située aux environs de la ville. Dans le cimetière voisin, ajouta-
t-elle, ses souffrances cesseraient définitivement. C'est en effet ce qui se produisit.

On colporta aussitôt dans la ville que l'abbesse
des Clarisses réformées réalisait des miracles,
et l'on recourut à ses prières à tout propos. La
famille Boisot, l'une des plus notables de Besançon, ayant perdu un adolescent de quinze
ans, fit transporter le corps à la chapelle du
couvent colettin, et la Sainte, après avoir entendu la messe, ordonna au mort de se lever.
Celui-ci obéit sans tarder; il revenait à la vie
parfaitement valide, et c'est à pied qu'il retourna
chez ses parents (2).

Après ce miracle, accompli devant de nombreux témoins, le nom de la vierge séraphique
fut dans toutes les bouches, et de tous les coins
de la province et même d'ailleurs, on accourut
pour implorer son assistance, ses prières. Il y
eut de telles affluences que Colette dut prendre
des mesures pour que la vie régulière de la com-

1. Pierre de Vaux, pp. 91-94.
2. Ce jeune homme garda une vive reconnaissance pour
la Sainte et devint, dans la suite, un des bienfaiteurs du
monastère colettin. Le dernier descendant de la famille
Boisot fut prêtre : il était abbé de Saint-Paul à Besançon
en 1783.

munauté n'en souffrit point. Elle pensa tout d'abord à ne plus recevoir les solliciteurs de grâces. Mais c'eût été excessif. Sur les conseils de l'archevêque, quelques heures furent réservées chaque jour aux éprouvés en quête de consolations et d'oraisons. Beaucoup de ces suppliants avaient une foi très vive. Aussi Dieu prodigua-t-il les miracles. On avait pris l'habitude de porter à la Sainte les enfants mort-nés (1); elle en ressuscita plus de cent, affirme Sœur Perrine, non sans produire maints témoignages de valeur. Il en est deux au moins qu'il convient de citer.

Une bisontine venait de mettre au jour un enfant du sexe féminin qui avait expiré aussitôt. Désolé, le père fit porter le petit cadavre à l'église dans l'espoir qu'un peu de vitalité restait en lui et qu'on pourrait le baptiser. Mais le nouveau-né était bien mort. Alors, sur le conseil de son entourage, le père courut chez les Clarisses et obtint de la vénérable Abbesse qu'elle se mît en prière. Bientôt la vie revint dans le petit cadavre, que les religieuses avaient entouré d'un voile de leur mère, et l'enfant reçut au baptême le nom de Colette. Quand cette miraculée fut adolescente, elle entra dans la famille colettine (2).

Un autre enfant mort-né était enterré depuis

1. Beaucoup de mères allaient aussi prier la Sainte de bénir leur progéniture vivante. Ce que Colette faisait avec joie, car elle aimait les enfants à cause de leur innocence et de leur pureté.

2. Son nom de famille était Prevet; elle devint abbesse du couvent de Pont-à-Mousson.

deux jours lorsque son père, à l'instigation des siens, alla l'exhumer pour le porter à la Sainte. Celle-ci pria devant le cadavre même, et Dieu consentit à ranimer ce corps, que travaillait la décomposition. Colette ayant dit que cet enfant était prédestiné, une dame offrit de l'élever; mais il ne vécut que six mois. Il était prédestiné à mourir dans l'innocence baptismale.

La jeune Abbesse guérit aussi force malades par un simple signe de la croix, et, plus d'une fois, le seul contact de vêtements qu'elle avait portés ou d'objets qu'elle avait touchés dissipa des souffrances physiques. Son humilité croissait en même temps que sa sainteté, elle n'exerçait son pouvoir miraculeux qu'à la dernière extrémité en quelque sorte. Il fallait que ses filles usassent souvent de pieux stratagèmes pour qu'elle traçât, sur l'une d'entre elles ou sur ceux qu'on lui amenait, le signe du salut. Les religieuses qui souffraient de quelque mal intolérable recouraient toujours à leur chère Mère. Si bien qu'un jour celle-ci, que contristait tant de confiance et de vénération, finit par repousser, presque sans cacher son mécontentement, la main endolorie que lui tendait une Sœur. Mais, ce faisant, elle l'avait effleurée; ce fut assez pour chasser le mal. Une autre religieuse se débarrassa d'une angine en appliquant sur sa gorge le vase dans lequel avait bu l'humble ancelle. Humiliée par de tels faits, dont il eut presque toujours été difficile de nier le caractère miraculeux, la thaumaturge se réfugiait dans sa cel-

lule et, parfois, n'en sortait pas d'une journée.
Et comme ses religieuses lui manifestaient, sans
le vouloir, un profond respect quand elle reprenait sa place dans la communauté, notre réformatrice ne manquait pas de leur dire qu'elle
n'était pour rien dans les prodiges de la veille et
que toutes pourraient obtenir encore davantage
du Très-Haut en s'appliquant à l'oraison, à la
pauvreté évangélique et à la dévotion envers
Marie.

A ce moment de sa vie, Colette avait atteint
à une éminente sainteté. Riche de vertus surnaturelles, d'une piété séraphique, elle avançait de
jour en jour dans la phase contemplative. Son
âme était un brasier d'amour divin, et l'oraison
la pénétrait d'infinies délices. Elle s'y oubliait
au point que, maintes fois, elle médita et pria
pendant toute une journée. Notre-Seigneur ré-
compensait son ancelle en la comblant d'extases;
aussi, quand elle revenait à elle, lui semblait-il
que sa prière avait été bien courte. D'ailleurs,
même en donnant un peu de son temps au prochain, elle demeurait si bien en Dieu que sa vie
n'était guère qu'une oraison. Nous avons dit
déjà qu'elle prenait sur ses nuits pour prier. Il
lui arriva de ne dormir qu'une heure à peine en
huit jours (1).

Elle avait si réellement présente à l'esprit la

1. « Souvente foys, une grande partie de la nuyt elle
occupoit en oryson mentelle. Elle estoit de si petite dor-
mitive que aucune fois elle ne dormoit pas une heure en
huit jours. » (Ms. de Thonon, ch. x, f° 61.)

Passion du Sauveur adorable, son cœur vibrait
avec tant de dilection aux douleurs de l'Homme-
Dieu, qu'à l'heure du crucifiement une angoisse
extrême l'étreignait. Lorsqu'elle le pouvait
alors, elle s'isolait pour adresser avec plus de
ferveur au divin Maître un acte de réparation et
d'amour (1). Le vendredi, notre ascète méditait
très longtemps sur les souffrances de Jésus; et,
plusieurs fois, son corps reçut l'empreinte des
coups dont la vue avait affecté son cœur. Enfin
elle fut stigmatisée de plaies à caractère de
tumeur, aux mains, aux pieds et à la tête. Et
ces plaies la martyrisaient atrocement. « Je
porte sur mon corps les stigmates du Seigneur
Jésus », aurait-elle pu dire avec l'apôtre (2). Une
année, pendant la Semaine Sainte, sa ferveur
fut si splendide qu'elle eut un ravissement de
trois jours et de trois nuits, pendant lesquels

1. « Tous les jours à heuree de midi à laquelle nostre
Seigneur et doulz salveur Jhésu-Christ fust crucifiez
pour la redempcion d'umainne creature, elle avoit sente-
ment angoysseux et douloureux de la tres amere passion
de nostre Signeur : pour lequel seulement, secretement
et devotement pour tous a celle heure voulentier se
sequestroit et separoit de toutes aultres personnes. »
(Ms. de Thonon, ch. xi, f° 76 et 76 v°.)

2. Galat., vi, 17. — Le lazariste Pierre Collet assure
que la Sainte ressentait des douleurs aussi torturantes
que celles de l'enfantement lorsqu'elle entendait lire la
Passion. Une religieuse du Puy, Sœur Jeanne Fayet,
ayant douté de l'intensité de ces douleurs, les ressentit
soudain, et elle n'en fut délivrée qu'après neuf jours de
prière. (*Hist. abrégée de la bienh. Colette Boellet*, ouvrage
posthume revu et corrigé par l'abbé de Montis; Paris,
1771, pp. 235-236.)

elle resta sans nourriture et complètement insensible à tout.

Ce fait se renouvela, on ne sait au juste à quel
moment, et se prolongea au delà d'une semaine (1). Les religieuses, ne parvenant pas à
réveiller leur Mère, finirent par s'alarmer; et
les personnes du monde, en les harcelant pour
voir l'extatique, rendirent la situation difficile.
Se rappelant alors ce qu'avaient fait plusieurs
saints en de pareilles circonstances, le P. Henri
commanda à l'Abbesse, au nom de l'obéissance,
de reprendre ses sens. Ce qu'elle fit. Pour manifester la haute valeur de l'obéissance dans l'état
religieux, Notre-Seigneur n'avait pas voulu que
l'appel du Supérieur de Colette demeurât vain,
il avait préféré rendre son ancelle à la terre.

La vierge séraphique ne restait jamais longtemps, d'ailleurs, sans s'évader de ce monde;
comment le Dieu d'amour n'eût-il pas répondu
aux élans d'un cœur si pur? Une fois, ce fut pendant la messe, à l'élévation, que l'esprit de
Colette prit son essor vers le Bien-Aimé. Sa
tête s'inclina sur la grille de fer placée devant
elle, son corps s'immobilisa, et, pendant trois

1. L'auteur anonyme du ms. de Thonon signale un
jeûne analogue (f° 93 et 93 v°). « Une foys, depuis le jour
de pasque flories jusque au juedi saint elle ne mangat,
ne quelconque viande ne goustat, et d'icelluy saint juedi
jusque a la solennite de pasques. De laquelle solennite,
nostre Signeur par sa grace ly envoya une petite geli-
nette qui ly vint pondre pres d'elle ung petit euft,
duquel en la glorieuse et joyeuse feste fust reffectionnee
si plantureusement qu'elle ne mangat qui ne fust
III jours apres la dicte solennite. »

jours, tout souffle vital en parut banni. Ceci se passait en hiver, pendant une période de gel rigoureux ; néanmoins, la flamme qui vivifiait notre Sainte était si ardente que le froid du fer de la grille n'endommagea point son visage. Plusieurs fois aussi ses transports de séraphisme l'élevèrent au-dessus du sol. On regrette qu'elle n'ait pas laissé quelques thèmes d'oraison ; ils eussent certainement pris place à côté des *Exercices* de sainte Gertrude, pour le plus grand bien des épris de Jésus.

« O Dieu amour, s'écrie la vierge de Helfta, vous seul êtes mon véritable et complet amour. Vous êtes mon Sauveur, qui m'êtes cher pardessus tout, mon espérance et ma joie tout entière, mon bien suprême et le plus excellent. Devant vous, mon Dieu et mon très cher amour, je me tiendrai dès le matin et je vous contemplerai (1) ; car vous êtes douceur et charme pour l'éternité...

« O beauté si digne d'être aimée, quand me rendrez-vous toute à vous ? Oh ! si vous daigniez dès ici-bas lancer jusqu'à moi vos moindres rayons ! J'aurais alors un avant-goût de votre douceur, je préluderais en quelque chose à la possession du cher héritage qui m'attend. O fleur des fleurs, inclinez quelque peu votre visage vers moi, afin que je puisse arrêter un moment mes regards sur vous...

« Montrez-moi votre visage, et laissez-moi

_____

1. Ps. V, 5.

contempler votre beauté. Qu'il est doux et plein d'attraits, ce visage, tout rayonnant des feux de l'aurore du divin Soleil! La fraîcheur de vos traits annonce celui qui ne saurait vieillir ; car il est l'Alpha et l'Oméga (1). L'éternité étincelle dans vos yeux, et je reconnais le Dieu Sauveur à l'éclat dont il brille. En vous s'unissent la vérité resplendissante de tous ses rayons, et la charité si belle dans ses ardeurs...

« O amour, lorsque ma vie descendra vers son couchant, daignez luire sur moi comme une aurore matinale ; et lorsque vous me verrez au moment de quitter cette terre étrangère, donnez-moi de puiser en vous l'éternelle vie. Au sortir de cet exil, conduisez-moi vous-même aux noces de l'Agneau (2) ; aidez-moi à trouver l'Époux et l'ami véritable. Que ce soit vous, ô amour éternel, qui m'unissiez à lui, afin que jamais je ne me dérobe à ses divins embrassements (3). »

C'est ainsi, on peut se l'imaginer, que la suave ancelle bégayait ses sentiments lorsqu'elle parlait au céleste Époux.

Au début de son séjour à Besançon, elle reçut du Christ une de ces faveurs insignes qui montrent avec quelle tendresse exquise notre Sauveur récompense ses amis. La grande amoureuse de la croix avait le plus vif désir de posséder une relique du bois sacré entre tous. Le

1. Apoc., i, 8.
2. Apoc., xix, 7, 9.
3. *Exercices de sainte Gertrude*, traduct. de Dom Guéranger, pp. 148, 152 et suiv.

divin Crucifié chargea l'un de ses anges de lui
en porter un fragment (1).

Colette taisait en général, nous apprend
Sœur Perrine, les grâces dont elle était favorisée.
Mais, heureusement pour nous, elle en divul-
guait, sans le vouloir, quelque menu détail
quand elle se trouvait dans la phase intermédiaire entre l'extase et l'état naturel. Cela permettait souvent d'apprendre ce que l'humble
Abbesse aurait tant voulu cacher.

Sa dévotion au Christ Rédempteur lui valut

1. Ce précieux fragment était inséré dans une croix
d'or décorée de gemmes et de perles. Conservée pieusement dans le monastère bisontin jusqu'à la Révolution,
l'inestimable relique fut heureusement soustraite alors
aux recherches des impies ; elle passa, quand l'Eglise de
France eut cessé d'être entravée, au monastère restauré
de Poligny. On ne lira pas sans intérêt les quelques
détails que la Mère Claire Puget donne sur cette croix :
« Elle est enrichie au dedans du bois de la vraye Croix,
et à l'un des côtés du dehors, d'un crucifix ayant les
deux pieds joints l'un à l'autre, attachés de deux clous ;
elle a quatre perles aux quatre angles, et aux extrémités
d'un chacun croison une pierre précieuse, et une cinquième perle au-dessous des quatre. Icelle est conservée
dans une bourse de velours violet, brodée en or fort
simplement. Nous la spécifions comme dessus et au
vray, parce que les autheurs qui en ont escript, et entre
aultres les autheurs des chroniques de l'ordre de l'Observance, et Michel Notel, religieux de Ferny, en Savoie,
en son abrégé de la *Vie de sainte Colette*, en parlent seulement en général. » Lettre aux Clarisses d'Amiens,
datée du 22 janvier 1624. Ce document est aujourd'hui à
la Bibliothèque amiénoise.

Sur ce fait merveilleux, Cf. P. de Vaux, ch. XI, n° 98 ;
Sœur Perrine, ch. IV, n° 40 ; *Bollandistes*, mars, t. I ; Wadding, *Annales*, an. 1406, n° 47. Et, pour sa description
détaillée, abbé Bizouard, *Hist. de Ste Colette et des Clar.
en Franche-Comté*, p. 56.

encore une récompense prodigieuse et délicieuse; elle reçut du ciel la prière suivante à la gloire du Verbe incarné :

« Que l'heure de la naissance de l'Homme-Dieu soit bénie, que le Saint-Esprit dont il a été conçu soit béni, que la très glorieuse Vierge Marie dont il est né soit bénie; et par l'intercession de cette glorieuse Vierge Marie dont est né l'Homme-Dieu, et par le souvenir de cette heure très sainte à laquelle il est né, que mes prières soient exaucées et que tous mes bons désirs s'accomplissent. O pieux et bon Jésus, ne m'abandonnez pas à cause de mes péchés et ne les punissez pas comme ils le méritent; mais exaucez-moi et réalisez mes bons désirs pour l'honneur et la gloire de votre nom. Ainsi soit-il (1). »

Déjà, lorsque notre Sainte organisait sa communauté chez la comtesse de Genève, Dieu lui

---

1. L'original avait été donné en latin à la Sainte, qui, par un don de Dieu, entendait cette langue. Le voici : *Benedicatur hora quâ Deus et Homo natus est, et Spiritus sanctus de quo conceptus est; et illa virgo gloriosissima Maria, de quâ natus est, sit benedicta; et per illam virginem Mariam de quâ Deus et homo natus est, et per illam sacratissimam horam in quâ natus est, exaudiantur preces meæ et impleatur omne desiderium meum in bonum. Jesu pie et bone, noli me propter peccata mea derelinquere, neque vindictam de peccatis meis sumere; sed exaudi me et imple desiderium meum in bonum propter gloriam nominis tui. Amen.*

Cette prière fut communiquée dans la suite à tous les monastères de la réforme; on la disait quotidiennement après un *Ave Maria*. Nombre de laïques l'adoptèrent aussi.

avait manifesté combien cette œuvre lui était agréable. Certain jour, comme Colette discutait avec le P. Henri, non sans perplexité, sur le mode qu'il convenait d'adopter pour chanter l'office canonial, des anges déterminèrent son choix en entonnant soudain un air idéalement monastique. Et depuis, cette psalmodie harmonieuse n'a cessé d'être répétée fidèlement par les filles de sainte Claire.

Peu après son arrivée à Besançon, la réformatrice ne disposait déjà plus d'une place suffisante dans son monastère pour accueillir de nouvelles recrues. Ses vertus et ses miracles avaient attiré une telle foule de postulantes (1) que, dès le mois de mai 1410, elle dut penser à dédoubler sa communauté. Les moyens matériels lui faisaient complètement défaut pour développer son œuvre, mais la Providence lui préparait des auxiliaires ; au moment opportun, elle fut mise en relations avec Marguerite de Bavière, duchesse de Bourgogne (2). Résidant ordinairement à Dijon, cette dernière n'était pas restée longtemps sans entendre l'éloge de Colette ; très vite, elle en connut la vie par la comtesse de Genève, leur amie commune, et aussi sans doute par la famille de la Baulme. Or, la duchesse désirait justement qu'une âme sainte

1. La plupart sortaient des premiers rangs de la société ; et plusieurs, entre autres une demoiselle de Toulongeon et une certaine Marie Chevalier, devaient marcher dignement sur les traces de leur Mère Abbesse.

2. C'était la fille du duc Aubert de Bavière, elle avait épousé Jean sans Peur en 1385.

intercédât auprès de Dieu pour son époux,
l'ambitieux et peu scrupuleux Jean sans Peur,
dont les péchés la faisaient frémir (1). Dans
l'espoir que l'humble ancelle accepterait de venir
la voir et lui accorderait le secours de ses
prières, elle lui dépêcha le premier chambellan
du duc.

C'était Jean de Rupt — appelé plus couram-
ment Guillaume de Vienne — seigneur de Saint-
Georges ou Seurre et de Sainte-Croix, et surnommé le Sage, par le peuple, à cause de ses
hautes qualités morales. Il décida sans peine la
thaumaturge à se rendre à Dijon. Toutefois,
sachant que la maison de Bourgogne « estoit la
plus grande de chrétienté après les rois (2) », la
vierge séraphique tremblait presque d'émotion
en pénétrant dans le palais ducal (3). Mais
l'accueil qu'elle y reçut dissipa peu à peu son
trouble. Pénétrée par le charme de cette âme
angélique, la duchesse ne tarda guère à lui pro-
poser de fonder un couvent dans la capitale
bourguignonne.

1. Il y avait à peine trois ans que ce prince s'était chargé
la conscience de l'assassinat du duc d'Orléans, son cousin. Et, selon le mot de Michelet, « l'orgueil avait tué en
lui le remords ». (*Hist. de France*, t. IV, p. 161.)

2. Paradin de Cuiseaux, *Annales de Bourgogne*.

3. Avant de partir, elle était allée demander sa protection à la très sainte Vierge dans la chapelle de Notre-
Dame de l'Espérance. Elevée en 1210, cette chapelle fut
appelée plus tard Notre-Dame de la Levée, du nom de
la route que Marguerite de Bourgogne avait fait revêtir
de pierres de taille pour la protéger contre les inondations.

Colette désirait fort une maison nouvelle, mais elle la voulait dans les conditions les plus favorables à la vie religieuse ; or les couvents situés dans les grands centres, et surtout dans le voisinage des cours, sont exposés à tant de visites que le recueillement y devient difficile (1). Après avoir expliqué ces motifs à la duchesse, notre réformatrice lui répéta ce qu'elle avait dit antérieurement à la comtesse de Genève, à savoir que les seuls lieux convenables pour les cloîtres de son ordre étaient les petites villes fermées. Et elle cita Auxonne, qui faisait partie des domaines de la duchesse et dont les habitants désiraient un monastère de Clarisses (2). Marguerite s'inclina devant les excellentes raisons de l'Abbesse et lui promit son aide. Les meilleurs des humains conservent toujours un fond d'égoïsme, c'est pourquoi elle eût préféré que le futur couvent fût à sa porte. Mais, après tout, son château favori, celui de Rouvres, s'élevait non loin d'Auxonne (3), elle n'avait donc qu'à se féliciter du début de ses rapports avec la thaumaturge.

1. Saint Bernard, avec de saintes violences, avait mis en garde les religieuses contre les femmes du monde (Sermon *LVI*). Lorsque Colette écrira ses *Constitutions*, elle ordonnera à ses filles « de n'être commères ni des hommes ni des femmes ». (*Constit.*, ch. IX, p. 147.)

2. Cette petite ville, capitale du comté d'Auxonne, avait été fortifiée en 1330 par Marguerite de Brabant, et, vingt ans après, par ses habitants. Toutes les attaques des pillards contre ses portes avaient échoué.

3. Le village de Rouvres est à trois lieues de Dijon. Le château élevé en 1287 fut détruit par les Impériaux en 1636.

Tandis que cette dernière s'occupait de la fondation d'Auxonne, la comtesse de Genève, reprenant son ancien projet, faisait commencer les bâtiments d'un moutier dans les parages de Rumilly. Il lui eût été fort agréable, à elle aussi, d'avoir des religieuses près de sa demeure. Il fallut que la sainte Abbesse rappelât de nouveau à sa trop zélée bienfaitrice qu'il lui était impossible d'installer des communautés dans les endroits dépourvus de sécurité. La comtesse n'insista pas et consentit à consacrer au couvent auxonnais une partie de la somme qu'aurait coûtée la maison de Rumilly. Guillaume de Vienne, qui, de même que les nobles dames précitées et, d'ailleurs, que la plupart des pieux mondains, aurait aimé d'avoir un monastère à côté de sa résidence, à Gray, ne résista pas davantage aux arguments de la « glorieuse Mère » ; il participa généreusement à la construction d'Auxonne et en dirigea les travaux.

Pendant ce temps, le P. Henri était à Paris, où se trouvait Jean sans Peur, et il avait obtenu facilement de ce prince (1) les lettres d'amortissement et de donation nécessaires (3 août 1412). En effet, des deux immeubles choisis par Colette, l'un relevait du duc et l'autre était sa propriété même (2). L'éminence sur laquelle se

1. Le duc estimait fort le P. Henri, dont il connaissait bien la famille. Deux frères de ce religieux étaient à son service : Jean, comme échanson ; Jacques, comme écuyer banneret.

2. Dans cette dernière maison, Philippe le Hardi, le père de Jean sans Peur, avait fait battre monnaie. Excom-

dressaient ces maisons paraissait toute désignée pour recevoir un asile de recueillement et de prière. C'était, non loin de la Saône, une vaste solitude entourée d'arbres.

La Sainte désirait que le premier monastère élevé par ses soins pût désormais servir de modèle ; elle insista donc pour que tout y portât le caractère de l'humilité, de la simplicité, de la pauvreté. Mais elle fit exagérer ce caractère ; le bâtiment fut disposé avec tant d'exiguïté que, plus tard, il fallut l'agrandir. Les cellules, dit Pierre de Vaux, « sembloient mieux estre hûches ou logettes à coucher les asvettes que aultrement (1) ».

A la fin de l'été 1412, quoique la nouvelle ruche colettine ne fut pas tout à fait prête à recevoir son essaim, Guillaume de Vienne, qui avait accepté le titre de fondateur de ce couvent, en demanda au Souverain Pontife l'érection canonique ; et, le 25 septembre, Jean XXIII signait la bulle nécessaire. La Sainte prit alors ses dispositions pour se rendre à Auxonne avec les religieuses qu'elle voulait y laisser. Dès qu'elle eut fixé la date de son départ, ce fut un grand émoi dans Besançon. Tous les habitants l'aimaient et la vénéraient comme une protectrice très puissante auprès de Dieu ; aussi essayèrent-ils de la retenir. L'archevêque étant

munié par l'archevêque de Besançon, qui ne lui reconnaissait pas ce droit, il avait fini par renoncer à sa prétention. (Dom Plancher, *Hist. de Bourgogne*, t. II, p. 194.)

1. P. de Vaux, p. 51.

absent, le vicaire général et les autorités civiles allèrent demander à notre Abbesse de ne point les abandonner. La confusion de la suave ancelle fut extrême et l'on devine avec quelle véhémence elle se déclara indigne d'un tel honneur. Très touchée, elle ajouta qu'elle avait une vive gratitude pour les Bisontins et qu'elle ne tarderait pas à revenir dans leur ville. Ces paroles rassurèrent les esprits, et nul ne contraria son départ. Il eut lieu aux derniers jours d'octobre.

Notre Sainte s'appliquant toujours et en tout à l'humilité, quitta Besançon assise sur un âne. Ce premier succès de son œuvre la rendait si heureuse, et son cœur était si pénétré de reconnaissance envers Dieu qu'elle entra très vite en extase. Son visage se mit à dégager un tel rayonnement spirituel que sa tête parut transfigurée. Ceux qui la rencontrèrent, comme ceux qui l'entouraient, constatèrent que sa chair semblait toute lumineuse. Et chacun s'inclinait sur son passage, lui rendait des honneurs; c'était à qui baiserait ses vêtements ou ses mains. Le P. Henri, marchant non loin d'elle, un reflet de cette splendeur l'atteignit et illumina sa face : lui aussi parut alors en communication avec Dieu. Les Sœurs Catherine Ruffine et Agnès de Vaux (1) cheminaient aux côtés de la thaumaturge, qui n'entendait ni ne voyait rien, et elles répondaient à sa place aux dévots attirés par ce

1. Sœur Agnès était fille d'Estevenin, prévôt de Poligny, et nièce du P. Pierre de Vaux. (Chevallier, II, pp. 514-516.

6

fait extraordinaire. Il ne cessa qu'un peu avant
l'arrivée à Dôle de la pieuse troupe. Et notre
Abbesse ne fut pas peu surprise de voir autour
d'elle une foule aussi compacte et si pleine de
respect.

Colette devait s'arrêter à Dôle, ayant mission
du Pape d'y relever, de concert avec le P. Henri,
le couvent des Franciscains. Enchantés d'avoir,
quelques instants, la réformatrice dans leur
enceinte, les Dolois étaient venus à sa rencontre.
Ils la menèrent en triomphe au logis qui lui
avait été réservé, juste en face du monastère
des fils de l'Assisiate.

Ce monastère venait d'être fondé par un
originaire de la ville, le P. Pierre, lequel avait
reçu sa formation religieuse à Mirebeau, près de
Poitiers, dans l'une des rares maisons où l'on
acceptât la règle primitive. Les religieux qu'il
avait groupés autour de lui à Dôle se considéraient bien comme des observants (1), mais
beaucoup menaient une vie encore peu franciscaine. Il leur manquait un supérieur de haute
autorité. Le P. Henri était venu précédemment
conférer avec les moines les plus zélés, les

1. Les Frères-Mineurs de Malines possèdent dans leurs
archives un manuscrit du XVIIIe siècle, dû au P. Jean-
Damascène Doyen, récollet belge, où se trouve exposée
la formation de la vicarie de l'observance française
en 1411. — Cf. aussi la *Minoritica elucidativa rationa-
bilis separationis fratrum minorum de observantia ab
aliis fratribus ejusdem ordinis*, par le P. Jean de Brie.
Paris, chez Jean Petit, 1499. — Cf. *Etudes Franciscaines*,
tome IX, p. 535.

mieux préparés pour embrasser la réforme, dont le P. Claret et le P. Pierre de Vaux (1); il leur avait dit avec quel héroïsme Colette remplissait sa mission divine, et ses accents avaient exalté en eux le désir de vivre dans la perfection de leur état. Il leur tardait tellement d'entendre la réformatrice qu'ils allèrent la chercher processionnellement dès qu'elle fut arrivée. Dans leur chapelle, elle eut une première extase, qui, heureusement pour les Franciscains, ne dura guère; et, bientôt après, dans la salle capitulaire, elle enchantait et enflammait la pieuse assemblée par ses paroles sur l'excellence de la vie religieuse et la beauté de l'évangélique pauvreté. Puis une seconde extase l'interrompit, mais fort peu de temps, et revenue à son état normal, elle termina en exposant la haute importance de la règle primitive. Son auditoire s'abandonnait à l'enthousiasme et ceux des assistants qui, jusque-là, ne s'étaient point souciés de la stricte observance, résolurent de s'amender au plus tôt.

1. La famille de ce religieux tirait son nom du village de Vaux, situé dans le *val* de Poligny. Le P. Claret était Gardien du couvent et la réformatrice le confirma dans sa charge.

CHAPITRE V

Le lendemain de son arrivée à Dôle, la Sainte
se remit en route. En apercevant, du haut de
Monnière, Notre-Dame de Mont-Roland, cet
antique pèlerinage, et Notre-Dame d'Auxonne,
elle eut un ravissement qui dura jusqu'aux
Granges (1). Conduits par Guillaume de Vienne,
par leur curé et leur maire, les Auxonnois sor-
tirent à sa rencontre et la saluèrent de joyeuses
acclamations. Ce fut triomphalement, comme à
Besançon, qu'elle entra dans la cité (2). Mais il

1. Sœur Perrine, p. 46. — Sœur Agnès de Vaux soutint
la Sainte pendant cette extase.
2. « Noël! Noël! à la bonne Sœur Colette! » criait-on.
C'était le 28 octobre 1412. (Cf. *Arch. et éphémér. d'Auxonne.*)

lui fallut s'installer, avec ses religieuses, dans un logement provisoire, le couvent n'étant pas encore habitable. Le pays manquait de pierres, ce qui n'augmentait pas peu les frais de la construction; aussi les donateurs n'avaient-ils pu réunir les sommes nécessaires. Sans s'émouvoir de cette situation, Colette pria le Bien-Aimé de la secourir; et, peu après, elle recevait d'une manière mystérieuse cinq cents écus d'or. Alors les bâtiments conventuels furent rapidement achevés. Quant à l'église, la duchesse de Bourgogne la fit élever à une date restée inconnue. Dédiée à la très sainte Vierge, elle fut nommée l'*Ave Maria* (1).

L'acte d'obéissance d'une religieuse fournit à la thaumaturge l'occasion d'un miracle insigne pendant son séjour à Auxonne. Produit dans des circonstances banales, il n'en est que plus remarquable. La dépensière, Sœur Jeanne, était occupée au cellier lorsqu'un coup de sonnette l'appela près de l'Abbesse. Tout au désir d'obéir promptement, elle négligea de clore l'ouverture du tonneau auquel elle tirait le vin du repas communautaire, et elle le trouva vide à son retour. « Moult triste et désolée », elle s'en fut avouer son oubli à sa glorieuse Mère. Celle-ci « la réconforta et ly dist qu'elle allast seurement tirer du vin ». Et comme la Sœur objectait qu'il n'en était rien « demouré ». — Va, répli-

1. Dans le couvent, la Sainte improvisa un calvaire avec des roches surmontées d'une croix de pierre. Les sectaires de 93 ne manquèrent pas de le détruire.

qua Colette, va confidemment au nom de Jhs (1).

Toujours obéissante, la Sœur retourna au cellier et, à sa grande surprise, vit le tonneau si plein « qu'il s'en aloit par dessus ». « Et le vin était meilleur que le précédent », déclarèrent les pauvres auxquels on le distribua. « C'est aux prières de notre Mère, fit la dépensière, que nous devons cela ! — C'est à l'obéissance de ma Sœur Jeanne », rectifia l'Abbesse (2).

Voulant que ce monastère devînt un des foyers de sa réforme, Colette s'en occupa, pendant plusieurs années, avec une sollicitude extrême. Aussi, les religieuses qu'elle y forma parurent angéliques (3), et l'aspect seul du couvent fut « une prédication muette (4) ». Du cloître, les enseignements de la vénérable Abbesse rayonnèrent dans la ville, et, entre autres résultats, ils poussèrent les habitants à construire un hôpital. Si celui de Beaune n'a pas été élevé sous son influence directe, elle y fut cependant pour quelque chose. Car le premier « Père spirituel » des hospitalières de cette cité, Maistre Jobard, était un des admirateurs de la réformatrice, qu'il regardait comme la mère des pauvres (5). « Si les religieuses s'élèvent vers

1. P. de Vaux, pp. 56-57.
2. Sœur Perrine, LVII.—Dans le ms. de cette religieuse, la dépensière est appelée Jeanne Robardelle.
3. R. P. Fodéré, *Sainte-Claire d'Auxonne*, p. 28; R. P. Sylvère, p. 177.
4. R. P. Sellier, p. 225.
5. Il en écrivit une *Vie* aujourd'hui détruite. (Abbé E. B., *Histoire de l'hôpital de Beaune*, p. 110.)

Dieu par la sainteté, dit fort justement Mgr Gay, elles s'étendent d'autant vers le prochain par la charité. Comme c'est le prêtre qui donne l'hostie aux fidèles, c'est Dieu qui donne les religieuses aux peuples. Il n'y a pas d'êtres dont les hommes tirent plus de profit que de ceux qui sont consacrés à Dieu (1). »

A Dôle, les quelques religieux qui n'avaient pas voulu embrasser la réforme se liguèrent, sous la conduite d'un certain Jean Foucault, esprit intelligent mais astucieux (2), et commencèrent une opposition habilement perfide. La tactique adoptée par ces égarés consistait à se faire passer pour des persécutés que l'on voulait chasser de leur propre demeure. Ne se gênant point pour dissimuler les actes pontificaux ou pour contester leur validité, ils réussirent à changer en affaire civile une cause exclusivement canonique selon les lois civiles et ecclésiastiques d'alors. Trompé sur l'exposé de l'affaire, le Parlement dolois se déclara compétent ; et un procès s'engagea.

Justement inquiète, la réformatrice tomba malade ; et, alors que l'on craignait pour ses jours, elle eut une extase. Elle aperçut « Notre-Seigneur séant en un trosne ; et devant lui estoit la benoiste Magdeleine et saincte Clare requérans qu'elle trespassast et fust en leur compaignie ; mais sainct François estant pa-

1. *Vie et vertus chrétiennes*, t. I, p. 104.
2. Ce religieux avait été Gardien du monastère trois fois déjà et il comptait beaucoup d'amis dans la ville.

reillement à genoul devant le Sauveur, requéroit le contraire, disant : Hellas ! sire, me l'avez-
vous donnée pour sitost me la tollir ? Je vous
prie que me la laissiés encore, car elle est moult
nécessaire au monde pour faire les réformations
de mes ordres (1). » Ce fut le Patriarche d'Assise que Jésus exauça, « et, incontinent, la glorieuse Mère fust guarie, et, au retour de son
ravissement, disoit en se piteusement complai-
gnant : Hellas ! ce bonhomme saint François ne
veult point que je meurre ne que je me voie
avec Nostre-Seigneur. Je suis bien mal contente (2). »

Cependant, Jean Foucault repoussait tout
accommodement et la majorité des juges inclinait à lui donner gain de cause. Un conseiller
entièrement dévoué à la réformatrice, maistre
Estienne de Granval, pensa que, sans un compromis, la situation serait perdue. Afin d'en
aviser Colette, il partit pour Besançon, où notre
Abbesse était retournée après avoir organisé la
communauté d'Auxonne; mais à peine avait-il
dépassé Ranchot qu'il s'entendit appeler.
C'était la Sainte qui lui apparaissait dans les
airs. — « Maistre Estienne, s'écria-t-elle, retornès-
vous hastivement et vous gagnerez la cause (3). »

Comme dans toutes les situations difficiles, la
vierge séraphique avait prié et fait prier ses
filles, et Dieu lui accordait un miracle pour

1. Sœur Perrine, p. 71.
2. *Id.*, p. 72.
3. R. P. Sylvère, p. 184.

avertir à temps l'homme juste qui défendait le bon droit. En effet, persuadé que l'avertissement était divin, le conseiller s'empressa de rétrograder. Et quand il se retrouva au milieu de ses collègues, sa logique fut si éloquente que plusieurs changèrent d'opinion, déplaçant ainsi la majorité. Les Franciscains de la réforme purent donc rester dans leur monastère. Ce dénouement fit réfléchir Jean Foucault; il ne tarda guère à se convertir, et, ayant embrassé la Règle primitive, il devint un bon religieux. On se plaît à croire que la plupart de ses anciens partisans, sinon tous, l'imitèrent en ceci.

Mais, en triomphant d'attaques iniques, les Colettins n'étaient pas sortis des épreuves. La sentence du Parlement indisposa quelques-uns des bienfaiteurs de la maison qui préféraient les partisans de la vie relâchée. Ces étranges chrétiens se vengèrent en supprimant leurs aumônes à la communauté. Les Franciscains de la stricte Observance, dont les rangs ne cessaient de s'accroître, furent bientôt dans une vraie détresse; mais dès qu'elle l'apprit, la Mère Agnès de Vaux, supérieure de la communauté d'Auxonne, s'empressa de leur venir en aide. Pendant toute une année, elle leur fournit du blé (1).

1. Trois fois par jour, un convers venait chercher la part de ses Frères. Le maigre baudet qui portait les provisions fut bientôt célèbre dans le pays; les bons villageois l'appelèrent *l'âne à Colette* et leurs descendants continuèrent de désigner ainsi les ânes étiques.

Et Dieu, pour récompenser la charitable Supérieure, multiplia le grain des Clarisses. Quand le moment fut venu d'examiner l'état des provisions de la communauté, on constata, non sans une vive surprise, qu'il restait autant de blé que si l'on n'en avait distrait la moindre partie pour les religieux.

De plus en plus, les vertus des Colettins déterminèrent des vocations (1). Ainsi se trouva complétée, assurée, la réforme des Clarisses; car elle n'aurait pu vivre longtemps si le mouvement de retour à la Règle primitive avait échoué parmi les Franciscains. En persistant dans la vie relâchée, le premier Ordre eût fini par annihiler les efforts du second vers l'héroïsme ascétique. Pour diriger les filles de sainte Colette et entretenir en elles le feu sacré, il fallait des religieux pénétrés au même degré de l'esprit séraphique.

Grâce à Dieu, le monastère de Dôle devint très vite un verger mystique abondant en fruits salutaires. Il commença de réformer le premier Ordre, si foncièrement affaibli au point de vue spirituel depuis le schisme. Certes, il s'y trouvait encore quelques vrais Franciscains, mais la plupart, isolés ou sans autorité suffisante, n'avaient rien pu jusqu'alors contre la décadence de leur famille. « Il est plus facile de redresser un vieux chêne que de réformer un

---

1. La réforme attira aussi quelques moines d'autres ordres. La Sainte avait l'autorisation nécessaire pour les recevoir.

Ordre (1). » Même après que l'œuvre de Colette se fut affirmée, les Observants restèrent en maints endroits exposés aux critiques et aux attaques des tenants de la Règle mitigée, qui, pour ruiner toute tentative de rénovation, soutenaient contre leurs supérieurs les Frères qui avaient trop présumé de leurs forces en embrassant la réforme.

Afin de mettre un terme à cet état de choses, les Franciscains de Dôle déléguèrent, en novembre 1414, quelques-uns des leurs au Concile de Constance. On y fit à ces Colettins un accueil favorable, car on savait déjà qu'ils arrivaient d'un centre vivifiant (2). Aussi les Conventuels acceptèrent-ils d'étudier les bases d'un accord qui, sans diviser l'Ordre, réglerait enfin nettement la situation des deux groupes franciscains. Ce travail exigea de longs jours, la question étant fort délicate. L'accord ne put être sanctionné avant le 23 septembre de l'année suivante. Voici comment s'exprima l'assemblée conciliaire :

« Le Siège apostolique vacant, le saint Concile de Constance a rendu un décret par lequel la réforme des Observantins est soustraite au gouvernement général. En effet, les gardiens et frères de certains couvents de la France, de

1. P. Hilarion Carnot de Nolay, *Gloire du Tiers-Ordre de Saint-François,* p. 107.
2. « Les Frères de ce couvent, dit Wadding, par la pureté de leur vie, par la parfaite observance de leur Règle, acquirent dans les provinces voisines une si haute réputation que partout on voulait avoir de tels hommes. »

Séez, de Saint-Omer au diocèse de Thérouanne,
de Varennes au diocèse de Reims, de Dôle au
diocèse de Besançon, de Laval au diocèse du
Mans, de Saint-Éloi au diocèse de Nantes,
d'Amboise au diocèse de Tours, de Saint-Jean-
d'Angeli au diocèse de Saintes, de Bressuire,
de Cholet au diocèse de Maillezais (1), dans les
provinces de France, de Bourgogne et de Tours,
où l'Observance régulière a commencé à reprendre vigueur, ont supplié les Pères de Constance de vouloir bien employer un remède convenable pour écarter les obstacles apportés à
la stricte observance et les scandales nombreux
qui en résultent. C'est pourquoi le Concile dé-
crète que les frères desdits couvents pourront,
dans leur province, élire l'un d'eux qu'ils juge-
ront capable. Ils signifieront cette élection par
écrit au ministre de la province et, dans les
trois jours après cette présentation, le Ministre
de la province sera tenu de l'établir son vicaire
pour gouverner les réformés en sa place. S'il
ne le fait, les trois jours écoulés, que l'élu soit
regardé comme vicaire établi par l'autorité de
ce saint Concile. »

Le même décret pourvoyait d'une manière
identique à l'élection d'un vicaire du Ministre
général. Il devait être choisi par les vicaires des
provinces et les plus anciens religieux. Et, dans
les cas où le Ministre général ne l'eût pas agréé,
le Concile se réservait de l'investir des pouvoirs

---

1. Cet évêché a été transféré à la Rochelle en 1648.

du vicariat. Toutefois, les circonstances étant
exceptionnelles au moment où ce décret fut
rendu, le Concile nomma directement Nicolas
Rudolphi, dont tous les Pères avaient remarqué le zèle et l'habileté dans cette affaire com-
plexe. Certes, il restait des difficultés à aplanir;
du moins, la liberté des uns et des autres était
assurée. Les Observants ne retomberaient plus
sous la sujétion des Conventuels, et ces derniers ne seraient pas condamnés malgré eux à
s'élever à une perfection au-dessus de leurs
forces. L'Ordre allait y gagner en vitalité ; et
les Colettins, acquérant chaque jour plus d'importance, ne devaient pas tarder à réformer le
Tiers-Ordre, que notre Sainte s'était bien gardé
de négliger (1).

Cependant, si quelques Conventuels étaient
heureusement influencés par le séraphisme des
Observants, beaucoup trop encore conservaient
de l'aversion pour la réforme. Le couvent de
Dôle étant devenu insuffisant, Guillaume de
Vienne fonda, en 1415, une maison à Sellières,
près de Lons-le-Saulnier. Tandis que quatre
religieux s'y installaient, le pieux chambellan
demandait la bulle d'érection ; mais, mal informé
sur les événements, il s'adressait à Pierre de

1. Très tôt, elle avait travaillé à sa régénérescence et
l'on croit qu'elle lui donna des statuts complémentaires.
Au nombre des âmes amenées par la séraphique réformatrice à la milice franciscaine, se trouvaient la duchesse
de Bourgogne et Blanche de Savoie. On ne sait au juste
quand s'effectua la réforme du Tiers-Ordre, mais il est
fort probable que ce ne fut qu'après les décrets de 1415.

Lune, que les Pères de Constance s'apprêtaient
à déposer. Les Conventuels de Lons-le-Saulnier,
que contrariait un voisinage trop austère, ne
manquèrent pas de prévenir le Concile, qui
lança l'excommunication contre les Observants
de Sellières. Or, ces derniers ignoraient les dé-
marches de Guillaume; c'est ce qu'il s'empressa
de faire savoir à Constance par l'intermédiaire
de l'archevêque de Besançon. Aussi l'excommunication fut-elle levée assez vite, après
que Martin V eût reçu le souverain pontificat ; et les religieux purent continuer leur
œuvre (1).

Le nouveau Pape autorisa de même la fondation d'un autre monastère franciscain à Chariez, près de Vesoul. Commencée en 1409, la
construction en avait été abandonnée pour éviter toute querelle dont la province eût pu souffrir, parce que l'on contestait la valeur de la
bulle que la duchesse de Bourgogne, fondatrice
dudit couvent, tenait de Jean XXIII.

Pendant ce temps, la famille de Colette n'avait
cessé de s'augmenter, si bien qu'il fallut songer
à une nouvelle ruche. Précisément, la duchesse
de Bourgogne voulait fonder quatre monastères
de la réforme, dont deux de religieuses, dans
l'espoir de compenser ainsi les crimes de son
époux. Celui-ci continuant de céder à ses funestes passions, il importait de multiplier les
bonnes œuvres et les actes de réparation. La

1. C'est seulement en 1421 que fut consacrée l'église de
Sellières, sous le vocable de saint Jean l'Evangéliste.

Sainte soumit à sa noble bienfaitrice un projet d'établissement à Poligny, petite ville fortifiée qu'elle avait remarquée au cours de quelque pérégrination. Les habitants étaient juste assez nombreux pour subvenir aux besoins bien modestes d'une communauté de Clarisses.

L'arsenal du duc, où l'on ne conservait guère que les redevances en nature qui lui étaient dues, parut un emplacement convenable pour le futur cloître (1). Marguerite obtint sans peine ce bâtiment ; son époux connaissait d'autant mieux la réformatrice, dont chacun vantait la sagesse et la puissance, qu'il se trouvait à Corbie en 1507 quand elle dut chercher une terre plus hospitalière.

Ce Jean sans Peur était un malheureux gangrené par les vices, mais non pas une brute ; trop esclave du péché pour se convertir, du moins s'inclinait-il devant la sainteté et regardait-il avec admiration le spectacle des vertus. Ce fut le 2 juin 1415, à Dijon même, qu'il donna son arsenal de Poligny à la petite ancelle (2). Cette dernière s'y rendit le 15 avec la comtesse de Savoie, et l'on entreprit aussitôt la construction du couvent.

Mais les fermiers généraux du duc, alléguant que celui-ci s'était laissé surprendre et que, s'il

1. C'était, selon un enfant du pays, messire Jean Bon, aumônier de Blanche de Savoie, « le lieu le plus commode et le plus séquestré de la ville ».
2. Le duc se trouvait en Bourgogne depuis quelques mois.

cédait cette maison, il faudrait en acheter ou
louer une autre « à grans charges et frais »,
protestèrent auprès de Jean de Montigny, son
procureur au bailliage d'Aval. Ils eussent voulu
garder l'arsenal dont ils s'étaient servis jusqu'alors. Heureusement le duc ne l'entendait
pas ainsi; par lettres datées de Rouvres, le
6 août 1415, il chargea les « gens » de ses
« comptes » de protéger Colette contre toute
tentative hostile et de lui fournir en abondance les matériaux nécessaires à sa fondation.
« Comme à la requête de nostre très chère et
amée compagne la duchesse, y lit-on, et pour
contemplation de nostre très chère et amée sœur
Colette, abbesse des Cordelières d'Auxonne,
nous, ayant par nos autres lettres scellées de
notre grand scel, et pour les causes et considérations qui y sont contenues, donné et amorti à
l'église et icelle abbesse, nostre meix et maison
située en la rue Dessus notre bourg de Poligny,
pour y fonder et édifier un monastère de Cordelières,..... pour ce que de nostre cœur nous dési-
rons l'augmentation du service divin et entre-.
tenir nos dons et octrois, et que le dit monastère soit fondé et édifié en la place de nos dits
maison et maizière,..... et pour plusieurs autres
raisons à ce nous mouvants, voulons notre dit
don et octroi par nous fait aux dites religieuses
vouloir et faire sortir son effet, et vous man-
dons, et enjoignons expressément que tout
l'empêchement qui mis a été par votre mandement, vous ostiez et leviez, et ferez et laisscrez

jouir les religieuses, selon la teneur des dittes lettres, d'iceux don et amortissement (1). »

Après cette leçon méritée, les opposants se tinrent cois, et rien n'entrava plus les travaux du couvent, qui furent conduits avec diligence par messire Jean Bon (2). De même qu'à Auxonne, la Sainte fit élever des bâtiments exigus, heureuse d'avoir une vraie niche pour oratoire particulier. Comme toujours, le mobilier de la communauté fut des plus pauvres (3), et son linge au moins aussi grossier que celui des indigents. Un *devantier* (tablier) de toile blanche dont se servait l'Abbesse pour participer aux travaux domestiques, et que l'on peut voir encore, suffirait à prouver que la « très haulte et saincte povreté » était observée là de façon à satisfaire le Poverello lui-même.

Pendant que l'on travaillait à la construction du nouveau monastère, quelques charretiers

1. Archives de Dijon.

2. C'est chez la mère de ce prêtre, à Poligny même, que Colette et les religieuses de la future communauté habitèrent en attendant l'achèvement du monastère.

3. On conserve une écuelle en terre dont la Sainte se servit. « La coupe ou tasse que nous gardons, par dévotion et révérence, lit-on dans les Mémoires de 1623, est si petite et humble, qu'elle fait bien paroître combien ceste Sainte estoit austère. Par le moien de ceste coupe a esté faict beaucoup de miracles en plusieurs personnes; les malades l'envoient demander comme médecin souverain à leurs douleurs, et les personnes religieuses et dévotes et les grandes dames du pays s'estiment et tiennent à grande faveur, quand elles viennent nous visiter, de pouvoir boire en icelle. » (*Mémoire de ce que notre béate mère a faict au couvent de Poligny,* p. 3.)

7

causèrent bien involontairement une peine très
vive à la Sainte. Mûs par une excellente intention, ils profitèrent des loisirs que leur valait
une fête pour apporter des matériaux qu'ils
désiraient offrir au couvent. Mais Colette qui,
nous l'avons dit déjà, savait la haute importance de tout ce qui touche au culte divin (1) et
s'efforçait depuis sa prime jeunesse de mettre
fin à la profanation des jours fériés, Colette en
fut tout à fait marrie.

Quand notre réformatrice était obligée de
voyager, elle s'arrêtait toujours pendant les
fêtes. Il lui arriva souvent, pour cette raison,
de rester trois ou quatre jours au même endroit;
et la présence dans les environs de soudards
ou de bandits ne lui fit jamais avancer le moment de son départ (2). Dans les villes où elle
séjournait, elle demandait toujours que les
foires et les marchés n'eussent lieu qu'aux jours
de labeur. Son respect des repos prescrits par
l'Église était si profond qu'elle ne voulut point

1. Sœur Perrine nous apprend (pp. 12-13) qu' « elle
requéroit souvent à ceulx qui avoient grâce de prédication et de proférer la parole de Dieu, qu'ils voulsissent
prêcher au povre peuple les commandemens de Dieu et
les grands périls et dangiers de conscience en quoy se
mettent les transgresseurs des dicts commandemens ».
2. Dieu pouvait-il ne pas la protéger? Pour qu'il n'arrivât point malheur à son ancelle, il empêcha des bandes
qui ravageaient la contrée d'entrer dans un hameau où
elle voulut rester deux jours afin d'observer le repos du
dimanche et de la fête du lundi suivant. Les pillards se
répandirent dans les villages voisins, ils n'approchèrent
qu'à une faible distance du hameau où était la Sainte.

accepter l'argent que des marchands avaient
gagné les jours de fête et que, touchés par ses
exhortations, ils lui offraient pour ses œuvres
afin de réparer leur faute. « Quant au regart de
ses couvens onques de son temps pour la vie et
substantacion de ses suers ne des freres elle
ne vouloit consentir que des viendes (1) fussent
achetee en jour de feste ; neant moins onques
ne voult souffrir que quelconques aulmosne ou
bienfais, demandez, ou liberalement donnez,
fust amenez ou aporter en chers (chars ou voitures) ou suz chevaulx ou suz anes ne a elle ne
es suers (2). »

Lorsque le monastère de Poligny fut habitable, on s'aperçut qu'il lui manquait une chose
fort importante : l'eau potable à l'intérieur. Les
religieuses « ne poant recouvrer l'yave au dedans, il leur falist bien proveoir de par dehors,
à moult grand charge et paine, pour subvenir
et aidier à leur nécessité (3) ». Ses filles étant
obligées à la clôture, l'Abbesse engagea des servantes exclusivement chargées d'aller quérir
aux fontaines de la ville le liquide indispensable.
Mais ces porteuses d'eau ne procédèrent pas à
leur besogne « sans de grandes distractions aux
portières et gassouillement au tornet (4) ». Si
bien que Colette dut y mettre ordre ; elle pro-

1. Par *viendes*, on entendait alors les vivres en général
(de *vivenda*); la viande s'appelait *char* (la chair).
2. Ms. de Thonon, ch. iv, f° 16.
3. Sœur Perrine, p. 36.
4. Fodéré, *Sainte-Claire de Poligny*, p. 45.

céda comme elle en avait l'habitude dans les circonstances difficiles. Tout imprégnée de l'Évangile de la Samaritaine, le vendredi de la quatrième semaine de Carême (1), elle supplia Notre-Seigneur de lui donner, avec la rosée spirituelle, l'eau dont avait besoin la communauté.

Renseignée intérieurement presque aussitôt sur le lieu où il convenait de creuser, — c'était près de la porte de la cuisine, — pour obtenir « une fontaine foisonnante », notre Sainte l'indiqua aux puisatiers, qui précédemment avaient exploré le sol en pure perte, et bientôt leurs pioches procuraient trois issues à la nappe d'eau que nul n'avait soupçonnée sous cet amas de terre. Cette eau, d'une pureté et d'une salubrité parfaites, ne cessa d'alimenter le puits jusqu'au jour où il fut comblé, en 1869, et on lui doit plusieurs prodiges (2).

Notre réformatrice avait mis le couvent sous la protection de Jésus crucifié, dont le sacrifice devait être rappelé sans cesse par une grande croix de pierre érigée dans le jardin ; quant à l'église, elle « voulut expressément qu'elle fust dédiée sous le vocable de *Notre-Dame de Pitié*, pour ce que le bon Dieu, par

---

1. Elle avait été particulièrement frappée par ces paroles : *Da mihi hanc aquam, ut non sitiam amplius.*

2. Ce puits se trouve à présent dans l'hôpital, sous la salle Saint-Roch. A partir de 1819, époque où l'on bouleversa le sol qui l'avoisinait pour reconstruire la chapelle, son eau se troubla par les temps de pluie.

l'intercession de sa sacrée Mère, avoit eu pitié
d'elle dans les afflictions qu'elle ressentit très
amères, par suite de l'opposition qu'on forma
lorsqu'elle eust commencé à la faire construire (1) ».

1. *Mémoire de ce que notre béate mère a faict au couvent de Poligny*, p. 3. — On ne sait en quelle année fut
consacrée cette église.

CHAPITRE VI

Poligny était une cité pieuse et tranquille; les Clarisses n'avaient pas à craindre la fréquence des visites mondaines. On comprend que Colette ait trouvé ce nid excellent pour la vie religieuse et qu'elle y soit restée plus de sept ans (1). En vue d'avoir toujours un certain nombre de sujets prêts à organiser de nouvelles communautés, elle mit tous ses soins à faire de

1. Toutefois ce ne fut pas sans s'absenter de temps en temps quand l'exigeaient les affaires des autres couvents.

Dans son tableau de Poligny, en 1610, Fodéré dit que les habitants étaient « fort bons catholiques et fort dévots, ainsi qu'ils ont toujours été depuis le commencement du christianisme ». (*Sainte-Claire de Poligny,* p. 38.)

ce couvent une pépinière choisie comme celle d'Auxonne, une sorte de noviciat général. Et, dans l'intérêt de la réforme, elle entendait multiplier les maisons de ce genre.

La formation que notre réformatrice donnait à ses filles était des plus simples et des mieux comprises. Elle intensifiait leur foi en Dieu et leur espérance en son infinie bonté en les convaincant de l'indéfectibilité de sa providence envers ceux qui marchent fidèlement sur les traces de Notre-Seigneur. Elle leur inculquait l'amour et la crainte du divin Maître en leur enseignant « à garder pureté, netteté de cœur, de corps et de conscience (1) », à se détacher de l'affection du siècle et des choses terrestres, à pratiquer le « sacrifice de saincte oraison », cette « fin de la vie régulière (2) ». Elle les pénétrait de l'esprit du Patriarche d'Assise en leur manifestant, en toute occasion, l'importance de la pauvreté séraphique, cette « principale gouvernante en la maison de Saint-François », selon

1. Sœur Perrine, p. 7.

2. La Sainte déclarait fréquemment (Sœur Perrine, ch. 11) « que nulz ne peut proffiter en religion sans la grâce de l'oraison ». Elle insistait pour que l'oraison fût faite en vue de l'abnégation du jugement et de la volonté propre (*Mémoires du monast. de Poligny*), et pour que la sainte oraison et le silence fussent tellement « conjoints ensemble, que l'un servît d'aide à l'autre ». Elle faisait observer avec un soin extrême le silence régulier, vertu « si profitable aux religieuses ». Et elle exhortait au silence de l'âme, celui de la bouche étant « peu de chose, si les passions et affections intérieures frémissent, grondent et font leur tintamarre au dedans de l'homme ». (R. P. Sylvère, p. 212.)

l'heureuse expression du P. Joseph (1). « Mes très aimées filles, répétait souvent la vénérable Abbesse, cognoissez votre vocation, car, dit notre doux Saulveur, nul ne peut venir à moi si mon père ne le trait au camp fertil de la perfection évangélique. Soyez grandement contentes de la forme de votre pauvre habit concédé par notre très sainte règle ; tout le reste vous soit suspect, comme libvres, patenostres, filets, esquilles et aultres joyaux ; soyez contentes de vostre nécessité por parvenir au royaume céleste, en la possession duquel vous êtes désia par le moyen de Madame la Pauvreté, et par cestuy pauvreté, j'entends la continuelle abstinence de manger chair, de jeûner tous les jours, la nudité et froideur des pieds, et la dureté du gésir (du coucher) (2). »

En recommandant, sans cesse et de toutes les manières, à ses religieuses d'acquérir l'esprit de Notre-Seigneur (3), en leur apprenant à méditer sa Passion, en les réchauffant sans cesse à ce foyer inextinguible de vie spirituelle, notre réformatrice les incitait au renoncement continuel, elle les habituait à s'humilier, à s'anéantir,

1. *Explication mystique.* Le P. Joseph appelle encore cette pauvreté « la fille aînée de Dieu, la riche héritière du ciel, économe de ses trésors ».

2. Pièce manuscrite, Biblioth. de Besançon. D'autres écrits contenant ces enseignements se trouvaient dans les divers couvents de la réforme vers la fin de la vie de Colette.

3. *Règle de l'Ordre de Sainte-Claire avec les statuts de la Réforme de Sainte-Colette. — Sur le chap. X de la Règle*, p. 241.

à se défaire par-dessus tout de leur volonté propre. « Mes sœurs, déclarait-elle, vous devez être bien averties et considérer que toutes les fois que aucune chose, par vos supérieurs, vous sera commandée ou défendue, vous ne devez pas user de vos propres sens ou de votre propre volonté, ni de vos consaulx (de vos conseils, de vos propres lumières), mais promptement et volontairement pour l'amour de Notre-Seigneur qui fit la volonté de Dieu, son Père ici-bas en terre, vous devez obéir et vous soumettre à la volonté et détermination de la présidente, car mieux vaut son propre sens relinquir (laisser) pour l'amour de Dieu, que toutes les richesses du monde et son propre sens retenir et croyez qu'il n'est voie si large pour aller en enfer que propre volonté, ni si briève pour aller au ciel, que à icelle renoncher et pourtant (c'est pourquoi) je vous prie très humblement que à tous vos souverains pour l'amour de Notre-Seigneur Jésus-Christ, qui pour nous fut dans ce val de misère à Dieu son Père obédient jusques à mort et passion, vous veuillez en toutes choses sans rien excepter, promptement et joyeusement obéir, sans faire rebellion, ni contradiction, ne montrer signe de déplaisance, car il n'est sacrifice au monde qui plaît tant à Notre-Seigneur comme fait vraie et parfaite obedience (1). »

Suivre, imiter, en toute simplicité de cœur, à l'exemple de saint François, la vie souffrante

1. P. de Vaux, ch. III.

du Sauveur adorable, se tenir prêt à souffrir toutes les morts pour se rendre apte à recevoir les dons parfaits de Dieu, voilà ce que l'intrépide ascète enseignait par-dessus tout (1). Et par ses actes autant que par ses paroles.

La vie de Colette était, on l'a vu plus haut, une oraison incessante. « Je lui ay oy dire, rapporte Sœur Perrine, que quand elle se mettoit en oreison, et tant qu'elle y estoit, nulle autre souvenance elle n'avoit ne en l'oreison mentale ne en la vocale. Elle estoit en si grande ferveur que, aulcune fois, elle demouroit ravie par l'espace de six heures ou de neuf ou de douze, et aussi par un jour naturel et plus, et souvent des fois les nuys, une partie en oreison vocale,

1. Sainte Térèse donnera les mêmes enseignements : « La mortification et l'humilité doivent aller ensemble; ce sont deux sœurs qu'il ne faut point séparer... O souveraines vertus, reines du monde, chères amies de Jésus-Christ, notre Maître qui, dans sa vie mortelle, ne se vit pas un instant sans vous! Saintes vertus qui exercez un suprême empire sur toutes les créatures, qui nous délivrez de toutes les ruses et de tous les pièges du démon! Celui qui vous possède peut se montrer en assurance et combattre contre tout l'enfer ligué, contre le monde et toutes ses séductions. Qu'il n'ait peur de qui que ce soit, car le royaume des cieux lui appartient. ..... Mais quelle n'est pas ma témérité d'entreprendre de louer l'humilité et la mortification, après que le Roi de gloire les a Lui-même tant louées et si admirablement consacrées par ses propres souffrances! O mes filles, faites donc tous vos efforts pour sortir de la terre d'Egypte, car si vous parvenez à acquérir ces deux vertus, vous trouverez en elles la manne cachée. Tout vous deviendra agréable, et ce qui est le plus amer aux gens du monde se changera pour vous en une source de délices. » (*Chemin de la perfection*, chap. XI.)

l'aultre en mentale, et bien peu dormoit ou reposoit. Ainssy pareillement fesoit-elle quand elle alloit dehors de couvent à aultre, comme plusieurs Sœurs et Frères l'ont veue, tant aulx champs, comme en villes et logis; et mesmement quand bien qu'elle feut lassée et fort travaillée, souvent, touttefois, elle passoit plusieurs nuys sans repos, car en larmes, gémissemens et pleurs et oreisons dévotes et criant à Notre-Seigneur : Merci ! elle se occupoit (1). »

On peut dire de notre Abbesse ce que Sixte Quint disait de saint Bonaventure, de même que le docteur séraphique, l'admirable ancelle « semblait contempler en tous lieux Jésus-Christ souffrant et avoir établi sa demeure en ses blessures (2) ». Sa vie était aussi, par cela même, une incessante immolation de soi. Partout où elle séjournait, partout où elle passait, la Sainte tenait à se sacrifier; « ... la vie de l'amour ne se vit point sans souffrance (3) ». A Besançon, un méchant réduit lui servait de cellule, et elle y couchait sur un sac de paille que maintenait une vulgaire poutrelle. Un autre morceau de bois lui tenait lieu d'oreiller (4). A Poligny, elle n'était pas mieux. « Les oratoires où elle se tenoit communément par jours et quelles ooyt les messes sainte et recepvait le

1. Sœur Perrine, ch. ii.
2. Encyclique *Triumphantis Hierusalem.*
3. *Imitation,* l. III, ch. v.
4. Ces deux pièces de bois furent conservées précieusement au monastère bisontin.

saint sacrement, elle les vouloit avoir basses,
povres et petites, et si estoient aultrement fais,
jamais n'y estoit confortée. Et en pluseurs des
couvens, estoient si estrois et si bais qu'elle ne
s'y povoit lever ny draicier, et qui sembloient
mieulx que ce fuissent huches ou lougettes à
couchier les anettes que aultrement (1). »

Colette ne portait, avec un méchant *blanchet*
(chemise de serge), que des vêtements usés déjà
par quelqu'une de ses filles et raccommodés
de toutes parts (2) ; on ne put jamais la décider à prendre des chaussures et l'on n'obtint
pas davantage qu'elle se chauffât, même pendant les hivers implacables. Sa nourriture quotidienne consistait le plus souvent en un morceau
de pain, avec parfois quelques poissons, mais
toujours menus, les gros ne lui semblant ni
assez purs ni assez dénués de saveur. Lui
offrait-on d'autres mets, elle les envoyait presque toujours aux pauvres. Quant à sa boisson,
en réalité c'était l'eau, car elle annihilait dans
ce liquide le vin qu'on lui imposait lorsque ses
forces déclinaient (3). Ses sens, affinés par le
séraphisme, lui permettaient d'ailleurs de sa-
vourer, dans toute leur exquisité, le pain et
l'eau. Aussi son visage exprimait-il une belle
joie saine lorsqu'elle mangeait, d'autant plus

1. Ms. de Thonon, f° 33 v° et 34.
2. Elle avait une robe rapiécée en cent endroits quand
elle vint à Dôle.
3. Et l'on ne réussit à lui imposer ce breuvage, remar-
quons-le, que dans les pays de vignobles.

qu'alors elle remerciait Dieu, du fond du cœur, de lui dispenser sa nourriture (1).

Pendant le Carême, l'héroïque ascète se condamnait rigoureusement au pain et à l'eau, et elle restreignait encore sa part habituelle. La réception du corps divin dans la sainte Eucharistie lui communiquait une surabondance de forces ; ainsi n'interrompit-elle jamais, malgré le jeûne rigoureux qu'elle pratiquait, ses exercices spirituels, ses veilles, ses méditations, ses austérités, ses conférences. En dépit de ses mortifications, elle avait une voix puissante, que renforçait encore sa ferveur. Elle aimait à célébrer Dieu par des chants ; ce lui était un délice que de psalmodier l'office, et, quand ses infirmités la privaient de se rendre au chœur, elle en ressentait une vive souffrance. La suavité qui se répandait en tout son être pendant l'office divin la transfigurait et la réconfortait, nous apprend Sœur Perrine. C'était un de ses désirs intenses que cet office fût célébré dévotement, aussi multipliait-elle à ce sujet les conseils et les exhortations. « Elle témoignoit sçavoir gré, par quelque action gracieuse, à celles qu'elle cognoissoit en esprit qui faisoient mieux leur devoir, et au contraire se montroit un peu sévère à celles qui s'y comportoient négligem-

1. Quand ne le remerciait-elle pas, la chère Sainte ? Elle vivait à tout instant la recommandation du Père séraphique : « Renvoyons tout le bien au Dieu très grand et très puissant ; rendons-lui grâce de tous ses bienfaits, puisque tout vient de lui. » (Saint François, première Règle, XVII.)

ment (1). » La Mère Guillemette relate « qu'aulcunes fois elle luy faisoit signe, et à d'aultres aussi, quand elle les cognoissoit emportées par quelques pensées distrayantes (2) ».

En temps ordinaire, Colette, qui s'obligeait aux pratiques particulières de ses converses, disait l'office de la sainte Croix, les litanies des saints, le rosaire, deux fois les vigiles des morts, plusieurs fois les psaumes de la pénitence. C'est en prenant sur son sommeil qu'elle accomplissait toutes ces dévotions sans faillir à aucun de ses devoirs d'abbesse. L'admirable Sainte ne cessa jamais de diriger les âmes qui se confiaient à elle et de s'occuper comme il le fallait des affaires de ses communautés. Elle déploya même, dans ses fondations, des qualités d'excellente organisatrice. Cas d'ailleurs plus fréquent qu'on ne pense chez les grands mystiques, la haute spiritualité n'empêchant point d'avoir la vision nette des choses terrestres et se conciliant fort bien avec l'intelligence pratique. En outre, la charitable réformatrice donna toujours généreusement une partie de son temps aux personnes du monde qui lui demandaient prières et conseils (3).

1. *Mémoire de ce que notre béate Mère a faict au couvent de Poligny,* p. 4.
2. *Mémoires* du couvent, cités par le P. Sylvère. — Certain jour, la Sainte s'apercevant du peu d'attention d'une religieuse, lui enleva son livre d'heures; mais elle le lui rendit avec un bon sourire dès qu'elle la vit « remise en attention ».
3. Toutefois, à ceux qui ne l'interrogeaient que par

Chaque mort volontaire attire à celui qui se sacrifie une grâce nouvelle, et Colette mourait tout le jour, comme dit le prophète (1). Mais, plus le divin Maître lui envoyait de consolations et de forces pour récompenser une foi si splendide, plus notre héroïne s'appliquait à se mortifier. Et cependant les maux naturels ne lui manquaient pas. Elle eut, pendant de longues années, une affection qui déterminait des enflures sur diverses parties de son corps et ne cessait de l'oppresser. Elle ressentait, d'autre part, des douleurs intolérables dans ses membres, jusque dans ses yeux; et souvent, après avoir été transie, elle souffrait d'une chaleur excessive. Il en résultait parfois des crises, au cours desquelles la chère ascète crachait du sang. Elle accepta bien quelques remèdes contre ses maux oculaires parce qu'elle tenait à conserver sa vue pour regarder le Saint Sacrement et réciter son office; mais on sait combien la médication d'alors était barbare. De tels remèdes ajoutaient à ses souffrances.

On comprend que le P. Henri, en apprenant qu'elle portait un cercle de fer et en constatant « qu'il luy grevoit trop », lui ait ordonné d'enlever cet instrument de supplice (2). En réalité, notre Sainte subissait un lent martyre, surtout

curiosité, elle ne répondait rien, persuadée, comme saint Vincent Ferrier, que le silence doit être la solution des questions inutiles.

1. Ps. XLIII, 22. — Cf. Rom., 8, 36.
2. Ce cercle avait si bien pénétré dans les chairs de la

pendant la nuit. Alors ses multiples maux la torturaient si cruellement que, malgré son héroïsme et sa sainteté, il lui arriva plusieurs fois de dire à ses filles en regagnant sa cellule, le soir : « Vous allez reposer, et moi je vais endurer de nouvelles douleurs. »

Ces douleurs disparaissaient comme elles venaient, avec une brusquerie étonnante ; on remarqua qu'elles se calmaient, si même elles ne cessaient complètement, lorsque la Sainte touchait les grains de son rosaire ou lorsque la charité exigeait qu'elle allât au parloir. Mais, en ce dernier cas, elle redevenait souffrante quand elle avait accompli son acte charitable. Enfin, fait à retenir et qui permet de leur supposer un caractère surnaturel, ces douleurs augmentaient d'intensité aux jours fériés. Le dimanche, elles se manifestaient au moins des premières vêpres aux secondes, et leur violence était toujours en rapport avec le degré de solennité de la fête. Colette ressentit de la sorte les tourments d'un grand nombre de saints. Les divers genres du martyre, elle les connut, les savoura lentement, et sans doute expia-t-elle ainsi maintes profanations, maints péchés de ses contemporains ; car, après chaque tourment, elle était consolée, réconfortée et honorée par

Sainte qu'il en était complètement recouvert. Elle ne l'arracha qu'avec beaucoup de difficultés, en fixant dans un crampon de fer la boucle restée en dehors du bourrelet charnu et en tournant sur elle-même. Ce qu'elle ne put faire sans mettre son torse en sang.

des anges. Cette suite ininterrompue de souffrances extraordinaires explique son rayonnement dans la société.

Notre réformatrice, nous venons de le dire,
n'omit à aucun moment de remplir les devoirs
de sa charge; son ardente piété ne lui fit jamais
négliger quoi que ce fût des choses de ses monastères. C'était une abbesse et c'était une mère,
au sens pleinement religieux de ces termes. Dieu,
qui puisait si généreusement pour son ancelle
dans le trésor de ses grâces, ne pouvait la laisser
sans lumières abondantes quant à la direction
des âmes; aussi lisait-elle dans la plupart des
cœurs. Quelques religieuses tombaient-elles
dans l'apathie, d'autres se laissaient-elles dis-
traire dans le service divin, la sainte Abbesse
s'en apercevait vite et leur donnait les avertissements nécessaires. Quelquefois, par un geste,
par un simple regard, elle ramenait une âme à
son devoir.

Certain jour, pendant l'office, une religieuse
se laissait envahir par de vaines pensées;
Colette, le sentant, lui envoie dire par une Sœur
de se garder des embûches diaboliques et l'oblige
ainsi à réagir salutairement. Une autre fois,
notre Sainte a conscience qu'une novice va céder
à la tentation de quitter le monastère subrep-
ticement; elle la mande, lui fait avouer sa faute,
la réconforte et la sauve.

Un autre exemple montre que sa haute charité ne l'empêchait pas de recourir à la rigueur
quand c'était indispensable. Une novice se trou-

vant près de notre Abbesse, eut la malencontreuse idée de l'édifier en prenant une attitude fervente. A la fin de l'office, Colette la conduisit à la maîtresse des novices et lui fit donner la discipline afin que, désormais, elle n'oubliât point de lutter contre la vanité et la dissipation (1).

« Le plus grand bien que puissent réaliser les religieuses, répétait souvent la Sainte, c'est la pieuse récitation de l'office divin. » Elle souhaitait que ses filles s'y livrassent de tout leur cœur. « Celles qui feront tout leur possible durant l'office, ajoutait-elle, obtiendront facilement le pardon de leurs autres imperfections. Tout travail doit être laissé pour l'office, car servir Dieu et chanter ses louanges est la plus importante action que nous ayons à faire, puisque c'est pour cela que nous avons quitté le monde (2). »

Colette était trop pénétrée des effluves du Cœur sacré de Notre-Seigneur pour ne pas s'appliquer à maintenir l'évangélique charité dans les âmes de ses filles. Dès qu'un soupçon d'animosité apparaissait en quelques religieuses,

1. Pour des raisons analogues, Colette fit punir de la même manière une autre novice de Poligny, qui portait « peu révéremment l'image du petit poupon Jésus et riotoit en badinant ». Très impressionnées, les religieuses mirent l'effigie du divin Enfant sur la porte « du tournoir, afin que l'entrevue d'icelle servît de bride au caquet et aux paroles peu digérées ».

2. *La Règle de l'Ordre de Sainte-Claire avec les statuts de la Réforme de Sainte-Colette.* — Avis de notre Mère sainte Colette rassemblés et écrits par ses contemporains, p. 252.

elle s'empressait de l'effacer en leur remémorant
les paroles de Jésus qu'elle savait si bien com-
menter. Elle travaillait non moins vigoureusement à extirper de leur esprit tout sentiment d'orgueil. « Des moniales, déclarait notre Abbesse,
devaient oublier ce qu'elles avaient été dans le
monde et ne jamais parler des vanités que l'on
y honore. » Pour avoir conservé des préjugés de
naissance, une nièce d'Isabeau de Bavière, sœur
Agnès de Visemal, s'attira une dure leçon.
C'était au réfectoire, il arriva qu'au cours de la
lecture d'un acte, la reine de France fut nommée.
« C'est ma tante », ne put s'empêcher de dire
Agnès à l'oreille de sa voisine. Après l'avoir
admonestée, la Sainte lui ordonna de garder désormais un silence absolu sur sa famille (1). De
tels faits finissaient toujours par être connus
du dehors, et ils y causaient une profonde impression.

Par sa fermeté comme par sa douceur, notre
réformatrice entretenait la plus réelle fraternité
dans le monastère et elle se faisait aimer des filles
d'extraction noble aussi bien que des filles d'origine plébéienne. Toutes apprenaient de cette mère
incomparable que la seule noblesse aux yeux
de Dieu est la noblesse spirituelle et morale

1. La Sainte sut par révélation, à Poligny, que cette
religieuse et huit autres Sœurs de la communauté de-
viendraient abbesses. Elle le dit, un jour, à Sœur Claire
Labeur qui, étant du nombre, fut plus tard abbesse de
Vevey. Quant à Sœur Agnès de Visemal, elle eut sous
sa direction le monastère de Seurre. (P. de Vaux, p. 155.
— Sœur Perrine, pp. 60-61.)

qu'assure la pratique des vertus chrétiennes.

Quand une de ses religieuses approchait de sa fin, la Sainte redoublait de sollicitude à son égard et se faisait un devoir de l'assister à son heure dernière. Une fois, à Poligny, elle avait bien recommandé à la Sœur chargée de veiller au chevet d'une novice mourante de l'appeler quand celle-ci commencerait d'agoniser. Mais la Sœur s'endormit et, avant qu'elle se fût réveillée, la malade avait rendu le dernier soupir. Colette en ressentit une vive affliction et elle prédit à la peu vigilante infirmière qu'elle aussi succomberait sans être assistée. Ce qui arriva. Au cours d'une maladie, cette religieuse perdit les sens et, sans les prières de notre Abbesse, elle ne les aurait peut-être pas recouvrés; enfin, lorsqu'elle eut reçu les sacrements, elle mourut sans avoir personne à son chevet, quoique ses Sœurs l'aient entourée de soins. « Dieu, dit le R. P. Sylvère, voulut châtier sa paresse et le peu de soing qu'elle avait eu de sa sœur, et rappeler aux autres le conseil de l'Esprit-Saint : « Ne sois point paresseux à visiter le malade, et « par là tu seras confirmé en dilection (1). » (*Eccl.*, vii.)

Une autre Clarisse étant tombée gravement malade, la Sainte comprit que cette infortunée — venue récemment d'un Ordre peu sévère — n'avait pas eu le temps de réparer ses négligences de jadis et elle supplia Dieu de ne pas

1. R. P. Sylvère, pp. 78-79.

l'enlever à la terre en cet état. La moribonde revint à la vie et put travailler pendant vingt années encore à sa perfection (1).

Colette continuait d'obtenir des guérisons de tout genre. Une fois, Sœur Perrine, qui souffrait à un bras d'une douleur extrêmement vive, ayant voulu laver quand même les pieds de l'Abbesse, pensa défaillir. La glorieuse Mère aussitôt l'interroge, et, sur sa réponse, se fait montrer le bras malade. Il était entouré de linges. « Ote tout », fit-elle simplement. Sœur Perrine obéit et, immédiatement, se trouva « toute guarrie » (2).

La même religieuse étant plus tard atteinte d'une grave affection et obligée de s'aliter, notre thaumaturge va la voir à l'infirmerie et l'envoie s'étendre sur sa propre couche. Quelques minutes après, Sœur Perrine, complètement délivrée de son mal, reprenait ses fonctions de secrétaire.

Une autre religieuse allait trépasser lorsque Colette apprend, par révélation, que son âme est infiniment plus malade que son corps, car, retenue par une fausse honte, elle n'a pas confessé un péché qu'elle avait commis quand elle était encore dans le monde. Elle se hâte d'implorer la guérison de cette malheureuse, et celle-ci, rétablie et parfaitement contrite, se réconcilie aussitôt avec le divin Maître. Depuis, elle pratiqua toutes les vertus de son état.

1. Pierre de Vaux, ch. xx, p. 188.
2. Sœur Perrine, p. 60.

La sainteté de la vierge séraphique valut aux habitants de Poligny, comme à ceux de Besançon, d'innombrables faveurs. Son intercession sauva d'une mort certaine un riche bourgeois, l'un des fondateurs du monastère, qu'elle était parvenue à détacher des biens terrestres. Touché par les paroles de notre Abbesse, ce mondain, Jean Courault, avait renoncé au commerce, multiplié ses aumônes et commencé résolument la lutte contre ses défauts. Un jour, en voyage, il essaye de traverser à cheval une rivière grossie par les pluies; désarçonné, il est entraîné par le courant, mais ayant invoqué la thaumaturge, il réussit à regagner la rive. Une autre fois, en de semblables circonstances, comme il glissait vers un abîme dissimulé par les eaux, Colette lui apparaît et le sauve.

Elle rendit également la santé et la vie à l'épouse de Jean Courault. Une première fois, elle la ravit à la mort par ses prières. Mais, un peu plus tard, la malheureuse est affligée d'une affection cérébrale qui, par instants, trouble sa raison; et, rien n'enrayant le mal, on l'amène à Colette. Celle-ci lui déclare qu'elle a trop différé de se confesser et qu'elle ne doit pas tarder davantage à le faire. Etiennette Courault négligeait, en effet, depuis longtemps, de remplir ses devoirs de chrétienne. Elle répare aussitôt sa négligence, tandis que la Sainte l'assiste en priant, et sort du confessionnal complètement guérie. Enfin, une troisième fois, considérée comme perdue au cours d'un accouchement laborieux, elle est encore sauvée par l'humble ancelle et donne le jour à un « biaux fils » (1).

Un an après, Colette désirant voir les enfants de Courault, ce dernier les lui présenta tous, sauf l'aîné, dont il voulait faire son bâton de vieillesse ; mais elle tenait à connaître toute la famille, il fallut donc mander l'absent. « Dès que je fus en sa présence, déclare cet aîné, nommé Philippe, dans sa déposition, elle demanda à mon père s'il ne ferait pas volontiers quelque offrande à Dieu en reconnaissance des biens qu'il en avait reçus. Elle lui rappela en même temps que le Seigneur avait toujours exigé dans l'ancienne loi les premiers-nés des familles, ajoutant : « Voudriez-vous refuser à ce « souverain Seigneur celui de vos enfants que « vous aviez en vue de réserver pour vous ? » Mon père, en ce moment, touché de la grâce, répondit qu'il était prêt à donner à Dieu, non seulement son fils Philippe, mais tous les autres en même temps, et que dès ce jour il les mettait à la disposition de Colette, pour en faire ce qu'elle jugerait s'accorder avec le bon plaisir de Dieu (2). »

Alors la Sainte prédit que Philippe deviendrait

1. « J'ay appris ce grand miracle de la bouche de mes parents, mon père et ma mère, qui l'ont ainsi sérieusement raconté devant moi, en rendant à Dieu de grandes actions de grâces. » (*Relation authent. ms.*, par Philippe Courault.)

2. *Relat.*, par Ph. Courault. — Philippe avait treize ou quatorze ans quand il fut présenté à la Sainte.

chanoine régulier de Saint-Augustin (1), que Pierre, le second, entrerait à l'abbaye de Cluny, et que la jeune fille augmenterait le nombre de ses religieuses. Quant au dernier né, elle n'en parla pas. Et lorsqu'on le lui présenta plus tard, elle prit une expression mélancolique, bien que l'enfant fût en belle santé. Mais bientôt il tombait malade et succombait. Ayant appris qu'il se perdrait s'il vivait, elle avait demandé sa mort comme une grâce.

Jean Courault devint très fervent sous l'influence de la réformatrice et ne s'en dévoua que mieux à son œuvre. Plusieurs fois, il l'accompagna lorsqu'elle allait inspecter ses monastères, et la vue de quelques-unes des merveilles que Dieu accomplissait en son ancelle lui fit un grand bien spirituel. Son fils aîné fut conduit à Saint-Étienne de Dijon par le P. Jean Foucault, complètement acquis à la Sainte, et devint un excellent religieux (2). Colette ne cessa de s'intéresser à lui; elle le prévint toujours quand son âme courut quelque danger et le sauva une fois d'un péril tout terrestre. Etant à Paris avec son abbé, Philippe avait été envoyé par ce dernier au monastère de Dijon, et, comme en ce temps de guerre on risquait fort d'être rançonné ou égorgé sur les routes, il recourut à la thau-

1. Il fit profession au monastère de Saint-Etienne de Dijon.

2. Elu dans la suite abbé de Saint-Pierre de Gand, Philippe préféra renoncer à cette dignité afin de vaquer plus librement au service de Dieu. (R. P. Sellier, 1, p. 258.)

maturge pour assurer son voyage de retour.
« ...Je pensai en moi-même que, pour ma sûreté.
je ferais bien non seulement de me recommander
avec confiance aux prières de Colette, lit-on
dans sa déposition, mais encore d'obtenir
d'elle quelque lettre écrite de sa main, que je
porterais sur moi, pour me servir de sauf-
conduit. Je la priai, de plus, de m'accorder une
autre lettre de recommandation, écrite aussi de
sa main, pour certaines personnes de condition ;
ce qu'elle m'accorda sur-le-champ. Je pris donc
la route de Paris, dans la confiance qu'elle me
préserverait des périls dont j'étais menacé, ce
qui arriva effectivement d'une manière aussi
évidente qu'admirable ; car j'approchai d'un
certain port où l'on s'embarque pour passer
ensuite sur un fleuve qui conduit jusqu'à Paris,
dans le port appelé Crevant (1) ; il y avait
quelques bateaux chargés de diverses marchan-
dises, entre autres de tonneaux de vin qu'on se
disposait à conduire à Paris. Etant entré dans
l'un avec plusieurs autres voyageurs, nous na-
viguâmes sur le fleuve et nous approchâmes
bientôt d'un château-fort, appelé communément
Malesherbes, situé non loin d'une vaste forêt.
En ce lieu, nous nous trouvâmes investis par
des coureurs du parti ennemi, et nous y fûmes
tous faits prisonniers, garrottés et rançonnés.
Alors me souvenant de la lettre de la dite Sœur

1. Cravant, petite ville de Bourgogne, proche le con-
fluent de la Cure et de l'Yonne, à quatre lieues d'Auxerre
(*note des Mémoires*), dans le canton de Vermenton.

Colette, que j'avais sur moi et qui était écrite de
sa main, je commençai d'abord de l'appeler à
mon secours, et, sans délai, on m'ôta mes liens
et je fus mis entièrement en liberté. Le capitaine, nommé *Usé*, me fit aussi restituer tous
les effets que les brigands m'avaient déjà enlevés,
et lui-même me promit un sauf-conduit pour le
reste de mon voyage. Mais, comme pour avoir
le sauf-conduit, je suivais le capitaine avec bien
de la peine, puisqu'il était à cheval et moi à
pied, je fus contraint de retourner au lieu où
les dits bateaux étaient arrêtés. Durant le trajet,
j'allai tomber entre deux brigands qui étaient
en sentinelle assez près l'un de l'autre; je passai
au milieu d'eux en toute liberté, sans empêchement, et ils ne me virent pas. Ainsi j'arrivai à
Paris, rendant grâces à Dieu et à sa bien-
aimée servante Colette, qui, comme je le crois
fermement, fut ma libératrice (1). »

La vierge séraphique protégea de la sorte
maintes familles et procura des grâces insignes
à toute la ville. Qui dira jamais tout le bien
qu'elle fit aux âmes, tous ses efforts pour
en conquérir à Notre-Seigneur! Elle excellait à
réveiller les apathiques, à stimuler les défail-
lants, à rendre aux tièdes quelque volonté. Maternelle dans ses consolations, apostolique dans
ses exhortations, elle attirait, appelait les con-
fidences. Experte à déceler la gravité du péché
et à remuer les consciences, elle aidait avec une

1. *Relat. auth.*, par Ph. Courault. — R. P. Sylvère,
pp. 246-247.

force prodigieuse les hésitants à triompher du respect humain. Que de pauvres pécheurs elle envoya au confessionnal qui, depuis longtemps, n'osaient avouer leurs fautes au prêtre !

Notre Sainte détermina même les conversions de quelques endurcis, entre autres celle d'un chevalier de Poligny qui, depuis trente ans, se vautrait dans le péché. Comme il opposait une résistance farouche aux grâces qu'elle lui obtenait par ses prières et ses mortifications, elle eut recours, pour le toucher, à un curieux stratagème. Ayant appris, toujours par révélation, quelles fautes ce malheureux avait commises, elle imagina de s'en accuser devant lui, comme si elle en était coupable. Elle le fit donc venir en même temps que le P. Henri, et le succès de cette tentative fut complet. Lorsque Colette se mit en devoir d'accomplir la pénitence qu'elle venait de recevoir, le chevalier, stupéfait et ému, demanda instamment à se confesser. Et depuis il s'amenda.

Les prières de la Sainte protégèrent aussi nombre de personnes victimes d'accidents. C'est grâce à son intercession que sa sœur Françoise, tombée sous les roues d'un chariot, près de Seurre, fut guérie instantanément de ses blessures, et qu'une autre de ses religieuses, ainsi qu'un certain Jean de Baes ou de Bées, échappèrent aux flots du Doubs (1). Et que d'autres

---

1. Ce notable avait pris la religieuse en croupe pour traverser le fleuve débordé et les flots avaient emporté la monture.

furent sauvés de la même manière en des cas analogues! Et de tout cela, il faut louer le Seigneur sans plus s'étonner. La prière d'une âme juste peut beaucoup auprès de Dieu (1).

1. ... *Multum enim valet deprecatio justi assidua.* (Jac., V, 16.)

CHAPITRE VII

Notre Sainte n'était pas seulement appelée à réformer tout un Ordre religieux, elle devait encore exercer une importante action sur certains personnages publics et, par eux, sur la société civile. Il nous faut donc examiner ici les événements politiques qui agitèrent cette société.

Au moment où Colette s'installait dans les États de Bourgogne, le conflit entre les partisans de Jean sans Peur et ceux du duc d'Or-

léans s'envenimait. Un an après l'assassinat de
Louis d'Orléans, soit à la fin de 1408 (1), Jean
s'était imposé à Paris, et, en 1410, il avait appelé
ses gens de guerre et fait prendre les armes au
roi. Ce fut alors pendant au moins deux années
une suite de luttes presque incessantes, les adversaires n'ayant pas désarmé malgré le traité
d'Auxerre (22 août 1412) (2). Puis vinrent les
journées cabochiennes, et Jean, impuissant à
en maîtriser les fauteurs, sortit de la capitale
(août 1413), afin d'aller organiser une résistance
sérieuse.

C'est avec une petite armée qu'il reparaît
devant Paris au début de 1414. « Mais, cette
fois, il doit battre en retraite devant Charles VI
qui, déployant l'oriflamme et s'avançant vers
le Nord, lui enlève Compiègne, Soissons et
Saint-Quentin, et reprend Arras, dont le duc
s'était emparé par ruse. Pourtant le rebelle reçoit encore une fois son pardon : par un traité
signé à Arras le 4 septembre 1414 (3), il rentre

---

1. L'assassinat eut lieu le 23 novembre 1407; le 28 novembre de l'année suivante, le duc de Bourgogne pénétrait dans la capitale pour lutter contre les princes.
Intéressé autant qu'ambitieux, il s'était fait payer peu
avant, malgré la détresse des finances, la dot de sa belle-
fille Michelle de France, mariée au comte de Charolais.
2. Charles, le jeune fils de l'infortuné Louis d'Orléans,
avait gagné à sa cause les ducs de Berri, de Bourbon,
de Bretagne, les comtes de Clermont, d'Alençon, d'Armagnac, le connétable d'Albret. Son mariage avec la
fille du comte Bernard VII d'Armagnac (1410) lui assura de
redoutables contingents de Gascons. D'où le nom de son
parti : les Armagnacs.
3. Monstrelet, t. III, p. 32.

en grâce à certaines conditions, entre autres
celle de ne jamais paraître à la Cour sans avoir
été mandé expressément et par lettres-pa-
tentes (1). »

Mais que lui importait un engagement ? Il se
souciait fort peu de tenir sa parole quand l'intérêt ne l'y obligeait pas. En décembre 1415, il
arrive avec deux mille hommes à Lagny, et,
ne pouvant obtenir d'entrer à Paris avec cette
respectable escorte, il se met à ourdir un com-
plot. « Ainsi, à tout prix, le duc voulait s'emparer du gouvernement, du roi et du royaume.
A travers tant d'incidents, de phases diverses,
il ne s'était proposé qu'un but : devenir seul
maître et maître incontesté du pouvoir. Les
faits, les documents, le témoignage des contemporains même les plus favorables à sa cause(2),
tout le démontre d'une manière irréfragable.
Dans l'âpre poursuite de ce but, il n'avait re-
culé devant aucun moyen : fourberie, hypocrisie,
intrigues, conspirations, exécutions, massacres,
jusqu'à l'assassinat, rien ne lui avait coûté (3). »

Il est parfaitement exact que Jean sans Peur
conclut une alliance secrète avec l'Angleterre.
G. du Fresne de Beaucourt a éclairci ce point
dans son très remarquable ouvrage sur

1. G. du Fresne de Beaucourt, *Charles VII*, I, pp. 130-
131.

2. « ... *Ducis Burgundie, ut publice ferebatur, aviditas
gubernandi regnum et distribuendi ad nutum ipsius
pecuniales financias...* » — *Religieux de Saint-Denis*,
tome V, p. 584.

3. G. du Fresne de Beaucourt, *loc. cit.*, pp. 131-132.

Charles VII. Dès septembre 1411, des négociations avaient été entamées dans ce but avec
Henri IV ; et, en 1414, le duc dépêchait des em-
bassadeurs au successeur de ce monarque, à
Henri V, quoique, par le traité d'Auxerre, il se
fût engagé à ne jamais traiter avec les Anglais (1). Sa haine pour les princes qui contra-
riaient ses projets ambitieux le poussait à servir l'ennemi juré de la maison royale, à lui
faciliter sa marche en France. « On exceptait,
il est vrai, du traité le Roi et le Dauphin, mais
une telle clause n'était-elle pas illusoire, alors
qu'au nord le comté d'Angoulême et le duché
de Bourbonnais, au sud le comté d'Armagnac
et la seigneurerie d'Albret devenaient provinces
anglaises ou *bourguignonnes*, car le duc devait
avoir part au butin (2) ? »

Tandis que Charles VI assiégeait Arras,
Jean, cet « homme sans principe » comme le
qualifie Lord Brougham (3), signait à Ypres un
traité qui confirmait, en les aggravant, les stipulations consenties à Leicester, le 23 mai pré-

1. Cf. G. du Fresne de Beaucourt, *loc. cit.*, pp. 132 et
suiv. — Rymer, t. IV, part. I, p. 196. — *Proceedings and
ordinances*, t. II, pp. 19 et suiv. — *Religieux de Saint-
Denis*, t. IV, p. 714. — Dom Plancher, *Hist. de Bourgogne*, t. III.
2. G. du Fresne de Beaucourt, *loc. cit.*, p. 133.
3. *History of England and France under the House of
Lancaster*, p. 96. — Le duc avait été surnommé Jean
sans Peur autant pour avoir fait prononcer en pleine
cour, par Jean Petit, l'apologie de son crime (8 mars 1408)
que pour avoir combattu les Liégeois à l'automne de la
même année.

cédent, et l'inféodait complètement à la politique d'outre-Manche (1). Enfin, quelques semaines après le traité d'Arras, le 29 septembre, il acceptait à Saint-Omer une convention additionnelle (2). Les agissements du duc finirent par paraître suspects à beaucoup de ceux même qui l'avaient considéré comme un réformateur ; à son retour d'un voyage à Calais, en 1416, il fut accusé par la rumeur publique d'avoir conclu avec le roi d'Angleterre un pacte déloyal (3).

Colette usa de tous les moyens en son pouvoir pour arrêter les excès des factions rivales, surtout ceux des Bourguignons, son influence les atteignant plus directement (4). A une époque qu'il est malheureusement impossible de déterminer, elle chargea le Franciscain Jean Millon et deux autres Observants de porter « des lettres exhortatoires » aux chefs de deux armées dont la rencontre était imminente (5).

1. L'original de la convention de Leicester se trouve aux archives de Dijon (pièces mêlées, n° 1270, Gachard, *Archives de Dijon*, pp. 84-85). Les stipulations portent sur une alliance réelle et perpétuelle, offensive et défensive, entre le roi Henri V et le duc de Bourgogne.

2. Archives de Dijon, layette 81, liasse 2, n° 28. Aujourd'hui, B, 11926.

3. Monstrelet, pp. 162-164. — Jouvenel des Ursins, ap. Godefroy, *Histoiriens de Charles VI*, p. 335.

4. C'étaient, d'ailleurs, les partisans de Jean sans Peur qui faisaient le plus de mal. — Monstrelet, t. III, p. 180. — *Religieux de Saint-Denis*, t. VI, pp. 82, 130, 152. — *Journal d'un bourgeois de Paris*, p. 80. — Fenin, pp. 71-79.

5. Sœur Perrine, qui relate ce fait (p. 78), ne donne aucun renseignement sur la date et le lieu.

En lisant le mot qui le concernait, le duc de Bourgogne apprit « qu'il perdroit s'il bateilloit ». La Sainte le lui mandait après une révélation ; et, par la voix des trois religieux, ses envoyés, elle le suppliait, ainsi que son adversaire, de déposer les armes. La lutte fratricide, si elle s'engageait, devait être un abominable carnage et entraîner la damnation de plusieurs âmes ; en outre, au point de vue des opérations stratégiques, elle resterait sans résultat. Notre réformatrice était très écoutée, même par les rudes batailleurs de cette époque surexcitée ; le « choc ne se donna point » et les adversaires conclurent un armistice. Sans doute il serait excessif d'attribuer cette péripétie aux seules exhortations de l'humble ancelle. Les belligérants avaient peut-être alors tout intérêt à suspendre les hostilités pendant quelque temps. Mais, sans les Franciscains, eussent-ils signé une trève avant de tenter les chances d'un combat ? Le duc était un indécis (1). On peut

1. Voici le portrait qu'en trace M. A. Coville : « Il avait la tête massive, aux pommettes saillantes, les traits fortement accentués, sans finesse ni grâce, avec une expression de méfiance et de méchanceté. Il était petit, parlait avec difficulté, représentait mal, portait des robes raccommodées, ne risquait jamais de grosses sommes au jeu, n'était prodigue que de promesses et d'engagements qu'il ne lui coûtait pas de ne pas tenir. Mais il était au courant de tout, s'intéressait à tout ; il avait l'intelligence active et déliée. A l'occasion, il savait être très brave, comme il le montra à la croisade de Nicopoli, puis contre les Liégeois. Sans morgue aucune, il s'entendait à se faire des amis et des serviteurs. Enfin il avait une ambition énorme et inquiète, avec de l'indé-

donc admettre que l'avis de Colette, en laquelle il croyait, lui fit prendre la résolution de ne pas tirer l'épée.

Par ses conseils, la Sainte contribua aussi à réconcilier les maisons de Savoie et de Bourgogne. Le traité de Chambéry lui en fournit l'occasion. Quand, avant le traité d'Arras, Jean sans Peur cherchait des alliés, il s'était adressé au comte de Savoie, son beau-frère; et celui-ci avait mis comme condition à son appui que le duc compléterait la dot de sa femme, selon la convention matrimoniale. Jean offre aussitôt la terre de Montréal, et, le comte l'acceptant, il écrit à la duchesse de ratifier le traité. Mais la peste de Dijon a obligé Marguerite de fuir à Auxonne, et il est interdit aux Dijonnais de pénétrer dans cette ville tant que durera le fléau. Un mois s'écoule avant que les envoyés du duc puissent entrer à Auxonne; dès qu'elle a le traité, la duchesse le communique à Colette, et c'est seulement quand celle-ci en a approuvé les clauses qu'elle le signe (1).

cision dans la volonté. » (Ernest Lavisse, *Hist. de France depuis les origines jusqu'à la Révolution*, t. IV, fasc. IV, ch. III, p. 328.)

1. Dom Plancher, *loc. cit.*, t. III, p. 385. — Avant de mourir, Jean sans Peur avait confirmé le traité de Chambéry. Mais son petit-fils, le turbulent Charles le Téméraire, déclara la guerre à la maison de Savoie. S'étant emparé de Yolande et de sa fille Louise, il les fit enfermer au château de Rouvres. Là, Louise, se souvenant de sainte Colette, promit à Dieu de se faire Clarisse et tint parole quand elle eut recouvré sa liberté. (Abbé Jeunet, *Vie de la bienheureuse Louise de Savoie*, p. 36.)

Nous signalons ce fait parce qu'il fait bien comprendre l'action de la réformatrice sur les
princes. Elle ne négligeait aucune occasion de
travailler à les pacifier, à les unir, à les rendre
meilleurs, certaine d'obtenir ainsi un peu plus
de bonheur aux peuples. Ce fut toujours pour
le bien général qu'elle mit à profit la haute confiance que Marguerite lui témoignait.

.Rien n'abattait les énergies de la vierge séraphique quand il s'agissait du salut des âmes,
rien ne lassait son héroïsme d'ascète; et c'était
vraiment providentiel, car les péchés ne cessaient de se multiplier à la faveur des troubles.
Un jour qu'elle suppliait la Mère de miséricorde
d'intercéder pour les pécheurs auprès du divin
Sauveur, les membres dépecés d'un enfant lui
étaient apparus, tout baignés de sang, dans un
plat, et la Reine du ciel ne lui avait pas dissimulé son horreur pour ceux qui, tous les jours,
taillaient son Fils en morceaux.

Peut-être est-ce vers le même moment que
saint Vincent Ferrier vit, pendant une extase,
notre Sainte prosternée « devant la souveraine
Majesté divine, priant moult dévotement et
ferventement pour les pechies et defaultes de
son povre peuple (1) ». A la requête de sa petite
ancelle, Jésus s'était contenté de répondre :
« Fille, que veuls tu que je leur face. Tous les
jours je suys diceulx injuriez et vituperez. Il

1. Pierre de Vaux. — Il fut révélé à saint Vincent que
c'était cette Colette dont il avait entendu parler avec tant
d'éloges par Pierre de Lune.

me despiechent sans cesser plus menu que on ne despieche char en la boucherie en moy blasphemant et reniant et trespassant tous mes commandements (1). » Mais Notre-Seigneur avait recommandé à Vincent de se rendre auprès de la réformatrice en prêchant dans les villes de France; lorsqu'ils se seraient rencontrés, avait-il ajouté, il leur communiquerait ses desseins et tout ce qui concernait les intérêts de son Église. Le divin Maître n'était pas resté insensible aux prières de ses deux bons serviteurs, et c'est pour les exaucer qu'il décida de les réunir un instant.

L'ardent fils de saint Dominique écrivit à la vaillante fille de saint François qu'il partait « pour conférer avec elle sur les affaires de l'Église et sur le schisme, selon l'ordre qu'il en avait reçu d'en haut (2) ». Et, au début de janvier 1416, il quitta Perpignan, où il venait de lire, le 6, dans la cathédrale, la déclaration par laquelle Ferdinand d'Aragon renonçait à l'obédience de Benoît XIII (3).

Après deux mois de prédications dans le

1. Pierre de Vaux, p. 81.
2. Abbé Larceneux, *Vie de sainte Colette*, en 110 cahiers, au monastère des Clarisses de Poligny.
3. Après avoir été, pendant quelque temps, le confesseur de Benoît XIII, saint Vincent Ferrier avait quitté la cour pontificale pour l'apostolat, à la suite d'une révélation. Toutefois, il était resté en relations avec Pierre de Lune, ne cessant de l'exhorter à rendre la paix à l'Eglise, et il ne se sépara de lui que lorsque l'opiniâtre vieillard eut montré, par son refus répété de démissionner, qu'il retenait injustement le pontificat.

Roussillon et la Catalogne, Vincent passe dans le Languedoc, et, de Narbonne à Toulouse, partout il soulève l'enthousiasme de ses auditoires. Désormais, il ne quittera plus notre patrie. « Les derniers flots de cette éloquence foudroyante qui, vingt ans, ébranla le monde, sa vieillesse, éclairée des lueurs d'outre-tombe, ses dernières prodigalités de miracles seront pour la France (1). » De juin à juillet, il prêche à Najac, à Saint-Affrique, à Sauveterre, à Rodez, à Milhau. En août, il est à Mende, en septembre à Saint-Flour, en octobre au Puy, à la fin de novembre à Clermont-Ferrand. De l'Auvergne, qu'il sillonne en tous sens, il se transporte dans le Bourbonnais, séjourne à Moulins en février 1417, puis se dirige sur Lyon, où il demeure huit jours. Il traverse ensuite Mâcon, Autun, peut-être Dijon et s'avance rapidement sur Auxonne, où se trouvait alors notre Sainte qu'il lui tardait de voir (2).

Jusqu'à son entrée en Bourgogne, le célèbre évangélisateur avait dû marcher lentement — il était d'ailleurs septuagénaire — mais quel beau voyage de conquête! Dans tous les endroits où retentissait sa parole, elle gagnait des âmes à Jésus. Avides d'entendre l'apôtre que sa véhémence avait fait surnommer la trompette du Jugement dernier, les populations se pressaient sur ses pas, et beaucoup, enflammés

1. R. P. Fages, *Hist. de saint Vincent Ferrier*, t. II, p. 146. Livre de belle documentation et de haute valeur.
2. *Bollandistes*, *Vie de sainte Colette*, mars, t. I, n° 34.

par son verbe inspiré, quittaient tout pour augmenter la troupe de pénitents qui le suivaient comme une garde d'honneur.

C'est à Auxonne, nous apprend une lettre de la Mère Marthe Taboureau, abbesse du monastère de cette ville en 1624, que Vincent eut sa première entrevue avec Colette, le 17 avril 1417 (1). Ils prièrent ensemble au calvaire du couvent, le saint vieillard prêcha près de l'église Notre-Dame, au lieu appelé maintenant place des Casernes. La joie débordait de son cœur. Que de lumières ne retirerait-il pas de ses entretiens avec la séraphique amie du Christ! Comme son énergie morale se retremperait à l'écouter! Certainement, après de communes oraisons et un mutuel échange de vues, il travaillerait avec plus d'efficacité au salut de l'Église.

Après l'entrevue d'Auxonne, le « prescheur très renommé » reprit ses courses évangéliques, et l'on peut croire qu'il porta ses pas en Lorraine (2). A son retour, en juin, il vit encore notre Sainte, à Poligny cette fois. D'après une tradition persistante, Colette, qui se reposait de

1. La lettre de la Mère Taboureau, adressée aux Clarisses d'Amiens, porte la date du 9 juillet 1624. Les éphémérides d'Auxonne prouvent, d'autre part, que saint Vincent séjourna dans cette ville les 17, 18 et 19 avril 1417. (Ephém. recueillies par M. de Giroux, 1850. Ms. conservé à la Bibliothèque d'Auxonne.)

2. On manque de détails sur ce voyage, mais on sait sûrement qu'il eut lieu. Le R. P. Fages (loc. cit.) le place à l'époque qui nous occupe.

fatigues excessives au château de Frontenay, apprit surnaturellement le passage du grand Dominicain et partit à sa rencontre. De son côté, l'apôtre, ne trouvant pas l'Abbesse à son couvent, se dirigea sur Frontenay (1). Le lieu où ils se rejoignirent s'appelle encore vallée de Saint-Vincent, et l'on a laissé également le nom du thaumaturge à la source où il se désaltéra.

De nombreux habitants de Poligny avaient couru à sa rencontre, et ils l'accueillirent avec une vénération d'autant plus sympathique qu'ils savaient — Vincent lui-même l'ayant proclamé — que le but de son voyage, c'était de voir Colette. Tous comprenaient que les entrevues des deux saints devaient avoir une immense portée. Acclamé, fêté comme un bienfaiteur public, l'ange du Nouveau Testament fut conduit en triomphe à l'église Saint-Hippolyte, où l'attendaient le curé Jacques Morelli et les Dominicains, et, après avoir adoré le Très Saint Sacrement, il se fit entendre sur la place voisine. Car son renom de thaumaturge, de conquérant d'âmes et de prédicateur également aimé des foules et des princes, attirait partout de telles multitudes qu'aucun édifice n'aurait pu les contenir. Son sermon achevé, le Saint se rendit au parloir des Clarisses et s'entretint avec la Sainte (2). Sans longues explications,

1. D'après une autre tradition, le Saint serait passé par Frontenay pour gagner Poligny.
2. Le soir du même jour, l'infatigable apôtre prêcha aux Clarisses.

on peut le croire, ils lurent réciproquement en
eux ; tant d'affinités les reliaient ! Et l'on ima-
gine les louanges à Dieu qui s'envolèrent de
'ces bouches inspirées. Il y eut certainement,
tandis qu'ils se livraient leurs intimes pensées,
les intimes espérances de leurs cœurs, une
grande joie dans le ciel. C'est grâce aux saints
comme Vincent et Colette que « les peuples
trouvaient, au milieu de ces ténèbres, des lumières éclatantes à suivre, et sur ce sol ingrat,
d'éminentes vertus à imiter. A cette époque
d'ailleurs, la foi était très vivante. Il est curieux
de voir l'ardeur avec laquelle on demandait des
jubilés. C'était parmi les peuples et les princes
une sorte d'exultation naïve et enfantine qui
les portait à profiter de ces misères comme
d'une bonne aubaine pour forcer Dieu en quelque sorte à leur pardonner leurs fautes (1).

Le lendemain, après avoir chanté la messe et
prêché devant un auditoire toujours considérable, Vincent conféra de nouveau avec notre
réformatrice, et il agit ainsi durant plusieurs
jours. Rien n'est resté de ces entretiens, qui
furent, à n'en pas douter, de très féconds
échanges de pensées. Mais on devine quels
thèmes eurent les préférences de nos saints et
comment ils les traitèrent. Nous connaissons
si bien la tournure d'esprit, les préoccupations,
les aspirations de ces deux héros de l'ascétisme,
qui s'offraient à tout souffrir pour que la catho-

1. R. P. Fages, *loc. cit.*, II, p. 136.

licité retrouvât la paix ! Par ces colloques, Notre-Seigneur avait achevé de les préparer à la mission qu'il attendait d'eux ; après leur avoir révélé que le schisme allait prendre fin, il les chargea donc d'adresser aux Pères de Constance une lettre qui les poussât à l'achèvement de leur œuvre.

Ici, pour l'intelligence de notre récit, nous devons retracer, au moins dans leurs lignes essentielles, les différentes phases du grand schisme d'Occident. Lorsque Grégoire XI, convaincu que Dieu lui parlait par la bouche de sainte Catherine de Sienne, se rendit à de sages avis et réintégra la Ville éternelle (1378), il y avait soixante-treize ans que les successeurs de Pierre résidaient loin de la basilique vaticane (1). Et, pendant ce temps, Rome, pour l'expiation de ses fautes, avait été en proie à toutes les misères. Ses églises, ses monastères, ses édifices publics tombaient en ruines ; et, lamentablement épuisée par les guerres et les dissensions, elle subissait le joug fort dur des Français et autres étrangers. Aussi, à la mort de Grégoire, qui survint peu après son retour, les Romains demandèrent-ils instamment, afin d'éviter un nouvel exode, qu'on élevât à la papauté un de leurs compatriotes, ou tout au moins un Italien.

Ce fut un Napolitain, Barthélemi Prignano,

1. C'est en 1305 que Berthrand de Got, archevêque de Bordeaux, élu pape à la suite des intrigues de Philippe le Bel, avait établi sa résidence à Avignon.

l'archevêque de Bari, qui réunit le plus grand
nombre de suffrages. Il prit le nom d'Urbain VI.
La chrétienté le reconnaissait depuis près de six
mois quand les cardinaux français qui, cependant, lui avaient donné leurs voix, conçurent le
projet de le déposer. Pieux, austère, ennemi de
la simonie et épris de justice, Urbain VI avait,
dit sainte Catherine de Sienne, « un cœur naturellement grand (1) ». Mais il ne semble pas
qu'il ait possédé les qualités les plus nécessaires à un pape à ce moment de l'histoire.
Esprit rigide, caractère absolu, impatient
d'aboutir, il manquait de tact dans l'application
de ses réformes. Il tenta dès le début de les
imposer brutalement, alors que l'état des mœurs
exigeait de sages gradations. Ce fut beaucoup
peut-être par la manière dont il s'y prit pour
ramener les prélats de son entourage à une vie
plus canonique et plus sainte, en d'autres termes
par ses objurgations véhémentes, qu'il déchaîna
l'orage contre lui. Toutefois, les cardinaux français lui tenaient rigueur depuis qu'il avait
refusé de ramener à Avignon la cour romaine.
Car mûs par un amour mal compris de leur
patrie et sans doute, hélas ! pour des motifs
d'ordre politique, ils rêvaient d'une papauté
française inféodée au royaume de France.

Le 20 juillet 1378, les cardinaux qui s'étaient
retirés à Anagni, dans la Campanie, en compagnie de divers prélats, invitaient leurs col-

1. *Lettre 31.* — Sainte Catherine avait prédit le schisme
à Pise. — Raymond de Capoue, *Vita*, n° 287.

lègues italiens à venir délibérer avec eux sur les moyens de remplacer Urbain VI, élu par la violence, prétendaient-ils faussement. Les cardinaux italiens ne se rendirent auprès des dissidents qu'un peu plus tard, et par mandement du Pape, en vue de les calmer et de les éclairer. Mais leur démarche n'aboutit point, et ils ne réussirent pas davantage quand, le 3 août suivant, ils proposèrent, toujours de la part du Saint-Père, de soumettre le différend à la décision d'un concile œcuménique. Les Français, refusèrent et, bientôt après, ils citaient Urbain VI à comparaître devant leur tribunal. Enfin, par un stratagème indigne, ils détournèrent du chef de l'Église les trois cardinaux italiens qui lui étaient restés fidèles et procédèrent à l'élection d'un anti-pape (1).

Le 20 septembre, à Fondi, près de Naples, ils nommèrent le cardinal Robert de Genève, qui prit le nom de Clément VII (2). Les cardinaux italiens n'avaient pas participé à cette élection et ils observèrent d'abord une stricte neutralité; puis, l'année suivante, en janvier, ils parlèrent derechef à leurs collègues français d'un

1. Ceux qui sont placés dans le jardin de la sainte Eglise, comme des fleurs odoriférantes, pour y répandre le parfum de la vertu, écrivait l'intuitive Catherine de Sienne à Urbain VI, après l'élection de ce dernier, infectent le monde entier par leurs vices. Le remède le plus efficace, c'est, ajoutait-elle, de choisir de bons cardinaux.
2. L'Eglise ne le reconnaît point. C'est à Jules de Médicis, successeur de Léon X, que revient légitimement le titre de Clément VII.

concile général. Mais ce fut vainement. La haine
égarait les cardinaux dissidents. Trompés par
leurs procédures et leurs rapports, Charles V,
son conseil et presque tous les membres de
l'Université de Paris, qui s'étaient déclarés au
début pour Urbain VI, embrassèrent le parti de
Robert de Genève. Et, malgré son éloquence,
sainte Catherine de Sienne ne parvint pas à faire
revenir le roi sur sa décision (1). De sorte que
l'exemple de Charles V fut bientôt suivi par
les rois de Castille, d'Aragon et de Portugal.

Ainsi le monde chrétien se trouva divisé, non
sur des questions de dogme, de morale ou de
rite, mais sur la personne du Souverain Pontife. « Tout le monde pensait à unifier l'Église,
remarque fort justement le R. P. Fages, nul à
la détruire, pas plus qu'à mettre en doute le
caractère sacré du Pape auquel on obéissait.
Chose étrange! dans ce schisme, il n'y avait pas
un schismatique (2). » Les peuples n'étant pas
mieux initiés que leurs princes aux causes de la
séparation, il y eut dans les deux obédiences,
pendant les quarante ans que dura ce triste état,
des gens de bonne foi et même des saints.

Quand, en novembre 1389, Boniface IX (3)
eut succédé à Urbain VI, mort le 15 octobre,
l'Université de Paris se préoccupa de mettre

1. Lettre du 6 mai 1379.
2. R. P. Fages, *loc. cit.*, t. II, p. 136.
3. Elu le 2 novembre, le Napolitain Pierre Thomacelli,
prêtre-cardinal du titre de Sainte-Anastasie, fut consacré
et couronné, sept jours plus tard, sous le nom de Boniface IX.

fin au schisme et préconisa, entre autres
moyens, la cession et la renonciation pleine et
absolue des deux prétendants. Ce procédé fut
considéré comme excellent, sauf par les deux
intéressés ; et Clément VII en ressentit une
colère et une douleur si vives qu'il tomba
malade et mourut d'apoplexie (16 septembre
1394). Les cardinaux de son obédience tinrent
aussitôt un conclave, contre les avis des rois de
France et d'Aragon qui leur recommandaient
d'attendre que les intentions de Boniface
fussent nettement connues, et ils élurent le cardinal aragonais Pierre de Lune.

Celui-ci avait promis, avant et après son
élection, de renoncer au pontificat si la paix de
l'Église l'exigeait ; mais, devenu Benoît XIII, il
refusa d'entrer dans la voie de la démission.
Alors la France se retira de son obédience,
mais sans reconnaître celle de Boniface. Et
Pierre de Lune, auquel cinq cardinaux seulement restèrent fidèles, dut vivre comme un
captif dans son palais d'Avignon jusqu'en
1403 ; toutefois, quand il s'en fut évadé, la majorité de l'épiscopat français se déclara pour la
reprise de son obédience, et Charles VI y revint
sans hésiter. L'obstiné pontife fit alors de belles
promesses, mais s'en soucia si peu qu'en
novembre 1406 une troisième assemblée de
l'Église de France conclut à la rupture défini-
tive. Vainement lança-t-il des menaces d'excommunication quand la soustraction d'obédience
lui fut signifiée, on y répondit par des décrets

royaux et notre pays resta de nouveau neutre entre les deux obédiences.

Le 1ᵉʳ octobre 1404, Boniface IX avait succombé à une attaque de fièvre, et, deux ans plus tard, son successeur, Innocent VII (1), le suivait dans la tombe. Le Vénitien Angelo Corrario, élu le 30 novembre 1406, sous le nom de Grégoire XII, ne s'étant pas montré mieux disposé que Benoît XIII à préparer la paix, les anciens cardinaux des deux obédiences provoquèrent un concile qui se tint à Pise. Les travaux en commencèrent le 25 mars 1409. Le 5 juin, Pierre de Lune et Angelo Corrario étaient déclarés schismatiques et hérétiques obstinés ; et le 26 du même mois, les cardinaux, au nombre de vingt-quatre, élevaient au pontificat Pierre de Candie, de l'Ordre des Frères-Mineurs. Mais ce nouveau Pape, Alexandre V, mourut l'année suivante ; et Balthasar Cossa, qui le remplaça sous le nom de Jean XXIII (2), ne conserva pas longtemps la dignité pontificale. Le Concile de Constance le déposa (29 mai 1415) avec une rigueur excessive et, d'ailleurs, d'une manière peu canonique, tant les esprits étaient surexcités (3).

1. Cosmat Meliorati (Innocent VII), cardinal de Sainte-Croix en Jérusalem, était originaire de Sulmone, dans les Abruzzes.

2. Balthasar Cossa, cardinal-diacre du titre de Saint-Eustache, était Napolitain. Saint Antonin le dit supérieur dans les affaires temporelles, nul pour les intérêts spirituels. *Vir quidem in temporalibus magnus, in spiritualibus nullus.*

3. Le Concile de Constance avait commencé ses travaux le 5 novembre 1414. (Cf. sur le schisme : Rohrbacher, *His-*

Alors les événements se précipitent. Grégoire XII abdique en juin 1415. L'année suivante, l'Espagne s'étant jointe au Concile, grâce à saint Vincent Ferrier, Pierre de Lune reste sans obédience, et les Pères peuvent procéder régulièrement contre lui (1). Mais cet inflexible vieillard persistant dans son obstination, ce qui n'aggravait pas peu l'état de trouble dont souffrait la société chrétienne, il devenait urgent de ne plus hésiter devant les mesures extrêmes. C'est ce qu'exposent Vincent et Colette dans leur lettre au Concile, en juin 1417; ils manifestent que le moment est venu d'appliquer les lois de l'Église dans toute leur rigueur.

Une telle missive devait produire sur le Concile un effet immense, et parce que ses auteurs avaient appartenu à l'obédience de Benoît XIII, et parce qu'on savait leurs vertus suréminentes. C'est ce qui arriva. Lue en pleine assemblée, la lettre des deux saints décida les Pères à une action prompte et énergique (2).

toire universelle de l'Eglise catholique, t. XXI; — Héfelé, *Histoire des Conciles*, t. XLV; — Hermann von der Hard, *Histoire du Concile de Constance* (Francfort et Leipzig, 1697), composée d'après les manuscrits originaux;—R. Père Luigi Tosti, O. S. B., *Histoire du Concile de Constance.*
1. En amenant le roi d'Aragon à se soustraire à l'obédience de Pierre de Lune, le grand Dominicain avait mis fin virtuellement au schisme. « ... Ce qui se fera désormais, même à Constance, sera la conséquence de l'acte posé à Perpignan par Vincent Ferrier, dit le R. P. Fages, élément secondaire en apparence dans le jeu des forces humaines, mais aux mains de Dieu, ouvrier des œuvres qui changent la face du monde. » (*Loc. cit.*, II, p. 124.)
2. Cette lettre avait été transmise au Concile par

Le 26 juillet Pierre de Lune fut publiquement
déposé (1). Et le 11 novembre suivant, l'Église
eut enfin un Pape dont nul ne put contester
l'élection. Vingt-trois cardinaux et trente
députés des nations réunis en conclave accor-
dèrent leurs suffrages à Otto Colonna, cardinal-diacre du titre de Saint-Georges au
voile d'or, qui prit le nom de Martin V (2).
Il allait, par sa sagesse, effacer, dans la mesure du possible, les effets désastreux du
schisme.

« De notre temps, dit le R. P. Fages, beaucoup d'esprits que les persécutions, les hérésies
même laissent indifférents, parce que la contradiction, même violente, aboutit plutôt à
répandre une doctrine qu'à l'éteindre, sont
ébranlés par ce fait de l'Église sortant victorieuse
du grand schisme. Dieu seul pouvait, en effet,
avec des éléments si pauvres, si rebelles, per-
pétuer une société qui est, malgré tout, sur la

l'archevèque de Besançon. « On ne peut exprimer,
écrivit-il à son Chapitre, la joie que le Concile en fit
paraître, connaissant la sainteté de ces deux saints qui
faisaient des miracles, ressuscitaient les morts et étaient
devenus les oracles du monde chrétien... » (Abbé Larceneux, *loc. cit.*)

1. Il mourut le 29 novembre 1424. « L'Église, dit le
R. P. Fages (*loc. cit.*, p. 123), ne l'a pas maudit, parce
qu'elle respecte tous les tombeaux, mais elle l'enveloppa
d'une ombre discrète, terrible punition d'une mère
outragée! »

2. Martin V fut couronné le dimanche 21 novembre;
il avait alors cinquante ans. (Sur le Concile de Constance, cf. l'*Histoire de saint Vincent Ferrier*, du
R. P. Fages, II, ch. XVIII.)

terre, l'expression de sa sagesse, de sa puissance et de son amour.

« Le monde chrétien a profité de ces leçons. Depuis lors, il converge plus puissamment vers le centre de l'unité catholique. La revendication des prétendues libertés gallicanes, trop long-temps identifiées avec le sentiment national, est abandonnée sans retour. Le protestant Sismondi les appelle « le privilège d'être soumis « exclusivement à l'autorité civile ».

. . . .

« Que les ennemis de Dieu en prennent leur parti : *Non prævalebunt.*

« J'entends dire, il est vrai, que la lutte jusqu'ici n'a été que jeux d'enfants ; mais le temps vient où le progrès humain va donner à cette institution qui le brave de tels assauts qu'il faudra bien qu'elle cède.

« La réponse est facile : comme le monde romain lorsque l'Église grandissait, le monde actuel est à son apogée de jouissances, c'est-à-dire que toute vigueur véritable lui échappe ; et des esprits clairvoyants reconnaissent à plus d'un signe que si quelque chose est sur son déclin, ce n'est pas l'Église. Un grand chrétien, qui fut aussi un grand politique, Garcia Moreno, a dit : « Dieu ne meurt pas. » Une autre formule convient mieux à notre pays : « Dieu n'a jamais « fait son temps (1). »

1. R. P. Fages, *loc. cit.*, II, pp. 136 et suiv.

Plusieurs écrivains ont cru que saint Vincent
était allé à Constance, ils se sont trompés. Ce
fut en vain que le roi Ferdinand incita l'illustre
maître ès sciences divines à se rendre au Concile,
où, pensait-il, rien ne s'achèverait sans lui.
Alphonse V, qui renouvela les instances de son
père, n'eut pas plus de succès (1). Et notre Gerson, en écrivant dans le même sens, ne réussit
pas davantage (2). Le grand Dominicain ne crut

1. Sa première lettre est du 15 avril 1416. Il venait de
succéder à Ferdinand, mort treize jours auparavant.
2. La lettre de Gerson porte la date du 9 juin 1417.
« O trois et quatre fois heureux, écrivait-il à Vincent, si

pas devoir accéder à leurs désirs. Le R. P. Fages l'a prouvé péremptoirement. Sa présence, expose-t-il, n'était pas nécessaire à Constance, où, d'ailleurs, persévéraient certaines doctrines hétérodoxes qui avaient prévalu à Pise et auraient suffi pour l'arrêter. D'autre part, évangélisateur avant tout, l'humble moine ne se sentait aucunement appelé à la direction officielle de l'Église. « Il y avait, en outre, pour lui, dans cette abstention, une question de délicatesse : le Maître général des Dominicains assistait au Concile, et l'Ordre y était représenté par les sommités du savoir. Enfin les invitations qu'il reçut n'avaient qu'un caractère honorifique, et cela le touchait peu (1). »

Peu après avoir écrit au Concile, l'Ange du Nouveau Testament prit une semaine de repos, dont il avait grand besoin, chez les Dominicains de Poligny (2) ; puis, ses forces réparées, il se

vous pouviez non pas apprendre, mais voir de vos yeux l'élection du Souverain Pontife, qui ne saurait tarder! Et quelle joie pour le Concile de jouir de votre présence! Ce serait là, si je ne me trompe, le meilleur moyen d'assurer le fruit de tout ce que vous avez fait jusqu'ici... Vous ne pouvez que gagner à conférer avec eux de votre prédication, sans parler des multiples résultats que peut produire votre venue. » — Dans cette lettre, Gerson remercie Vincent d'avoir amené le roi d'Aragon à se soustraire à l'obédience de Pierre de Lune.

1. R. P. Fages, *loc. cit.*, II ; appendice de la IIIe partie, E, p. LVIII.

2. Avant de quitter cette ville, le Saint fit don aux Colettines de deux cordes à nœuds encore ensanglantées qui, très probablement, lui servaient de discipline. (*Mémoire de ce qu'a faict notre béate Mère au couvent de Poligny*, p. 21.)

remit en route. Le 4 juillet, il était à Besançon, où « son preschement, disent les chroniques locales, opéra des merveilles de pénitence », et c'est dans cette ville, au monastère des Clarisses, qu'eut lieu sa dernière entrevue avec Colette. Ce fut infiniment touchant.

La vierge séraphique lui ayant montré la croix dont Notre-Seigneur l'avait enrichie, Vincent se prosterna devant cette relique ineffable, et, après une fervente prière, l'embrassa. « Il fit ensuite, rapporte l'abbé Larceneux, beaucoup de questions à la Sainte sur les circonstances du temps, du lieu, de la manière dont elle lui avait été envoyée, en présence du confesseur et de toutes les religieuses de la maison. Il félicita la Sainte d'un tel présent reçu du Roi des rois; puis il la pria de recevoir le présent qu'il désirait lui faire lui-même de ce qu'il avait de plus précieux dans sa pauvreté, et de plus conforme au présent de Jésus-Christ; c'était la croix qu'il avait apportée d'Espagne, et avec laquelle il était entré dans toutes les villes de France où il avait prêché (1).

. . . .

« Le Saint, après avoir offert la croix à la

1. « C'est une croix haute de 1 m. 95 dont les croisillons ont 0 m. 94; elle est plate, ayant à peu près trois doigts de largeur, mais elle va se terminant en pointe, parce qu'elle était destinée à être placée dans une douille à la chaire. Les croisillons se terminent aussi en biseaux. On l'appelle bâton de saint Vincent Ferrier, mais cette dénomination est fausse : il ne s'en servait pas comme d'un bâton. Elle est en sapin, primitivement peinte en

Bienheureuse, ne pouvait se lasser de fixer
avec étonnement celle que Jésus-Christ lui avait
envoyée. Il adressa à cette croix des paroles si
touchantes que la Bienheureuse en fut ravie en
extase, en présence du Saint. Quand elle fut
revenue à elle-même, elle le remercia de son
présent, lui dit que ces deux croix du Maître et
du serviteur étaient ce qu'elle estimait le plus
et qu'elle conserverait le plus précieusement.
Mais que, pour le remercier plus particulièrement, elle allait lui dire ce que le Seigneur lui
avait fait connaître de lui dans cette élévation
d'esprit qui venait de lui arriver : que Dieu l'ap-
pellerait à lui dans moins de deux ans, pour le
récompenser de ses grands services. Le P. Vincent, surpris d'une telle prophétie et répétant
les termes de la Bienheureuse : *Dans moins de
deux ans*, lui dit qu'il espérait aller mourir en

noir. Elle portait un Christ sculpté attaché par trois
clous.

« Vers le milieu du xviiiᵉ siècle, à force d'être maniée
et portée en procession, les croisillons tombèrent et
furent remplacés par d'autres d'un bois plus dur ; le
christ se détacha aussi. On crut alors bien faire de le
remplacer par un Christ peint, et le reste de la croix fut
couvert d'un badigeon vert foncé ; des armatures de fer
blanc consolidèrent la hampe, ainsi que l'écriteau également en sapin et portant les lettres habituelles INRI.

« Le Christ fut alors attaché avec des fils de fer et
assez maladroitement sur une croix-reliquaire fort belle
du xivᵉ siècle. Dans ces derniers temps seulement, on
s'est aperçu de l'anomalie ; on a de nouveau appliqué le
Christ à la croix primitive, où il cadre parfaitement. »
(R. P. Fages, *loc. cit.*, II ; — appendices de la IIIᵉ partie,
G, p. LX.)

Espagne. « En France », répondit la Bienheureuse (1).

L'heure de la séparation étant venue, les deux Saints, très émus, ne trouvèrent plus aucun mot à se dire. Alors, les religieuses s'agenouillèrent en fondant en larmes et le grand thaumaturge les bénit. Puis, il partit pour Dijon, où, en août, il allait recevoir une ambassade du Concile de Constance (2). Moins de deux ans plus tard, comme le lui avait annoncé la Sainte, il succombait à Vannes (5 avril 1419), tel un soldat sur un champ de bataille.

La même année, le 10 septembre, un meurtre termina la vie aventureuse de Jean sans Peur. Lorsqu'au milieu de l'été 1417, l'ambitieux personnage s'était établi à Montrouge, aux portes de la capitale, il disposait presque de la situation, quoique Paris se fût tourné contre lui. A ce moment, en effet, les ducs d'Orléans et de Bourbon se trouvaient en captivité de l'autre côté du détroit, Louis d'Anjou gisait dans la tombe depuis le 29 avril ; quant à Charles VI, tour à tour Bourguignon ou Armagnac, selon les événements, « peu lui chaloit comme tout

1. Abbé Larceneux, *Vie de sainte Colette.*
2. Embarrassé sur un point de doctrine, le Concile avait envoyé le cardinal de Saint-Ange, deux maîtres en théologie et deux docteurs au Saint pour lui demander son opinion. « Maistre » Vincent résolut sans peine la question. « Et tout le Concile regarda comme un prodige ce qu'il avait déterminé, parce que rien autre ne pouvait y être ajouté. » (*Razzano,* II, 18; *Naples, déposition de Ferdinand, évêque de Telesia.*)

allast (1) ». Seul, en somme, Bernard, comte
d'Armagnac, semblait à Jean un rival redoutable.

« Jamais peut-être la France n'avait été dans
une situation aussi critique qu'à l'époque où le
Dauphin Charles était appelé à devenir, non
seulement l'héritier du trône, mais le vrai roi,
car l'infortuné Charles VI, en proie à des accès
de plus en plus violents et prolongés, ne prenait
aux affaires qu'une part toute nominale. On
pouvait croire, comme le dit un auteur contem-
porain, que la France, déchue de son antique
splendeur, penchait vers son déclin (2). Dans
les villes, dans les moindres villages, les factions rivales se jetaient le nom d'Armagnac et
de Bourgogne, et s'entre-déchiraient avec une
violence inouïe (3). »

En juin 1418, la faction bourguignonne l'avait
emporté dans Paris. Le 12, la populace s'était
livrée à d'abominables massacres dans les pri-
sons et par la ville; et, le 21 août, une nouvelle
émeute avait amené de nouvelles scènes san-
glantes (4). Quand, le 31 juillet 1419, Pontoise
fut enlevée par les Anglais sans coup férir, le

1. *Mémoires* de Pierre de Fenin, p. 90.
2. *Religieux de Saint-Denis*, t. VI, p. 64. — Cf. Lettre
de Pierre de Versailles à Jean Jouvenel, d. *Thesaurus
novus anecdotorum*, t. I, col. 1724.
3. G. du Fresne de Beaucourt, *loc. cit.*, I, pp. 56-57.
4. Entre temps, le 14 juillet, Jean avait fait une apparition dans Paris avec la reine. (Cf. Relation publiée par
le chanoine U. Chevalier dans *Choix de documents histo-
riques inédits sur le Dauphiné*.)

duc de Bourgogne, alors à Saint-Denis, s'était bien gardé de protéger la capitale. Il s'était retiré, par Lagny, sur la Champagne, ce qui provoqua de vives indignations et surexcita les esprits. Une fois à Troyes, il avait rassemblé ses gens de guerre et gagné Montereau. On sait le reste, son impudence devait causer sa mort.

Peu avant ce tragique événement, Colette avait écrit à la duchesse de Bourgogne pour qu'elle conjurât son époux de mettre sa conscience en repos ; et elle ajoutait que si ce prince restait sourd à sa voix, qui était celle de Dieu, il lui arriverait malheur. Mais cet avertissement laissa Jean insensible. Son trépas n'en affecta que plus douloureusement la duchesse (1). Sans l'assistance de notre Sainte, qui courut la rejoindre à Rouvres, elle eût été tout à fait abattue, désespérée par cette peine atroce. Heureusement, la séraphique épouse de Jésus savait trouver les mots qui consolent en évoquant l'immensité de la miséricorde divine et rendent l'énergie morale en courbant sous la volonté sainte. Marguerite se rappela vite l'importance des prières offertes par les âmes mortifiées et résolut de doter la réforme d'un nouveau monastère (2).

1. R. P. Sellier, *Sainte Colette en Bourgogne*, p. 242.
2. Jusqu'à sa mort (28 janvier 1423), la duchesse resta en étroites relations avec Colette. Quand celle-ci ne pouvait aller la voir, elle lui écrivait des « épistres consolatoires » ou lui envoyait des religieuses. Ainsi continuait-elle de la guider dans la spiritualité et de la conseiller.

Mais avant que ce projet reçût sa réalisation, des événements mémorables se passèrent qu'il importe de narrer dès à présent.

Par les lumières surnaturelles, dont Dieu la comblait, comme par les renseignements que lui envoyaient ses filles, Colette connaissait exactement l'état moral et matériel de ses divers couvents. « Elle avoit cognoissance des plus secrètes pensées, elle voïoit tout à clair les entendements des religieuses, ce qui leur servoit comme de médecin dans les pensées extravaguantes, et parce qu'elles sçavoient bien que leur sainte mère les voyoit, même quand elle estoit absente et qu'elle alloit faire ses visites ; elle leur escrivoit bien souvent ce qui s'estoit passé dans leur intérieur, ou quand elle retournoit, elle le leur disoit (1). »

C'est à la suite d'un avertissement intérieur qu'elle quitta Poligny pour aller ranimer l'ardeur de ses religieuses de Besançon, qui, languissant loin de leur chère Abbesse, désiraient fort sa visite. A peine arrivée, elle détermina une conversion dans des circonstances remarquables. Notre Sainte avait accepté comme postulante la fille d'un certain Hennequin (2), riche commerçant bisontin, et celui-ci, qui n'avait donné son autorisation qu'à regret, s'était bien vite abandonné à la douleur dans sa demeure

---

1. *Mémoire de ce que notre béate Mère a faict au couvent de Poligny*, p. 5.

2. Peut-être appartenait-il à la famille Hennequin, de Troyes, dont M. de Mauroy a dressé la généalogie.

vide. Il s'en fut donc demander à la glorieuse Mère de lui rendre son Etiennette, ce qu'elle fit après avoir essayé de l'éclairer sur un acte aussi grave. Hennequin emmena la postulante toute désolée et résolut de la conduire d'abord chez des amis à la campagne, pensant que, loin des Clarisses, et sollicitée sans cesse par les *plaisirs* mondains, les mille frivolités de la vie bourgeoise, elle perdrait peu à peu sa vocation.

Mais la jeune fiancée du Christ avait uni ses prières à celles de sa mère en Dieu, et l'on sait si Jésus écoutait cette dernière. Hennequin et sa fille n'avaient pas encore effectué la moitié de leur trajet que le cheval de l'ex-postulante s'abattit. Peu après, il s'abat à deux reprises; après quoi, les membres de la pauvre bête se raidissent, comme en une attaque de catalepsie, et l'empêchent de faire le moindre mouvement (1). Les yeux du père se dessillent alors. Il comprend que contrarier une vocation religieuse, c'est aller contre la volonté de Dieu. Remué jusqu'au fond de lui-même, notre bourgeois s'ouvre à la contrition, et s'empresse de ramener sa fille à notre réformatrice, dont il implore le pardon.

Depuis, il eut recours fréquemment aux conseils de la Sainte, dont l'heureuse influence l'engagea dans une vie plus chrétienne. Et sa

1. Sœur Perrine dit qu'il « demoura tout secq », et le P. Sylvère le représente « éthique comme un sapin », p. 153.

piété le sauva d'un grand danger. Ayant refusé
de poursuivre sa route un dimanche, durant un
voyage d'affaires, il se tira sain et sauf d'une
attaque de malandrins (1).

Un événement inattendu obligea Colette à
regagner en hâte Poligny. Ayant appris surnaturellement qu'une Clarisse de cette ville venait de mourir, la conscience chargée de péchés
qu'elle avait cachés en confession, la Sainte
partit aussitôt, dans une extrême affliction, mais
avec l'espoir d'obtenir du Dieu d'infinie miséricorde le salut de cette âme malheureuse. Malgré
sa diligence, elle arriva seulement le soir du
quatrième jour après la mort de la religieuse.
Toutefois, le cadavre de celle-ci était encore
exposé dans la chapelle; car, avant de quitter
Besançon, notre Abbesse avait expédié des
ordres à Poligny, par un courrier, afin qu'on
l'attendît pour inhumer la morte.

Le lendemain matin, après des supplications
dont on devine la ferveur, Colette vint s'agenouiller près du cercueil dans le chœur et se
mit de nouveau en prière. Les Mères de Toulongeon et Chevalier, le P. Henri et le confesseur
de la communauté se tenaient à ses côtés. A ce
moment, il n'y avait dans l'église conventuelle

1. Hennequin voyageait avec plusieurs marchands.
Ceux qui ne tinrent pas compte du repos dominical
furent assaillis et dévalisés par les bandits; les autres,
que la même bande attaqua le lendemain, réussirent
à s'enfuir parce que, selon Sœur Perrine (chap. 11), ni les
malfaiteurs, ni les chevaux de ces derniers ne purent se
mouvoir quand le marchand converti les affronta.

que le clergé (régulier et séculier) et les notabi-
lités de la ville. La nef n'étant rien moins que
vaste, les magistrats, de crainte d'accident, en
avaient interdit l'accès à la foule. Celle-ci se
pressait au dehors, immense et impatiente,
contre les cordons de milice disposés autour du
monastère. Car, en apprenant le retard de l'inhumation et le retour de l'Abbesse, les habitants
avaient supposé que quelque chose d'extraordinaire aurait lieu, et chacun voulait voir. L'at-
tente générale ne fut nullement trompée.

Bientôt, en effet, la thaumaturge se redresse,
« elle s'approche du cercueil, prend de sa main
gauche la droite de la défunte, et, le bras droit
étendu, elle lui commande d'une voix forte, au
nom de Jésus-Christ, de se lever. A l'instant
même, la morte se ranime, se lève, sort du cercueil, et, pénétrant dans le sanctuaire, va se
jeter à genoux devant le Saint Sacrement... A
la vue du prodige, les spectateurs poussent des
cris de stupéfaction et d'enthousiasme. La multitude qui était demeurée au dehors, entendant
ces cris, force la garde des portes, et fait irrup-
tion dans l'église ; les clameurs redoublent,
malgré la sainteté du lieu, et pendant un long
moment, on entend, à travers un bruit indes-
criptible, les voûtes de Notre-Dame de Pitié
retentir de vivats prolongés en l'honneur de la
glorieuse Mère Colette...

« Cependant la ressuscitée, toujours à genoux
sur le pavé du sanctuaire, prie en l'arrosant de
ses larmes. La Sainte lui dit à haute voix, de-

vant toute l'assistance, de se présenter à son confesseur et de lui avouer le péché mortel qu'elle lui avait tu avant sa mort. De nouveau le silence absolu se fait. La pénitente va confier sa faute au prêtre qui l'attend au saint tribunal, elle en reçoit le pardon et retourne s'agenouiller devant l'autel, pour accomplir la pénitence qui lui a été imposée ; ainsi le dit la tradition ; puis elle se relève et remercie tout haut et avec effusion la miséricordieuse Mère de l'avoir sauvée par ses prières de l'éternelle perdition (1). »

S'adressant ensuite à l'assistance, dont l'émotion atteint à son paroxysme, la ressuscitée exprime l'horreur de mourir en état de péché mortel. Après quoi, ayant instamment demandé des prières à tous, surtout à ses sœurs, et des messes à tous les prêtres et religieux présents, elle embrasse les pieds de notre Sainte, qui la bénit, retourne dans son cercueil et rentre dans l'éternité (2).

Après le miracle, la thaumaturge s'enferma dans sa cellule et s'y tint pendant trois jours sans prendre aucune nourriture. Elle avoua peu après à ses filles qu'elle s'était ainsi cachée

1. Abbé J.-Th. Bizouard, *Hist. de sainte Colette et des Clarisses en Franche-Comté*, pp. 135-136.
2. A une époque restée inconnue, on chargea un peintre de représenter ce miracle. Le tableau qu'il fit pour le couvent de Poligny, et que le P. Sylvère dit avoir vu (déposition pour le procès de la canonisation), périt dans l'incendie de 1636. (Cf. sur ce miracle *les Bollandistes*, mars, t. I.)

parce qu'elle rougissait de ce que Dieu se servit de la plus chétive créature qui soit sur la terre pour faire ainsi paraître sa puissance et sa bonté. Afin de ne pas être exposée à des hommages trop pénibles pour son humilité, elle quitta ses fonctions d'abbesse et s'astreignit aux emplois les plus grossiers du couvent. Soumise à sa remplaçante comme la dernière des Sœurs, elle lava les assiettes, nettoya les marmites, balaya les salles communes. Et toujours sans interrompre sa vie d'oraisons, elle fit voir à la communauté comment on peut prier en travaillant.

La vierge séraphique obtint ensuite la résurrection du P. Jean Claret, qu'elle tenait en haute estime et qu'elle avait envoyé comme gardien à Lons-le-Saulnier, quand le P. Henri y fit accepter la réforme (1). Le P. Claret « fervent religieux, aussi zélé pour faire régner la discipline dans le monastère que pour travailler au dehors au salut du prochain, ne prenait aucun repos ; il profitait de tous les intervalles

1. L'acte officiel de la réforme de ce couvent ne date que de 1500, « mais il y avait longtemps, déclare l'abbé Bizouard (*loc. cit.*, p. 146), que cette réforme était opérée de fait dans les esprits et les mœurs, grâce aux instructions que sainte Colette avait adressées aux Cordeliers, par le P. Henri de la Baulme, le P. Claret et ses autres représentants. Au moins Fodéré lui-même confesse que ce couvent n'était pas si déréglé que plusieurs autres ». (*Descript. des couv. de la prov. de Saint-Bonaventure*, p. 195.) N'est-ce pas avouer implicitement le fait de sa réforme ? D'ailleurs, longtemps avant 1500, les « riches de Chalon-Orange-Luxembourg », qui désiraient eux-mêmes la réforme, n'auraient certainement point comblé

libres que sa charge lui laissait pour aller évangéliser les bourgades voisines de Lons-le-Saulnier, entre autres Perrigny, Conliège, Mon-
taigu, Messia, Courlans, Montmorot, Sava-
gnat, etc. Ses travaux excessifs, joints à ses
mortifications, finirent par altérer sa santé. Le
P. Henri l'obligea à cesser ses travaux au dehors
et à borner son zèle à sa charge de maître des
novices (1). » Il n'en tomba pas moins malade
deux ans après, et bientôt son état devint très
alarmant. Il dut se recommander aux prières de
la réformatrice qui pria tout particulièrement
la sainte Vierge à son intention. Mais le mal
dont souffrait le vénérable Père continua d'em-
pirer et finit par l'emporter.

Alors la Sainte supplia Notre-Seigneur de
rendre la vie à ce digne serviteur, dont la réforme avait encore énormément besoin. Et
Jésus ne refusa pas cette grâce à son ancelle.
Au jour des funérailles du Père, alors qu'on
psalmodiait l'office funèbre, le défunt se souleva dans son cercueil et en sortit presque aus-

de leurs largesses l'église des Cordeliers, si ceux-ci
n'avaient pas mené une vie conforme à la règle austère
que partout les fervents religieux embrassaient alors,
à la suite des instances de sainte Colette. »
Voir aux Arch. départ. du Jura, les différents brefs
qui préparèrent graduellement la réforme : deux de
Martin V, 1428, 1430 ; un d'Eugène IV, 1446 ; trois
de Sixte IV, 1474, 1479, 1481 ; un d'Innocent VIII, 1492. —
Le P. Dunand, capucin, dit que les Cordeliers de Dôle,
Lons-le-Saulnier, Sellières, etc., furent réformés par
sainte Colette et que la province de Saint-Bonaventure
suivit leur règle. (*Œuvres man.*, XXXI.)
1. R. P. Sellier, p. 242.

sitôt après avoir rassuré ses frères. Après sa mort, il lui avait semblé, leur dit-il, « qu'il fust mené au jugement de Dieu, pour avoir grâce et miséricorde; puis fust envoyé devant la glorieuse Vierge Marie, après, devant les apôtres, et puis devant les martyrs, devant les confesseurs et les vierges, qui tous uniformément le jugèrent estre rendu et redonné à nostre glorieuse Mère, par l'intercession et supplication de laquelle l'âme fut remise au corps; sy fust résuscité; assez tost après fut nettement et entièrement guari (1). »

Le P. Claret s'empressa d'aller remercier la Sainte à Poligny, et il se remit à prêcher comme naguère. Il passa plusieurs années encore ici-bas.

La duchesse de Bourgogne avait proposé d'édifier le nouveau couvent à Seurre, assez près de son château de Rouvres. Avant d'accepter pleinement cette fondation, Colette avait voulu réfléchir; les libéralités inattendues de quelques bonnes âmes lui prouvèrent que Dieu voulait bien dans cette petite ville pieuse et modeste le monastère projeté. Deux riches Seurrois, Jacques Charton et son épouse, n'ayant pas d'enfants, entendaient consacrer leur fortune en partie aux œuvres de piété (2). Ils donnèrent à

1. Sœur Perrine, p. 102. (Cf. sur ce miracle, le *Procès de béatification de la Sainte*. Pierre de Vaux, ch. xx. — P. Dunand, capucin, *Œuvres manusc.*, xxxi.)

2. Jacques Charton était appelé par ses concitoyens Jacquot du Bourg, à cause de la rue où il habitait. Sa femme, Jacquette, était née de Sabignon. (Arch. municip. de Seurre.)

la réformatrice une maison qu'ils possédaient dans la rue de Chamblanc (1) ; et, peu après (23 juillet 1421), d'autres bourgeois, également « meûs de dévotion », Guillaume des Estours et sa femme Renée, offrirent pour le futur couvent une maison contiguë à la première. Puis, comme une troisième habitation, située dans le voisinage, était nécessaire à l'œuvre, Jacques l'acquit pour dix livres d'or et la remit à Colette.

Guillaume de Vienne, dont dépendaient les immeubles, fut heureux d'accorder l'amortissement ; et la duchesse Marguerite acheva de faciliter l'entreprise en cédant à Jacques l'une des bulles que Martin V lui avait octroyées antérieurement pour fonder où bon lui semblerait, dans le duché ou le comté de Bourgogne, quatre maisons de l'Ordre franciscain.

Le voyage qu'entreprit la glorieuse Mère pour assister à la bénédiction de la première pierre du couvent de Seurre fut marqué par un miracle. Quand elle quitta Poligny avec le P. Henri et sept religieuses, les chemins étaient dans un état déplorable à la suite des pluies et des inondations. Le Doubs, qu'il fallait traverser, était débordé. Aussi conseillait-on à notre Sainte d'attendre au château de Neublans, où elle passa la nuit, en prières, un moment plus favorable pour se mettre en route. Mais ce fut en vain. Malgré l'impossibilité de franchir la rivière, elle donna l'ordre du départ, car elle se savait atten-

---

1. L'acte de donation fut passé le 2 juillet 1421.

due par l'archevêque de Besançon, la duchesse
de Bourgogne et les fondateurs. Sa petite
troupe fut bien vite au bord des eaux, mais personne, sauf peut-être le P. Henri, ne les aperçut (1). Alors Colette dessina sur son front le
signe de la croix, pria son Père spirituel de
l'imiter, et, tout simplement, elle s'avança sur
l'onde. Ses compagnons de route la suivirent
sans avoir conscience qu'ils foulaient de leurs
pieds des flots tumultueux ; ils ne s'en rendirent
compte qu'une fois sur l'autre rive (2). A ces
âmes trop impressionnables, Dieu avait épargné les craintes de ce passage.

Les habitants du village voisin, le Petit noir,
avaient vu cette traversée miraculeuse ; très
frappés, ils accueillirent la thaumaturge avec
de grandes marques de respect et l'accompagnèrent assez loin. Le prodige, selon Pierre

1. Nos voyageurs furent d'autant mieux illusionnés
que, pendant le parcours qu'ils venaient de faire sur une
pente rapide, le Doubs leur avait été dissimulé par de
très nombreux chênes. (Abbé Larceneux, *loc. cit.*, *Mém.
de Sainte-Claire de Seurre.*)

2. Il y avait, avec les religieuses et le P. Henri, un
officier de la duchesse de Bourgogne, que celle-ci avait
envoyé de Seurre à la Sainte pour lui recommander de
passer par Neublans, afin d'y demander au seigneur
Rollin, qui l'habitait, quelques chênes de ses forêts, fort
utiles au couvent en construction. Et cet officier, au
moment de quitter le château, s'était montré peu soucieux de tenter la traversée du Doubs ; il avait dit à
haute voix au P. Henri qu'il reviendrait sur ses pas dans
le cas où il y aurait témérité à aller en avant. Son témoignage a été conservé par le manuscrit de l'abbé Larceneux.

de Vaux, aurait eu d'autres témoins : des voyageurs qui suivaient la même route que notre Sainte. Mais ceux-ci, très incrédules, crurent sans doute que les religieuses avaient trouvé un gué, en dépit de la crue, ou quelque chaîne de rocs, et qu'ils passeraient bien comme elles ; ils furent noyés.

La réformatrice fut reçue à Seurre comme elle l'avait été dans les autres cités bourguignonnes, avec la plus touchante vénération. Le 24 octobre 1422, Thibault de Rougemont bénit les trois maisons et la première pierre des nouveaux bâtiments que plaça la duchesse elle-même. Quant à l'église, grâce aux libéralités de Marguerite et de Jacques Charton (1), elle fut achevée en 1423. On la consacra sous les vocables de saint François, de sainte Claire, de sainte Anne et de la sainte Vierge. « Ceste église, dit le P. Fodéré, se fist au mesme estable où Jacquot du Bourg tenoit son troupeau ; le grand autel fut érigé au mesme endroit où se trouvoit la cresche des brebis, ce que la bonne Mère Colette prit pour une mystérieuse signification. Elle voulut que le scel du monastère portât l'impression de la Nativité de Notre-Seigneur, qui naquit et fut mis reposer dans une cresche (2). »

1. Stimulé par les largesses de Marguerite, Jacques Charton donna « dix mille livres monoye courante » pour la construction de l'église. (*Histoire manuscrite de Seurre*, p. 35.)

2. Fodéré, *Sainte-Claire de Seurre*, p. 59.

Fécondée par les bénédictions célestes, l'œuvre de la réforme ne cessait de s'étendre. Dieu suscitait des donateurs à mesure que se multipliaient les vocations ; les monastères s'ajoutant aux monastères allaient couvrir peu à peu les États de Bourgogne d'un réseau de fortifications spirituelles et envahir les provinces voisines.

Lorsque son mari eut été fait prisonnier à Azincourt, la duchesse de Bourbon, mettant tout son espoir dans le Père des miséricordes, résolut d'augmenter ses bonnes œuvres. Elle savait toute la valeur des prières émanées des couvents où se pratique l'absolu renoncement, et la renommée lui disait depuis longtemps l'heureuse influence des Colettines ; elle pensa donc à demander une communauté pour ses États. Mais tout semblait conspirer contre la réalisation de ce projet. En effet, les Bourbons n'étaient pas seulement des adversaires politiques de cette cour de Bourgogne à laquelle Colette devait tant ; ils se trouvaient encore divisés par des querelles d'ordre intime. Jean sans Peur, en s'emparant naguère par surprise de la duchesse de Bourbon et de son fils, avait rendu impossible le mariage projeté entre ce jeune homme et Agnès de Bourgogne. De là, une inimitié qu'avait attisée l'accueil fait par le Dauphin à l'héritier des Bourbons quand celui-ci s'était réfugié auprès de lui après le meurtre de Jean sans Peur.

Heureusement notre réformatrice apprit le

désir de la duchesse. L'œuvre de paix à réaliser
par une fondation en pays bourbonnais ne
pouvait laisser insensible l'ancelle du Dieu de
bonté. Cependant, toujours prudente, elle ne
voulut pas tenter une entreprise aussi délicate
sans être certaine de ne contrarier en rien sa
haute protectrice. Elle pria l'un des gentils-
hommes mêmes de la duchesse, Philippe de
Vaudrai, de se rendre à Rouvres et de faire
appel à la magnanimité de Marguerite pour
qu'elle sacrifiât au bien des âmes et à la gloire
du Seigneur de cruelles douleurs et de justes
ressentiments. La duchesse avait de trop nobles sentiments pour ne pas s'incliner, elle approuva hautement les projets de la sainte Abbesse et l'engagea fort à partir dans le plus bref
délai pour le Bourbonnais. Ainsi donna-t-elle
au monde un bel exemple de sagesse et de détachement. Les saints n'ont pas à prendre parti
dans les querelles des princes et des peuples.
Leur rôle est tout conciliateur, tout pacificateur.
Ils seraient les arbitres idéaux pour apaiser les
conflits entre nations, si la religion était honorée
et pratiquée partout comme elle devrait l'être.

Très sensible à la nouvelle marque de bienveillance que lui témoignait sa princière bienfaitrice, Colette s'en fut la remercier; et c'est
seulement après avoir accompli ce devoir
qu'elle se rendit auprès de la duchesse de Bourbon. Cette dernière l'attendait à Moulins; c'était
une belle âme, aussi entra-t-elle tout de suite
en communion avec la Sainte. Elles eurent bien

vite arrêté les dispositions relatives au futur monastère. Cependant la fondation rencontra des obstacles. Peu après que l'évêque d'Autun eut, en qualité de commissaire délégué, posé la première pierre du couvent (18 novembre 1421), les travaux furent interrompus. Des droits seigneuriaux grevaient les maisons acquises pour le monastère, et leurs possesseurs avaient fait opposition (1). Il fallut que le duc de Bourbon cédât à ces gens intéressés des droits semblables sur quelques biens de son domaine pour que l'on pût continuer l'entreprise. L'année suivante, notre réformatrice constitua la nouvelle communauté, et, pour la diriger, elle retira de Seurre, où elle l'avait laissée comme abbesse, la Mère Marie Sénéchal, son excellent lieutenant.

C'est sans doute vers la même époque que Colette prit possession d'une nouvelle ruche à Decize, dans le Nivernais. Cette fondation avait été faite par la comtesse de Nevers, Bonne d'Artois, qui pleurait son mari, l'un des frères de Jean sans Peur, frappé mortellement à Azincourt. La bulle nécessaire avait été obtenue en 1419, mais on ne sait en quelle année au juste le monastère fut achevé et la communauté organisée.

1. C'est probablement à ce sujet qu'un prêtre séculier du nom d'Eustache se rendit à Besançon pour prévenir Colette qui était retournée dans cette ville. Atteint à la jambe, pendant son voyage, d'un mal que les médecins déclarèrent incurable, il se fit transporter auprès de la Sainte qui le guérit. Il devint dans la suite Franciscain de la réforme.

CHAPITRE IX

En 1423, la duchesse de Bourbon, qui comprenait de plus en plus la nécessité de faire implorer la clémence divine par des âmes vivant dans l'austérité et les vertus éminentes, décida d'offrir un asile aux Colettines à Aigueperse,

dans la basse Auvergne, près de son château
de Montpensier. Comme la plupart des œuvres
de la réforme — des œuvres saintes, pourrait-
on dire — cette fondation rencontra des obstacles, malgré l'autorité de la fondatrice. Ils
furent suscités, sous la forme d'un procès, dès
que le fils aîné de la duchesse, qui surveillait
les travaux, eût été rappelé à la cour, où il
commençait de jouer un rôle politique. Les
chanoines d'une collégiale située près du futur
monastère et le curé de la paroisse déclarèrent
que l'église conventuelle leur causerait un
préjudice fâcheux ; et, dans leur aberration, ces
égarés s'oublièrent jusqu'à renverser pendant
la nuit les murs que l'on venait d'élever. Mais
cet excès leur valut une forte amende, que l'on
employa entièrement à la construction du
couvent.

. La duchesse, qui entendait prendre à sa
charge toutes les dépenses, en fut empêchée
par les suites dudit procès et par la pieuse
insistance d'un bourgeois du pays, Pierre
Loiac. Celui-ci tenait beaucoup, en effet, à
contribuer pour une somme importante à cette
fondation. La première pierre avait été posée le
4 novembre 1423, la chapelle fut dédiée le
26 juin 1425. En arrivant à Aigueperse, Colette
fit une guérison, celle du bailli, lequel, malgré
sa fièvre quarte, était venu la recevoir avec le
corps de ville. Et, peu après, ses prières
obtinrent le repentir de deux bandits, l'homme
et la femme, que l'on venait de condamner à

mort et qui refusaient cyniquement tout secours de la religion (1).

Pendant le séjour de notre Abbesse à Aigueperse, la fille aînée de Jacques II de Bourbon, comte de la Marche, ex-roi de Naples (2), la princesse Isabeau, vint visiter la duchesse sa cousine au château de Montpensier. Le désir de voir la sainte réformatrice était, en réalité, le but de ce voyage ; aussi se la fit-elle présenter le plus tôt possible. Excellente chrétienne, Isabeau, dès la première entrevue, découvrit la beauté spirituelle de l'ancelle du Seigneur ; elle comprit, en l'écoutant, la splendeur des vertus religieuses et de la vie d'évangélique pauvreté. Au rayonnement de ce cœur séraphique, son cœur s'embrasa pour Jésus et la noble damoiselle sentit s'éveiller en elle la vocation de Clarisse. Bientôt, certaine de ne pas s'illusionner, elle sollicita, appuyée par la duchesse de Bourbon, le consentement de son père, et celui-ci le donna tout de suite. Bien plus, profondément touché par l'entrée de sa fille dans la milice des Colettines, il manifesta des velléités de conversion. Notre Sainte chargea le P. Henri d'aller travailler à la guérison de cette âme, et le

1. Un pieux ermite qui les accompagnait au gibet, voyant l'inutilité de ses efforts, avait demandé que l'on retardât l'exécution de ces pauvres êtres, et il s'était empressé d'aller les recommander à Colette. Celle-ci finissait à peine un *Miserere* dit à leur intention, qu'ils demandaient à se confesser.

2. C'était le cousin au troisième degré de Jean Ier de Bourbon.

vénérable religieux eut le bonheur de réussir (1).

Sur ces entrefaites, Claudine de Roussillon, vicomtesse de Polignac, vint à Aigueperse et, se recommandant de la duchesse de Bourbon, supplia Colette de l'accompagner dans ses États et d'y établir un monastère. La glorieuse Mère se disposait à gagner la Savoie, où l'appelait le duc de cette province dans un but identique, mais pouvait-elle négliger l'occasion que lui envoyait la Providence de fonder une ruche de plus ? Mandant alors à Aigueperse sa chère Sœur Marie Sénéchal, elle lui confia le soin de diriger la communauté qu'elle y laissait et partit pour le Puy, avec Sœur Perrine, Sœur Marie Chevalier et la jeune Isabeau de Bourbon.

La vicomtesse mit sa demeure de Polignac à la disposition de notre réformatrice. Mais on sait que celle-ci n'aimait pas qu'un couvent de Clarisses fût installé dans un château. On choisit donc un emplacement dans la ville même du Puy, au quartier du Poserot, et la vicomtesse l'acheta. La bulle d'érection fut

1. Jacques de Bourbon était veuf de Béatrix de Navarre, dont il avait eu trois filles, quand il épousa Jeanne II, reine de Naples, veuve de Guillaume d'Autriche. Cette princesse qui, jusqu'alors, avait vécu dans les désordres, ne s'amenda nullement après ce mariage. Bientôt l'infortuné Jacques, qui ne l'avait épousée que pour être roi, dut la faire enfermer. Mais elle s'évada et s'empressa de jeter son époux dans une prison, d'où il ne sortit qu'en 1419, grâce au pape Martin V. Ses espérances étant ruinées, il retourna dans ses États patrimoniaux, à Castres, où se trouvaient ses enfants, et demanda l'oubli aux plaisirs.

signée le 8 septembre 1425 et les travaux allaient
être rapidement conduits, lorsque le prévôt de
la cathédrale, Jean de Saint-Séverin, et les
agents du fisc royal firent opposition. De bas
motifs d'intérêt matériel les poussaient tous à
demander des droits de seigneurerie sur le
terrain du futur couvent. Le prévôt désirait
avantager le chapitre de la cathédrale, les autres
ne pensaient qu'à augmenter leurs recettes. Des
procédures s'engagèrent qui devaient retarder
de sept ans l'achèvement de l'entreprise. Dans
ces conditions, il était inutile que Colette restât
au Puy ; après y avoir longuement imploré la
sainte Vierge dans son sanctuaire de la cathédrale, elle se rendit en Savoie.

Le duc désirait fort un monastère de la
réforme à Chambéry, mais il dut renoncer à
son projet devant l'attitude des Urbanistes et
des Conventuels. Ces fervents de la Règle
mitigée eussent soulevé un conflit. En attendant des jours plus favorables, que la Sainte
prédit (1) et qui arrivèrent en effet l'an 1454,
Amédée de Savoie installa les Colettines à
Vevey. En gagnant cette ville, notre séraphique
voyante fit une autre prédiction. Comme elle
traversait Genève avec ses filles, Sœur Isabeau
de Bourbon, très impressionnée par le caractère
des sites de cette région, remarqua qu'un
monastère y serait heureusement placé. La

1. « Voilà, dit-elle au duc de Savoie, en lui désignant
Sœur Marie Chevalier, voilà la future abbesse du monastère de Chambéry. »

réformatrice dit aussitôt qu'il y en aurait un, mais que les religieuses en seraient chassées par l'hérésie. Elle devait renouveler cette prédiction un peu plus tard à Orbe, en ajoutant que la maison qu'elle venait de fonder dans ce dernier lieu serait également détruite au siècle suivant, et que sa communauté, entièrement dispersée, ne pourrait même pas, comme celles de Vevey et de Genève, se reformer ailleurs. Les événements ne justifièrent que trop cette voyance, lorsque la rage des huguenots se fut déchaînée.

Le voyage de Colette à Vevey ne s'acheva pas sans qu'elle obtînt une guérison. Les Dominicaines d'un couvent situé sur les rives du lac de Genève, ayant appris l'arrivée des filles de saint François dans leurs parages, se portèrent à leur rencontre et donnèrent à notre Sainte le baiser de charité fraternelle. Mais la vierge séraphique remarquant qu'une religieuse restait à l'écart, pensa que c'était par timidité et s'avança vers elle. Alors celle-ci, une lépreuse, n'hésita plus à l'embrasser, et cette accolade la guérit. A la vue de ce miracle, les filles de saint Dominique prièrent la thaumaturge — qui se rendit aussitôt à leurs désirs — de rester quelques jours dans leur communauté et de la réformer.

A peine arrivée à Vevey, autre miracle. Avertie par révélation qu'une tempête mettait en danger l'architecte et les ouvriers qui apportaient, dans une barque, des matériaux destinés aux constructions du couvent, elle chargea le P. Henri d'aller faire sur ces malheureux le signe de la croix. A ce signe, effectué avec un profond esprit de foi et d'obéissance, le vent s'apaisa et le bateau put atterrir.

La présence de Colette à Vevey détermina force vocations, entre autres celles des deux filles et d'une nièce du baron Claude de la Sarraz, qui, désespérant de recevoir le consentement paternel, prirent le parti de s'enfuir. Par bonheur, pendant qu'elles priaient dans la chapelle de Sainte-Marguerite, près de la ville, notre Sainte réussissait à toucher le baron, qui s'était rendu tout de suite auprès d'elle, et obtenait de lui qu'il n'empêchât point ces jeunes âmes d'obéir à l'appel divin (1).

Le couvent de Vevey fut achevé grâce à la générosité de Guillemette de Gruyère, duchesse de Valentinois, veuve depuis 1419 de Louis de Poitiers, et qui, tout à fait revenue des vanités mondaines, aspirait à finir ses jours dans la voie parfaite, au sein de la famille colettine (2). Cependant, quoique cette noble postulante fût réellement vertueuse, la réformatrice ne l'admit qu'après un temps d'épreuve assez long, car elle avait, au début de son œuvre, formé le projet de ne donner l'habit qu'à des vierges.

1. L'une des jeunes filles devint, dans la suite, abbesse du couvent de Besançon.

2. Cette duchesse, dit le R. P. Sylvère, « jugea qu'il luy valoit mieux espouser Jésus-Christ qu'un homme mortel en secondes noces, et, résolue de porter la croix, elle se présenta plusieurs fois à la générale Colette ».

Une fois religieuse, Guillemette, nous apprend Sœur Perrine, « pourfita moult grandement, en toutte perfection ». Mais il ne lui restait plus que quelques années à vivre. Son âme alla directement au ciel, le P. Henri le sut par révélation (1).

Par son rayonnement, ses prières, son éloquence pénétrante parce qu'inspirée, Colette ne cessait de gagner des cœurs au divin Maître. On a vu plus haut comment elle fit surgir en Isabeau de Bourbon le désir d'embrasser la vie religieuse ; son action sur la famille de cette princesse ne fut pas moins admirable.

1. « Je témoigne, rapporte Sœur Perrine (pp. 56-57), que la comtesse de Valentinois fust receupte en la religion par nostre glorieuse Mère, à Besançon, en grande ferveur et dévotion ; elle s'esprouva moult longuement devant qu'elle entrast ; mais quand nostre glorieuse Mère lui eust accordé sa réception, soubitement, par la procuration de l'anemy, ses chevaulx furent tant malades qu'ils ne povoient mouvoir les piés ; et quand elle veit cet empeschement, elle fust fort désolée. Adoncques, elle recommanda son faict à nostre glorieuse Mère qu'elle priast Nostre-Seigneur pour luy. Et incontinent qu'elle veut partir, les chevaux étoient en ossi bonne santé que jamais avoient esté, et joieusement entreprit son passage et vint au couvent de Besançon, là où estoit nostre glorieuse Mère, et la reçut en sa religion en laquelle la comtesse pourfita moult grandement, en toutte perfection, tant en povreté comme en austérité ; car elle mangeoit bien souvent le pain musy par grand dévotion. Et ossy pourement de vesture et de affubure, la plus povre des autres ; elle ne vesquit point longuement. J'estoie une fois au couvent que mon bon frère P. Henry parloit à nous après le trépas de la dicte comtesse ; sy la louait moult, qui disoit que aulcune personne prioit pour elle ; mais Nostre-Seigneur avoit révélé qu'elle estoit haultement exaulciée en paradis. »

Impatient de retrouver sa fille religieuse et
de voir enfin la vénérable Abbesse dont on proclamait partout les vertus et les merveilleux
pouvoirs, Jacques de Bourbon était venu à
Vevey avec tous les siens. En constatant que la
jeune Clarisse goûtait un réel bonheur dans sa
pauvreté volontaire, le prince désabusé ressentit
une de ces émotions dont l'influence est décisive,
et il rentra d'autant mieux en lui-même que sa
première entrevue avec Colette le pénétra de
dégoût pour sa vie licencieuse (1).

Comprenant que la grâce opérait en cette
âme, notre réformatrice laissa Jacques pendant
quelques jours à ses réflexions, puis elle lui dit
de ces paroles dont elle avait le secret et qui
enflammaient les hésitants. Le résultat ne se fit
pas attendre. *Le cœur du roi est entre les mains.
du Seigneur* (2). Le prince se réconcilia avec
Dieu et proclama sa volonté très ferme de
renoncer au monde (3). Une telle décision remua

1. La vue de la Sainte avait suffi déjà pour l'impres-
sionner. « Elle se tourna devers luy, et tant luy montra
les variances du monde et les tours et retours de fortune
ensemble et la brièveté de ceste mortelle vie, qu'il prist
confort en son adversité, advis sur les dangers à venir,
et résolut d'attendre la mort assurée au chemin et en la
voye de religieux pénitent... » (*Mémoires* d'Olivier de la
Marche, mis en lumière par Denis Sauvage de Fontenaille. Lyon, 1561.)

2. *Sicut divisiones aquarum, ita cor regis in manu Do-
mini; quocumque voluerit inclinabit illud.*
(Prov., XXI, 1.)

3. Il fut encouragé dans cette résolution par le général
de l'Ordre franciscain, Guillaume de Casal. « Continuez,
lui écrivit celui-ci, de marcher avec fermeté dans la voie

les sentiments généreux de ses enfants et accrut leur amour pour Jésus. Sa troisième fille, Marie, entra chez les Clarisses, et la seconde, Eléonore, en eût fait autant si elle n'avait été mariée (1). Quant à Jacques, il devint tertiaire de Saint-François, malgré les critiques des mondains ; et Claude d'Aix, son fils naturel, ne tarda guère à le suivre dans cette voie. Ils devaient ne pas s'en tenir là. En 1435, le père et le fils vinrent à Besançon, et, admis comme postulants dans le monastère colettin de cette ville, ils y reçurent la vêture le 25 septembre (2).

Les fondations dont nous venons de parler avaient empêché la glorieuse Mère de s'occuper activement de ses maisons de Franche-Comté, elle alla les visiter dès que sa présence ne fut plus indispensable à Vevey (3). Pour diriger la communauté de cette ville, elle enleva au couvent de Poligny une excellente religieuse, Claire Labeur, de Sellières, qui, par humilité,

où vous entrez. Je ne doute point qu'il en sera ainsi, si vous vous en rapportez aux conseils et saintes persuasions de la très religieuse Mère sœur Colette. » (Arch. de Besançon, lettre ms. de Guillaume de Casal, Bàle, 22 novembre.) On voit aussi, par cette lettre, en quelle estime le Général de la famille séraphique tenait notre Sainte.

1. Elle était l'épouse de Bernard d'Armagnac, le fils du fameux connétable. Ce prince se dévoua si bien pour l'œuvre de sainte Colette qu'il mérita le titre de *Protecteur de la réforme.*

2. Jacques mourut le 23 janvier 1438. Claude le suivit dans la tombe le 10 novembre 1439. Il avait prononcé ses vœux trois mois auparavant.

3. Avant de quitter Vevey, Colette ayant appris la

aurait bien voulu que sa Mère lui préférât une autre Sœur (1). Mais ce fut vainement qu'elle invoqua l'atroce migraine dont elle souffrait depuis vingt ans, notre thaumaturge la guérit d'un signe de croix. Claire devait trouver, d'ailleurs, deux auxiliaires précieux en les personnes de Marie Chevalier et de cette Jacquette Legrand, qui, jadis à Corbie, avait entouré la Sainte des soins les plus dévoués ; l'une et l'autre réalisaient bellement l'idéal colettin.

Jeanne de Montbéliard, épouse de Louis de Chalon. prince d'Orange, profita du passage de Colette en Franche-Comté, pour faire édifier, dans sa ville d'Orbe, un monastère qu'elle désirait depuis plusieurs années. La vierge séraphique se rendit à Nozeroy, dans les montagnes du Jura, où résidait la fondatrice, et leurs dispositions furent bien vite arrêtées. Peu après l'arrivée de la bulle, signée par Martin V, le 17 novembre 1426 (2), les travaux commencèrent. Le couvent fut établi sur une importante partie du terrain renfermé entre la rue du Vieux-

mort prochaine d'une bourgeoise de Poligny, Jeanne Vannot, se hâta de l'en avertir et de lui recommander de se préparer à la mort. L'intéressée se croyait « en bonne convalescence » ; néanmoins, elle mit à profit l'avertissement de la Sainte et fit sagement. Peu après elle trépassait. (Sœur Perrine, p. 79.)

1. Le frère et la nièce de Claire Labeur entrèrent dans la famille franciscaine ; le premier devint Tertiaire, la seconde Colettine.

2. Cette bulle, dont on peut voir une copie aux archives de Lausanne, se trouve au monastère d'Évian.

Collège ou du *Grand-Pont,* à l'est, et la rue du
Vieux-Bourg ou du Nouveau-Collège, à l'ouest.
On avait posé la première pierre le 15 janvier 1427; au printemps de l'année suivante,
tout était terminé.

Ce monastère reçut très tôt quelques postulantes de marque, dont les deux filles de la fondatrice, d'abord Philippine, puis la sœur de
celle-ci, quand elle eut perdu son mari, et
Louise de Savoie, fille d'Amédée VIII et de
Yolande de France, veuve de Hugues de Chalon.
La première abbesse fut Mahault de la Baulme,
la sœur de Perrine; comme Claire Labeur, elle
essaya de se soustraire à la charge que lui
donnait notre Abbesse, mais « incontinent, elle
eust en ses mains et l'un de ses piés une moult
grande maladie, et n'y pouvoit-on trouver
médecine qui la peust guarir ». Alors Colette
lui manda « qu'elle receupt volontiers son
office », et Mahault, ayant obéi, « fut entièrement sanée, ne oncques depuis mal n'y eust (1) ».

Peu après son départ d'Orbe, notre Sainte,
par ses prières, délivra du mal caduc le fils
d'une dame de cette ville, qui, toute confiante
dans les vertus de la thaumaturge, le lui avait
fait recommander par des Franciscains de passage (2). Et c'est probablement vers la même

1. Pierre de Vaux, ch. xx, p. 208.
2. Pierre de Vaux, p. 199. — C'est aussi après le départ
de la Sainte qu'une religieuse d'Orbe, très malade à la
suite d'un travail, obtint une guérison inespérée en se
recommandant à sa sainte Mère. (Pierre de Vaux, p. 209.)

époque qu'elle guérit, par un signe de la croix, le P. Pierre Psalmon, Franciscain renommé, « docteur en théologie, solennel clercq, maistre de Paris », dont elle venait d'apprendre l'état désespéré (1). Bientôt après, ce religieux rejoignit la Sainte et, dans sa reconnaissance, se mit entièrement à sa disposition. Elle accepta ses services, parce que, sachant que son âme courait de grands dangers, elle voulait en assurer le salut; sans plus attendre, elle lui signala ses fautes et l'incita, on devine avec quelle exquisité, à une sincère confession. Psalmon obéit, mais, pour une raison qu'on ignore, il ne déclara pas tous ses péchés. Colette dut le renvoyer deux fois encore au tribunal de pénitence, en lui indiquant ce qu'il avait omis d'avouer. Depuis, il ne cessa de répéter qu'il devait tout à notre réformatrice, la vie éternelle comme la vie présente. Et, pendant un voyage, il fut sauvé de nouveau par sa vénérée bienfaitrice; son intervention le tira d'une rivière où il allait se noyer (2).

Jacques de Bourbon et son gendre, Bernard d'Armagnac, souhaitaient ardemment que la

1. On ignore la date précise de cet événement et l'endroit exact où agonisait le P. Psalmon. On sait seulement que la Sainte apprit son triste état, par révélation, au cours d'un voyage. Sœur Marie de Pois l'accompagnait.

2. « Pour évader le péril de mort », dit Pierre de Vaux (p. 190), il invoqua l'humble ancelle et, par la grâce de Dieu, cavalier et cheval « saulvement parvinrent à rive ». (Cf. Sœur Perrine, pp. 73-74.)

réforme fût introduite dans le Languedoc. Colette profita de circonstances restées inconnues pour se transporter, en 1428, dans cette province. A Castres, l'évêque de ce diocèse, Raymond d'Avilhun, ayant recommandé son prochain voyage à Rome aux prières de la vierge séraphique, celle-ci, qui le savait mû par le désir de briguer le cardinalat, lui répondit de penser plutôt au voyage de l'éternité qu'il ne tarderait pas à faire. L'évêque était déjà trop envahi par l'ambition pour se préoccuper de ces paroles; il donna donc suite à ses projets et eut la joie de réussir. Mais, peu après, il rendit le dernier soupir à Rome même.

Les renseignements manquent sur les fondations de notre réformatrice dans le Midi, aucun mémoire de ses monastères n'ayant échappé à la fureur des hérétiques. On ne peut que supposer qu'elle surveilla l'établissement d'un couvent à Lézignan (1) et qu'elle étudia le projet d'en édifier un autre à Castres. Par contre, on sait que, pendant ce premier séjour sur la terre languedocienne, l'infatigable ancelle du Seigneur visita les Urbanistes de Béziers, et qu'après les avoir enthousiasmées par son verbe d'apôtre, elle confia le soin de leur régénérescence spirituelle à quelques-unes de ses

1. Les travaux durèrent assez longtemps, l'église ne fut consacrée qu'en 1431. Ce fut Jacques de Bourbon qui fit cette fondation. Sa petite-fille, Bonne d'Armagnac, dont on attribuait la naissance aux prières de notre Sainte, devint religieuse dans ce même couvent. (*Hist. anon.*, édit. par De Montis, p. 129.)

filles. Elle s'efforçait plus que jamais d'insuffler aux âmes l'amour du renoncement complet. Dieu lui avait révélé la mort prochaine de Martin V et les discordes qui s'en suivraient (1); il importait donc d'augmenter le nombre des immolées volontaires, des hosties de réparation.

C'est sans doute vers la fin de 1428 que la vénérable Abbesse reprit le chemin de la Bourgogne; et l'on peut croire que, l'année suivante, elle s'arrêta au Puy pour gagner l'indulgence attachée au jubilé extraordinaire (2). Mais, ici encore, il faut se borner à des conjectures.

Ses monastères ne cessant d'essaimer, il fallait bien que Colette multipliât ses voyages; elle seule, en effet, pouvait entretenir dans toutes ces ruches l'esprit et la spiritualité sans lesquels son œuvre eût périclité. Bientôt elle dut mener une vie de missionnaire. A peine avait-elle formé une communauté nouvelle que des visites à d'anciennes maisons l'appelaient ailleurs. De tels déplacements étaient, presque toujours, fort pénibles à cause de l'état des

1. Martin V mourut le 20 février 1431 et le Concile de Bâle, qui allait devenir schismatique, fut ouvert le 2 mars suivant, le jour même où Eugène IV était élu à Rome.

2. La cathédrale du Puy jouit du privilège d'un jubilé extraordinaire quand la fête de l'Annonciation — sa fête patronale — tombe le Vendredi Saint. Coïncidence au moins curieuse, la mère de Jeanne d'Arc vint à ce jubilé de 1429 implorer pour son héroïque fille les secours du Très-Haut.

routes (1) et très périlleux à cause de l'insécurité des campagnes.

La Sainte ne partait jamais sans avoir entendu au moins une messe, de préférence celle de l'Épiphanie, et, quand elle courait un danger en chemin, quand seulement elle en pressentait un, elle invoquait les saints en récitant leurs litanies. C'est ce qu'elle venait de faire, un jour, au milieu d'une forêt, lorsqu'à l'entrée d'une gorge surgirent des sacripants. Bientôt paraît leur maître, un seigneur vivant de pillage, qui, ayant appris que des religieuses devaient passer près de son repaire, avait conçu le projet de les rançonner et d'abuser d'elles. Mais ses menaces restent vaines; à la voix de notre thaumaturge, les chevaux de ces bandits refusent de bouger, et, à la faveur de l'émoi qui en résulte, elle réussit à s'enfuir avec toutes ses filles.

Ailleurs, ce sont les brigands eux-mêmes qui, saisis de crainte en entendant les litanies des saints, prirent la fuite comme des poltrons. Mais, une autre fois, les choses tournèrent au tragique. Les voyageurs avec lesquels Colette cheminait ayant été menacés de mort par quelques-uns des larrons qui venaient de les dévaliser, la Sainte s'interposa, « quoiqu'elle fut

1. Il y avait des routes impraticables aux voitures, et d'autres, quoique moins abîmées, laissaient fort à désirer. Toutes les fois que c'était possible, la Sainte voyageait dans un chariot rustique recouvert de toile commune. On en conserva un pendant longtemps à Poligny.

paoureuse et moult craintive », selon l'expression de Pierre de Vaux. Elle se déclara prête à faire le sacrifice de sa vie et de celles de ses filles pour sauver ses compagnons de voyage. Alors touchés par la sainteté de cette innocente victime, les malandrins éprouvèrent du remords et, pour honorer la vierge du Seigneur, ils restituèrent leur butin. Capturés peu après, ils affirmèrent que c'était là un juste châtiment de leur agression contre notre sainte Abbesse.

Les difficultés des pérégrinations n'empêchaient point Colette de se plonger dans l'oraison et il lui arriva, maintes fois, d'avoir des extases. Autant que possible, elle vivait comme au couvent; dès son arrivée à l'endroit fixé pour passer la nuit, elle se mettait en prières, et, quand elle consentait à prendre quelque repos, ce n'était pas pour longtemps.

Continuant ainsi de se mortifier malgré ses souffrances, l'héroïque ascète était si faible le matin que, très souvent, on crut qu'elle ne supporterait pas les fatigues de la journée. Mais les secours de la grâce lui arrivaient en telle abondance que, le soir, elle ressentait moins de lassitude que ses filles.

Toujours inflexible pour elle-même, notre réformatrice restait maternelle avec ses religieuses; si, pendant chaque voyage, elle leur faisait suivre scrupuleusement la Règle, afin qu'elles répandissent partout « la bonne odeur de Jésus-Christ par une vie exemplaire et mortifiée (1) », elle veillait à ce qu'elles ne manquassent jamais du nécessaire. D'ailleurs, la plus angélique charité dictait ses actes en tout ; sa fermeté n'était jamais rigide ; elle enveloppait d'onction les réprimandes que lui imposait le devoir. Ainsi faisait-elle aimer la Règle et en maintenait-elle l'esprit.

Et, pour que ses filles s'imprégnassent mieux de cet esprit, pour qu'elles comprissent mieux l'importance du renoncement, elle allait jusqu'à s'incliner, en certaines circonstances, devant les décisions prises contre son propre avis. Elle reçut, une fois, parmi ses novices, une jeune fille dont elle devinait l'absence de vocation, mais que les religieuses d'une communauté, soutenues du reste par leur confesseur, la suppliaient d'agréer. Ces religieuses ne furent que plus portées à se défier d'elles-mêmes, quand, après un essai, la jeune fille reconnut qu'elle s'était trompée et quitta le couvent (2).

Enfin ses dons d'organisatrice étaient corroborés par un sentiment très vif de l'équité. Elle ne tolérait rien qui ressemblât à de la complaisance, de la faveur, et ne tenait compte que

1. *La Règle de l'Ordre de Sainte-Claire avec les statuts de la Réforme de Sainte-Colette. — Sentiments de sainte Colette*, p. 214.

2. La Sainte recommandait d'user d'une sévérité particulière envers trois catégories de postulantes : les filles dont la réputation n'était pas indemne et les mondaines légères ; — les veuves, « qui portent toujours dans la religion quelque vestige du monde, dont elles ont beaucoup de peine à se défaire » ; — les vaines dévotes de profession. (*La Règle de l'Ordre de Sainte-Claire*, p. 254.)

dés qualités personnelles quand elle distribuait des charges, choisissant toujours pour les plus absorbantes des sujets à vie intérieure très solide. Une fois, à Poligny, elle demanda au Chapitre de déposer la dépensière, uniquement parce que cette religieuse était trop jeune et, partant, n'avait pas une formation spirituelle suffisante (1).

Connaissant toute la valeur de l'obéissance, cette vertu compréhensive de toutes les vertus (2), l'humble ancelle, en arrivant dans un monastère, témoignait le plus grand respect à l'abbesse. En s'efforçant de faire oublier qu'elle était l'Abbesse générale, elle incitait les Supérieures à exercer leur autorité avec mansuétude et humilité. Ce lui était d'autant plus facile que les hommages dont on l'entourait partout la convainquaient de son indignité. « Nous avons ès ses ordonnances, qu'elle fit pour les suers plus seurement garder leur sainte reigle, comme elle se nomme Suers Coulette, petite et humble ancelle et indigne serviteresse de Nostre Seigneur, povre et inutile religieuse de l'ordre de madame sainte Clare (3). » A l'entendre, elle n'accomplissait pas les œuvres d'une religieuse ; et elle souffrait vraiment lorsqu'on lisait devant elle l'approbation de ses règles, à cause du

1. Depuis, les Clarisses n'ont cessé de s'inspirer de cette décision.
2. *Obedientia custos omnium virtutum.* (Aug., *De civit. Dei*, lib. IV.)
3. Ms. de Thonon, f° 8.

titre et des éloges qu'on lui donnait dans ce
document. On comprend qu'avec tant de vertus,
de tact et d'aménité, la Sainte ait si bien réussi
dans le délicat gouvernement des âmes.

Toutes les vaillances, toutes les abnégations,
Colette les avait. La peste ayant sévi dans une
petite ville où se trouvait un de ses couvents,
elle s'y transporta pour aider ses filles à supporter cette épreuve ; et, frappée par le fléau,
elle continua cependant de réciter l'office avec
les quelques Sœurs qui pouvaient encore se
tenir debout.

CHAPITRE X

Jeanne d'Arc. — Réveil des sentiments religieux et patriotiques. — Action de sainte Colette et des Franciscains sur les populations. — Formation franciscaine de la Pucelle. — Sa rencontre avec la vierge séraphique à Moulins. — Sainte Colette à Decize. — La famine. — Une erreur dangereuse. — Dieu protège les amants de la sainte pauvreté. — Organisation du monastère du Puy. — Rage de l'enfer contre sainte Colette. — Les démons la tourmentent et la battent. — — Nécessité d'une vie crucifiée. — Consolations et joies que Dieu dispense à ses saints. — Comment sainte Colette s'approchait de la sainte table. — Son séraphisme pendant la messe. — Ses élans d'amour. — Ses extases après la sainte communion. — Sa pureté angélique. — Apparition de sainte Anne. — Faveurs dont Notre-Seigneur enrichit son ancelle. — Il lui envoie un anneau nuptial par saint Jean l'Évangéliste. — Union mystique. — Mariage ou fiançailles ?

Tandis que Colette continuait de se sacrifier pour le salut de l'Église et de la patrie, une autre vierge se préparait, dans un coin perdu de Lorraine, à la sainte mission de victime expiatoire. Jeanne d'Arc allait achever, par son martyre, l'œuvre pacificatrice de l'admirable ascète. Grâce à ces hosties de réparation, le salut de la France se trouvait assuré.

Une terrible gangrène morale ravageait alors les différentes classes de la société, et c'est avec

raison que le vainqueur d'Azincourt avait pu
dire aux seigneurs, ses prisonniers, qu'ils ne
devaient attribuer leur défaite qu'à Dieu « qui
leur était adversaire pour leurs péchés (1) ».
Toutefois, si les mœurs laissaient, en général, à
désirer, la foi restait vivace dans un très grand
nombre de cœurs. Les populations n'attendaient
plus rien des moyens humains, mais elles espé-
raient tout du Père des miséricordes. Aussi les
Franciscains, qui se dépensaient énergique-
ment un peu partout, finirent-ils par ranimer le
sentiment religieux dans les âmes et, partant,
à relever les courages. Car le courage lui-même,
saint Augustin l'a dit, c'est l'amour. La renais-
sance des vertus chrétiennes réveilla l'énergie
morale, exalta l'amour du sol. Du jour où ils
résolurent d'obéir à la volonté sainte, où ils in-
voquèrent pieusement les noms de Jésus et de
Marie, nos pères furent en état de chasser
l'étranger. Notre réformatrice, qui avait si
puissamment contribué à créer ce mouvement
d'exaltation religieuse et patriotique, ne devait-
elle pas se rencontrer avec la sainte pastoure de
Domrémy; ne lui avait-elle pas préparé les
voies (2)?

1. Jouvenel des Ursins.
2. « Le réveil éclatant du patriotisme, qui s'est person-
nifié dans la vierge de Domrémy, dit M. Siméon Luce,
ne se rattache-t-il pas par un lien plus ou moins étroit
au mouvement d'exaltation mystique provoqué sur certains points de notre pays par la réforme colettine? »
(*Jeanne d'Arc et les Ordres mendians, Revue des Deux-
Mondes*, mai 1881, p. 84.)

Au début de 1429, Jehanne s'avança sur le Nivernais et attaqua plusieurs places où se retranchaient des partisans bourguignons. Lorsqu'elle eut enlevé Saint-Pierre-le-Moutier, elle gagna Moulins, où Colette était alors (1). Sans doute est-ce là que les deux vaillantes vierges eurent une ou plusieurs entrevues. Comment supposer, en effet, répéterons-nous avec M. Siméon Luce, que la jeune héroïne n'ait pas profité de cette occasion pour se recommander aux prières de notre Sainte (2)? Elles ne pouvaient s'ignorer; leurs noms étaient sur toutes les lèvres, et, de plus, elles avaient une amie commune, la duchesse de Bourbon, dont le fils cadet, Louis, comte de Montpensier, combattait aux côtés de la Pucelle. Enfin cette dernière devait tenir d'autant plus à voir la séraphique réformatrice qu'elle aimait ardemment le Patriarche d'Assise. On ne sait si elle fut tertiaire, mais tout permet de croire qu'elle reçut une formation franciscaine et se trouva, au moins dans les dernières années de sa vie, en rapport avec des Frères-Mineurs (3).

1. La Pucelle avait choisi cette ville pour y préparer le siège de la Charité.

2. *Loc. cit.*, p. 90.

3. M. Siméon Luce a reconnu (*loc. cit.*) que les religieux mendiants, dont les Franciscains qui, dit-il, « n'avaient pas de rivaux dans la prédication populaire », paraissent avoir exercé une influence prépondérante sur la nature de la dévotion du xv° siècle, et, dans une certaine mesure, sur l'éveil de sa vocation patriotique. Il est infiniment probable que la dévotion de Jehanne aux noms de Jésus et de Marie avait une origine franciscaine. Re-

« Ces derniers, disons-nous ailleurs, avaient embrassé avec énergie la cause de l'indépendance, et l'un d'eux, le P. Richard, venait de soulever la Champagne par sa vibrante éloquence, quand la Pucelle se dirigea sur Reims. Elle rencontra ce prédicateur sous les murs de Troyes, et celui-ci se joignit à son entourage, c'est un témoin oculaire qui l'atteste, l'*Anonyme de la Rochelle* (1). »

Que se passa-t-il entre nos deux héroïnes du renoncement? Colette qui, par son apostolat et celui de ses religieux, avait tant fait déjà pour l'œuvre de Jehanne, s'engagea certainement à lui continuer l'aide de ses oraisons et de son action sociale. Et, après s'être encouragées l'une l'autre, après s'être confié leurs espoirs, ces âmes sœurs se promirent, en louant Notre-Seigneur, une étroite union de prières. Voilà ce que l'on peut conjecturer raisonnablement. Ne cherchons pas à pénétrer davantage le mystère de tels entretiens. La terre n'a pas à connaître ce que les envoyés de Dieu se communiquent

marquons, à ce propos, que Colette mettait toujours en tête de ses lettres le nom de Notre-Seigneur et souvent celui de sa sainte Mère.

1. *L'influence de saint François d'Assise sur la civilisation et les arts*, p. 27. — Fr. Richard devint le confesseur de Jeanne d'Arc et l'accompagna depuis la réduction de Troyes jusqu'à la fin de 1429. C'était un remueur de foules. Au printemps de 1429, il avait si bien impressionné les Parisiens par ses sermons contre le jeu et le luxe, que beaucoup de femmes brûlèrent leurs atours de tête, comme avaient fait les Florentines à la voix de saint Bernardin de Sienne.

en certaines circonstances. La terre ne compren-
drait pas.

De Moulins, notre réformatrice se rendit à
Decize (1), dans une île de la Loire, où ses filles
étaient très éprouvées par les conséquences de
la guerre. Les mouvements des armées empêchant de travailler les champs, sauf sous les
murs des villes, le Nivernais souffrait de la famine. Les Colettines furent bientôt réduites à
vivre d'une bouillie faite avec les derniers grains
de blé extraits des interstices du plancher, et
d'un pain d'avoine et de gros son. Mais la présence de la Sainte exaltait leur courage et leur
valait de précieuses grâces; toutes, même celles
qui avaient été élevées dans la richesse, trouvèrent un goût délicieux à cette nourriture gros-
sière.

L'arrivée de Colette à Decize avait provoqué
un certain émoi dans cette ville acquise au
parti bourguignon. Les habitants n'avaient pas
appris avec indifférence que la Sainte était
partie de Moulins, alors que l'armée de Jeanne
d'Arc allait assiéger la Charité. L'erreur d'une
religieuse fit croire, un instant, que la vénérable
protégée de la maison de Bourgogne pouvait
avoir des accointances avec les Armagnacs.
Une nuit, la Sœur chargée de sonner les Matines

1. Avant de quitter Moulins, Colette dit d'une jeune
fille, Jeanne Carmone, qu'elle entrerait dans la famille
de Sainte-Claire. La prédiction ne tarda pas à se justifier,
et la jeune fille devint abbesse du couvent colettin de
cette ville.

s'étant acquittée de son office, par inadvertance, à 9 heures et demie, c'est-à-dire trois heures trop tôt, les hommes du guet supposèrent que ce coup de cloche insolite donnait un signal à l'ennemi et ils se portèrent vers le couvent dans le dessein de châtier les religieuses. Alors, disent les biographes de notre thaumaturge, se produisit un prodige : l'horloge du beffroi sonna une heure du matin. Très surpris, les forcenés s'arrêtèrent et, ayant examiné le cadran, ils pensèrent qu'ils avaient mal vu ses aiguilles en quittant leur poste; ils se retirèrent aussitôt et, depuis, vénérèrent les Colettines.

Dans un autre couvent, on ne sait lequel, au cours d'une détresse analogue à celle de Decize, Dieu multiplia le blé de ses servantes. Quand le dernier sac de farine eût été vidé, il fut rempli mystérieusement d'un pur froment qui ne s'épuisa qu'à la fin des mauvais jours. Colette put ainsi nourrir ses filles sans cesser de secourir les pauvres. Ailleurs, des œufs et du vin, dont on lui avait fait présent, furent également multipliés de la même manière.

Dieu, qu'on ne l'oublie point, protège avec une sollicitude particulière les amants de la sainte pauvreté, les héros de la charité et du détachement. A la vierge séraphique qui s'était dépouillée de tout et se dépensait généreusement pour le salut de tous, il envoya toujours les ressources diverses qu'exigeaient l'établissement de ses monastères et l'entretien de ses communautés. *Reposez-vous de tout sur le Seigneur,* s'écrie le Psalmiste, *et lui-même vous nourrira* (1).

On se rappelle la fâcheuse procédure que venait de soulever la fondation du Puy lorsque Colette quitta cette ville. La vicomtesse de Polignac avait vainement offert des compensations au prévôt de la cathédrale et aux agents du fisc. Ces singuliers chrétiens étaient si jaloux de leurs prérogatives que, même après le jugement qui réglait leurs droits, ils se montrèrent intraitables. Les Conventuels de la ville ne manquèrent pas d'encourager cette attitude, car ils n'envisageaient pas sans crainte la création d'un monastère de la réforme.

Par leurs exemples incessants de renoncement, les Colettines gênaient fort les religieux peu détachés d'eux-mêmes; sans le vouloir, elles leur enlevaient l'estime des populations. De là, des colères qui ne s'apaisaient que lentement, à mesure que l'action de la réforme régénérait les cœurs. L'homme, il convient de s'en souvenir toujours, est une collection d'indigences; un rien l'induit en erreur, un rien l'entraîne à l'injustice.

La ténacité des opposants ne lassa point la persévérance active de la fondatrice. Sur ses instances, le Pape, en 1430, obligea le Chapitre du Puy à accepter les compensations qu'on lui offrait. D'autre part, Charles VII fit don au cou-

1. *Jacta super Dominum curam tuam, et ipse te enutriet.*
(Ps. LIV, 23.)

vent de six vingts ducats d'or et amortit les immeubles acquis pour son installation. Bientôt les constructions s'élevèrent ; et, le 3 février 1431, le Souverain Pontife déléguait l'abbé de Monctier pour aplanir les dernières difficultés autant que pour bénir la première pierre.

L'année suivante, le R. P. de Massa, général de l'Ordre de Saint-François, invitait Colette à prendre possession de son nouveau monastère, ce qu'elle fit le 2 juillet. On avait choisi cette date parce que la fête de la Visitation était populaire dans la localité. Notre Sainte et ses filles eurent une réception triomphale. C'est processionnellement, en grande pompe, que l'on conduisit nos Clarisses à Notre-Dame, où elles entendirent la messe, puis à leur cloître. Et la ville manifesta sa joie d'avoir de telles protectrices.

Les quinze religieuses venues pour former la communauté du Puy avaient été prises dans les couvents de Besançon et de Poligny. Les biographes nous ont laissé les noms de quelques-unes : Sœur Odette, fille du duc de Bourgogne ; Sœur Jeanne de Paris et Sœur Firmine Boellet de Corbie, celle-ci parente de la réformatrice. Quatre autres Sœurs étaient originaires de la Picardie ; car, en dépit des attaques dont l'humble ancelle avait été l'objet dans sa patrie, beaucoup de ses compatriotes croyaient à sa sainteté (1).

1. Parmi les Corbéiennes devenues Colettines, on cite encore : Sœur Jeanne, qui devint abbesse du couvent

Cette sainteté se développait merveilleusement à la grande colère du prince des ténèbres ;
impuissant à prendre cette âme dans ses pièges
ordinaires, il se vengeait en cherchant à l'affli-
ger, à l'épouvanter, à la troubler de mille manières. Parfois il remplissait sa cellule de cra-
pauds, de limaces ou de reptiles ; et, quand une
prière avait fait disparaître ces apparitions hi-
deuses, ses démons se livraient à un tapage
étourdissant, poussaient des cris d'effroi ou des
hurlements sauvages. Plusieurs assaillirent
notre Sainte, sous la forme de serpents mons-
trueux ou de renards, que virent, à différentes
reprises, ses confesseurs et ses religieuses.

Colette, par son rayonnement, sa force spirituelle, gardait de la peur tous ceux qui l'entouraient (1) ; aussi l'une de ses filles, Sœur Mansée,
donna-t-elle souvent la chasse aux fantômes,
d'abord avec un rameau bénit, puis avec un bâton incrusté de reliques. Mais, sa troupe re-
poussée, l'ennemi de Dieu ne cessait pas tou-

d'Aigueperse ; Sœur Matthiote et Sœur Jeanne Fran-
cresse. D'après une tradition, ces deux dernières étaient
des cousines de la Sainte. Colette détermina aussi la vocation de son cousin Toussaint, qui entra dans l'Ordre de
Saint-Benoît et mourut, en état de béatification, prieur
de l'abbaye de Cluny ; et sans doute ne fut-elle pas sans
action sur Firmine, sœur du précédent, et, comme lui,
appelée dans la famille bénédictine.

1. A l'occasion, elle rappelait d'ailleurs à ses religieuses
qu'il ne faut pas craindre de telles épreuves, les démons
n'ayant sur les créatures qu'un pouvoir fort limité,
celui que Dieu veut bien leur accorder. Quelquefois, elle
interpellait les déchus, c'était alors pour les plaindre
d'être devenus les ennemis du Seigneur.

jours de tourmenter notre Sainte. Il n'était pas
de moyens qu il n'employât pour la gêner dans
son oraison et l'irriter. Le jour, il la faisait har-
celer par des mouches, des insectes, ou bien il
lui envoyait des invasions de fourmis, bêtes
qu'elle détestait ; la nuit, il lui arrivait d'éteindre
sa lampe et de recommencer ce jeu exaspérant
à mesure qu'elle la rallumait. On rapporte
qu'une fois, désespérant de lasser la patience de
l'exquise ancelle, il renversa sur le psautier de
celle-ci l'huile de la lampe. Notre Abbesse aimait trop les beaux livres pour ne pas être
marrie d'un tel acte, mais Dieu ne voulait
pas lui infliger cette peine ; le lendemain, les
pages du psautier étaient propres comme si
l'huile les eût purifiées.

Par moments, les démons s'amusaient à cas-
ser la cruche qui contenait sa provision d'eau
ou à tirer sa chaise quand elle allait s'asseoir.
A plusieurs reprises, ils firent apparaître devant ses yeux des gibets auxquels pendaient
des cadavres ou des images grossièrement sen-
suelles, genre de tourment qui l'affligeait au
.delà de toute expression (1). Ces divers pres-
tiges diaboliques, elle les dissipait en invoquant
le saint Nom de Jésus. Alors, ne sachant plus
quel supplice inventer, les maudits la rouaient de
coups, en lâches brutes.

Une nuit, ils lui passèrent la tête à travers

1. C'est surtout pendant les dernières années de sa
vie qu'ils la tourmentèrent de cette ignoble façon.

l'étroite embrasure qui constituait la fenêtre de sa cellule. Notre Sainte, n'ayant pu se retirer ni appeler à l'aide, suffoquait, quand, au matin, une religieuse la découvrit (1). Toutes ces attaques de l'enfer prouvent que Colette avait atteint à un très haut degré de sainteté. Peu d'élus, en effet, ont subi autant de rigoureuses épreuves. Il faut qu'une âme n'ait plus trace de passion pour lutter ainsi contre le déchu et acquérir, de cette manière héroïque, mérites et puissances.

Pourquoi des épreuves de ce genre, demanderont certains? Comment Dieu aime-t-il donc ses saints pour les abandonner parfois aux fureurs des démons? Eh! Dieu n'a-t-il pas laissé flageller son propre Fils et ne le fallait-il pas? La Passion ne nous enseigne-t-elle pas la nécessité d'une vie crucifiée? « ... Le Christ même a souffert pour nous, proclame Pierre, vous laissant un exemple, afin que vous suiviez ses

1. « J'ai oy raconter à notre glorieuse Mère, relate Sœur Perrine (pp. 83-84), qu'une fois qu'elle estoit par nuict dans son oratoire et qu'elle voloit faire ses oraisons, les annemys d'enfer la vindrent assaillir. Ils la battirent piteusement et angoisseusement et la bouteirent dans une fenestre moult estroitement, tellement qu'elle ne povoit se remouvoir, ne parler, ne avoir son haleine. Elle demoura ainsy jusqu'à lendemain à six heures du matin, qu'une de ses religieuses la trouva en cest estat, qui ne la povoit oster, ne mettre hors, tant estoit estroitement boutée, adonc qu'elle fist appeler un frère lay, nommé frère Regnault, pour la tirer hors de la dicte fenestre, lequel ne la pœust oncques avoir jusqu'à ce qu'il couppa le montant de la dicte fenestre. Ce feut au couvent de Besançon. »

traces (1). » Sans d'innombrables souffrances, qui donc se détacherait de soi-même et vaincrait la nature? « Rien ne condense autant la vie que la douleur, dit le P. Faber. Rien ne précipite autant le grand travail de l'expérience. Rien ne dote notre nature d'accroissements plus magnifiques dans nos facultés (2). »

Mais, si le Seigneur ne ménage pas les peines à ses saints, il leur dispense avec une ineffable générosité, des consolations, des réconforts, des joies toutes célestes. C'est en les pénétrant de bonheur qu'il les crucifie. Aussi, même au milieu des tribulations et des pires dangers, les véritables amis de Jésus goûtent une paix, une félicité dont nulle satisfaction humaine ne donne l'équivalent. Qui jamais, ici-bas, fut plus heureux qu'un saint? Les joies surnaturelles sont si délicieuses que l'on ne saurait les évoquer par des mots. Peut-être est-ce un peu pour cela que tant d'esprits, même chrétiens, doutent de leur réalité ? Gens de petite foi, ignorants volontaires du don de Dieu, il leur suffirait de se bien préparer à la sainte communion pour avoir un avant-goût des allégresses mystiques. « O très doux et très bon Jésus ! s'écrie l'auteur de l'*Imitation*. Quel respect, quelles actions de grâces et quelles louanges ne devons-nous pas vous rendre sans cesse pour

1. I, Petri, II, 21. — *In hoc enim vocati estis, quia et Christus passus est pro nobis, vobis relinquens exemplum, ut sequamini vestigia ejus.*
2. *Le pied de la Croix, sixième douleur.*

la réception de votre corps sacré, dont nul n'est capable d'exprimer l'excellence ! Mais que penserai-je dans cette communion en m'approchant de mon Seigneur, que je ne puis révérer comme je le dois, et que je souhaite cependant recevoir avec dévotion ? Que penserai-je de meilleur et de plus salutaire que de m'humilier entièrement devant vous, et d'exalter votre bonté qui est infiniment au-dessus de moi ? Je vous loue, ô mon Dieu, et je vous exalterai sans cesse. Je me méprise moi-même et me soumets à vous dans la profondeur de ma bassesse (1). »

Notre exquise Sainte, que la seule vue du tabernacle jetait en de séraphiques transports, se préparait avec des soins extrêmes, en se confessant avant la messe, à recevoir le corps adorable du divin Maître. Elle sentait si vivement l'honneur et le bonheur de s'approcher de la sainte table que, souvent, à cette pensée, ses yeux versèrent des larmes de joie. Car, au nombre des dons qu'elle avait reçus, était celui des larmes. « Il sembloit de ses deux biaulx yeulx que ce fuissent deux petites fontaynnes vives et courans comme petiz russeles de l'abondance desquelle elle estoit tout arousée comme toute baygnie, et si gemissoit si tres doloureusement et angoisseusement comme une femme qui travaille et ne peut enfanter (2). »

A l'élévation, elle se prosternait sur le sol, et l'amour qui débordait de son cœur s'exhalait

1. *Imitat.*, liv. IV, ch. ii, 2.
2. Ms. de Thonon, f° 88 v° et 89.

en soupirs indicibles. L'état d'âme du célébrant lui était alors révélé. Et si cet état laissait à désirer, elle le lui signalait discrètement, sans que rien laissât voir comment elle avait pu être renseignée, et en gardant, est-il nécessaire de l'ajouter, le plus strict secret. Dans son entourage, on était persuadé que Notre-Seigneur se manifestait à elle pendant le saint sacrifice, tantôt d'une manière glorieuse, tantôt avec les signes de la Passion.

Il est certain que l'humble vierge avait conscience très nettement de la présence, même invisible, de son divin Époux. Un jour, le célébrant, par suite d'une erreur, ayant pris de l'eau pour du vin, elle ne se prosterna ni n'exhala de soupirs à l'élévation du calice. Quand elle devait communier (1), tout son être rayonnait d'un ardent séraphisme. Elle étouffait des cris d'amour avant de recevoir le *pain vivant et vivifiant;* et, après s'en être nourrie, elle avait des extases de plusieurs heures. C'est pendant ce temps que Jésus réparait les forces de son ancelle et l'enrichissait d'énergies pour les luttes nouvelles. Aussi, de quel éclat céleste elle resplendissait à son retour sur terre !

Comme il lui était difficile de réprimer ses élans séraphiques, elle n'acceptait guère qu'il y

---

1. On s'approchait alors de la sainte table moins fréquemment qu'aujourd'hui. Les biographes de sainte Colette notent comme un fait extraordinaire que la Sainte ait communié tous les jours pendant une année, et trente ou cinquante jours consécutifs à d'autres moments.

eût, à la messe qu'elle entendait, plus de deux
religieuses (1). Et l'on postulait d'autant plus
l'honneur de cette assistance que la Sainte l'accordait difficilement. L'envie était si vive d'ouïr
les effusions de cette âme que, parfois, des personnes se cachaient près de son oratoire; mais
notre Sainte se sentait épiée, et cela la gênait
cruellement.

En se préparant comme elle le faisait à la réception du Pain des Anges, comment n'eût-elle
pas été pure entre les pures ? L'exquise vierge
avait une chasteté en quelque sorte supraterr-
restre, une pudeur délicate à l'excès et facilement blessée.

Ainsi l'usage des secondes noces ne laissait
pas de la choquer. Enfant, elle regrettait que sa
mère, après la mort de son premier mari, en
eût épousé un second; et naïvement, elle le lui
dit un jour. « Mais ma fille, répondit Marguerite Boellet, si je ne m'étais pas remariée, tu
ne serais pas au monde. — Pardonnez-moi,
ma chère mère, répondit Colette, si vous étiez
restée veuve, Dieu y aurait pourvu, et quelqu'un de mes parents m'aurait donné la vie. »
L'argument n'était pas sans réplique, toutefois
l'excellente femme aima mieux admirer en silence combien la vertu de pureté se développait
vite en sa fille (2).

1. Lorsque, dans ses voyages, il lui fallait entendre la
messe en public, elle recevait bien la grâce de se contenir,
mais c'était au prix d'une vive souffrance.
2. P. Collet, *Vie abrégée de la bienheureuse Colette*,

Dans la suite, notre Sainte crut, à l'instar de ses contemporains, que sainte Anne s'était remariée plusieurs fois (1), et il fallut une extase pour l'amener à honorer dévotement la mère de la sainte Vierge. « Une foy, comme elle estoit en ses ferventes oroysons devant nostre Seigneur, la tres glorieuse dame madame sainte Anne s'aparut à elle moult glorieusement menant avecque elle moult honnorablement sa noble progenie, c'est assavoir : ses trois filles et leurs glorieux enfans. Desquelle fille la primiere estoit la trel excellente et sacrée virge Marie, royne de cielx et de la terre, dame des anges et de toutes creatures, tenant par main son tres glorieux enfant Jhésus, nostre tres piteux redempteur, et glorieux salveur. La seconde estoit Marie Jaquobe, tenant par la main ses quatre gloirieux enfans, se est assavoir : saint Jaque le mineur, saint Symon, saint Jude

pp. 211-212. — Sans doute est-ce beaucoup à cause de sa très virginale pureté que la Sainte n'inspirait aucune crainte aux oiseaux en liberté. Ç'a été le cas de plusieurs saints illustres. Souvent, les oiseaux du voisinage vinrent s'ébattre autour d'elle, dans sa cellule et prendre du pain dans ses mains. Elle eut dans sa familiarité une alouette et un agneau. Les alouettes lui plaisaient beaucoup à cause de leur manière de s'élever directement de la terre au ciel en chantant, disait-elle, les louanges du Créateur. (Cf. sur le symbole qu'est l'alouette : *Retraite du P. Pacifique*, pp. 211 et suiv.) Et, dans l'agneau, elle voyait un symbole de la pureté, une image du divin Rédempteur. C'est probablement pour cette raison qu'elle se laissa suivre par son petit compagnon jusque dans son oratoire.

1. Ludolphe le Chartreux soutint cette opinion.

et Joseph le Juste. La tierce fille estoit sainte
Marie Salome menant et tenant par les mains
ses deux glorieux enfans, c'est assavoir : saint
Jaque le majeur, saint Jehan l'evangeliste. Et
en ceste appericion, la glorieuse dame madame
sainte Anne ly manifesta comme non obstant
qu'elle eust este pluseurs foys mariee, neant
moins toute la glise militant et triomphant de
sa tres noble progenie estoit tres grandement
honoree et adornee. De laquelle apparicion et
manifestacion la petite ancelle de nostre Signeur fust en son esperit grandement consolee
et conceupt une tres grant devocion et especiale
à elle, et requist et pria tres doulcement et
humblement qui ly plust per grace d'estre son
intercesseresse per devers ses tres nobles et
sainte ligrie, et per devers tous ses sains et
saintes de paradis : qu'ilz eussent pitie et compassion de elle et de toute sa petite famille, et
que salutayrement elle peust mettre a execu-
cion la charge de la reformacion qui depart
nostre Signeur luy estoit baillie. Et pour aucune petite recongnoyssance de celle grace que
ycelle glorieuse dame ly avoit faite de soy et
de sa sainte lygnie de monstrer et manifester à
elle, en aucunz de ses monasteres par grande
devocion elle fist en l'oneur et reverence de
madame sainte Anne fonder l'église et consacrer (1). »

1. Ms. de Thonon, f° 48 v°, f° 49 et 49 v° et f° 5o. — Il
ne faut pas s'étonner de ce que Colette ait pu reconnaître les élus dont elle parle. Lorsque l'âme est dans

D'autre part, Sœur Perrine rapporte que, pendant cette extase, sainte Anne révéla à Colette les désirs particuliers de chacune de ses religieuses, et que notre Abbesse les leur découvrit ensuite, prouvant ainsi la réalité de sa vision.

Au généreux amour de son angélique ancelle, Notre-Seigneur répondait par les grâces les plus rares. Il la communia de sa main même à une messe, le Père qui la célébrait n'ayant pas compris que notre réformatrice désirait recevoir la sainte Eucharistie (1). Il protégea son corps contre les germes de corruption des maladies qui l'affectaient; il le dota de rares vertus et d'aromes délicieux. Plusieurs personnes, dont une religieuse horriblement enflée, furent guéries en respirant les effluves embaumés et vivifiants qui s'en dégageaient (2). Notre thaumaturge communiquait souvent aussi sa puissance à la matière. Sœur Marguerite de Balhoue ayant conservé de l'eau qu'elle avait versée

l'extase, dit sainte Térèse, « si l'on voit quelques saints, on les reconnaît comme si l'on avait eu avec eux des rapports intimes dans le monde ». (*Château*, 6, ch. v.)

1. En entendant, vers la fin de la messe, les soupirs que Colette ne poussait qu'après la réception des saints mystères, puis en la voyant ensuite en extase, le Père fut très étonné et exigea des explications. On connut ainsi cette nouvelle faveur de Jésus, que l'humble vierge aurait bien voulu cacher.

2. Ces effluves étaient si puissants que la religieuse, dont l'enflure répandait une odeur très fétide, ne sentait plus que leur parfum lorsque Colette la visitait à l'infirmerie. En les respirant, elle éprouvait un soulagement sensible; quelques visites suffirent pour la guérir.

sur les mains de sa glorieuse Mère, s'en
servit avec succès, pendant sept ans, pour
calmer ses souffrances corporelles et spirituelles. D'autres en usèrent comme elle et en
retirèrent les mêmes avantages. L'eau resta
saine jusqu'à la fin.

L'éminent séraphisme de Colette devait lui
valoir une faveur encore plus insigne que celles
dont nous venons de parler. A un moment que
l'on ignore, l'Époux des vierges lui envoya, par
saint Jean l'Évangéliste, qu'elle honorait d'une
grande dévotion, un anneau nuptial (1). « Il li
plu (à Dieu) de sa grace et infinie bonté par le
tres gloirieu apostre et evangeliste monsigneur
saint Jehan... a elle trensmestre et envoyer ung
annel moult precieu et moult bel et d'or fin que
onques mains humainne ne feirent ne forgerent.
Lequel anel doulcement et benignement il ly
présentat et mist en son doy depart le Roy souverain et prince de virginite et de toute nettete;
et en profonde humilite et grant tremeur
(crainte) elle le receupt et le garda moult pre-
ceusement (2). »

1. « Et pourtant que les tres gloirieux ami de Dieu,
monsigneur saint Jehan evangeliste fust especialement
douez et adorner de ceste precieuse et angelique vertuz
de virginte, elle le voult eslire entre tous les aultres
sains de paradis pour estre devant Dieu son advocault
et especial intercesseur. » (Ms. de Thonon, f° 45 v° et 46.)

2. Ms. de Thonon, f° 47 et 47 v°. — Cette manifestation
de l'infinie bonté de Notre-Seigneur ne doit point surprendre. On connaît cinquante - cinq cas analogues.
(D' Imbert-Goubeyre, *La stigmatisation et l'extase divine*, t. II, ch. VIII.) Evidemment Jésus, dans sa dilec-

Très troublée, notre Sainte avait refusé tout d'abord de croire à la réalité de cette apparition, mais l'action du Saint-Esprit, en l'éclairant, dissipa ses craintes. Alors elle accepta l'anneau symbolique, très convaincue néanmoins qu'elle était indigne d'un tel honneur (1). Faut-il induire de ce fait que Colette était arrivée à ce terme suprême des unions mystiques appelé *mariage spirituel,* ou n'en était-elle encore qu'aux *fiançailles* ? C'est le secret de Dieu. Le don de l'anneau ne signifie rien de précis, car il peut symboliser toutes sortes d'unions spirituelles ; et, d'ailleurs, le mariage de l'âme avec Dieu peut fort bien avoir lieu sans aucune espèce de cérémonie.

« Il se trouve, entre les fiançailles et le mariage spirituel, déclare sainte Térèse, *la même différence* qu'ici-bas, entre de simples fiancés et ceux que le sacrement de mariage unit déjà d'une manière *indissoluble...* Dieu (dans le mariage spirituel) ne veut plus se séparer de l'âme. Les simples fiançailles ne jouissent pas de ce

tion pour nous, se plaît à récompenser parfois ses élus par des présents dont le sens ne saurait échapper aux humains.

1. Cet anneau protégea tous les religieux auxquels Colette le prêta quand les missions dont elle les chargeait les exposait à des périls. Pierre de Vaux le porta pendant son voyage à Rome. Détail remarquable, cet anneau, que la Sainte essaya de faire enchâsser richement, en vue de le mieux honorer, ne supporta ni le contact de l'or, ni celui de l'argent. Force fut de le conserver tel quel. Recueilli à Gand, après la mort de notre réformatrice, il fut détruit, pendant la guerre des Gueux, avec le trésor de l'abbaye des Bénédictins.

privilège ; l'union qu'elles forment entre l'âme et Dieu n'est point *permanente*... Dans le mariage, elle n'est *jamais privée* de la compagnie de Dieu... L'union des fiançailles peut se comparer à celle de deux flambeaux, tellement rapprochés qu'ils ne donnent qu'une seule lumière, mais qui *peuvent être séparés* l'un de l'autre (1). »

Mais les fiançailles constituent la promesse formelle du mariage. Et ce mariage, c'est l'union *transformante*, l'union *consommée*. « L'âme, nous apprend saint Jean de la Croix, parlant de cet état, arrive à être toute remplie des rayons de la divinité et *toute transformée* en son créateur. Car Dieu lui communique surnaturellement *son être*, de telle sorte *qu'elle semble être Dieu même*, qu'elle a ce que Dieu a, et que tout ce qui est à chacun *semble être une même chose* par cette transformation. On pourrait même dire que par cette participation, l'âme *paraît être plus Dieu qu'elle n'est âme*, quoiqu'il soit vrai qu'elle garde son être et que celui-ci reste distinct du rayon qui l'éclaire et le pénètre (2). »

1. *Château de l'âme*, 6, ch. ii.
2. *Montée du Carmel*, liv. II, ch. v. — Dans le mariage spirituel, expose le R. P. Poulain, l'âme a presque continuellement une vue intellectuelle de la Sainte Trinité. Et, signe essentiel, dans ses actes surnaturels d'intelligence, d'amour, de volonté, elle a conscience de *participer aux actes analogues qui sont en Dieu*. « A la vérité, ajoute-t-il, toutes les qualités qui se trouvent dans les créatures méritent d'être appelées une participation de la nature divine. Mais il s'agit ici d'un degré suprême, tellement élevé que, dans la mesure du possible, l'homme

On ne saurait dire, répétons-le, que C⸜ette fut honorée de l'union transformante quand elle reçut l'anneau emblématique. Ce que l'on peut tenir pour certain, c'est qu'elle était déjà très avancée dans la vie contemplative. Depuis son entrée à Besançon, sa sainteté, on l'a vu, n'avait cessé de s'embellir et de s'affirmer par des merveilles et des miracles.

On l'a remarqué, Dieu fit beaucoup de miracles pour et par sa petite ancelle. Le miracle n'étant pas du tout en faveur aujourd'hui, voilà pour déplaire à certains lecteurs, même parmi les baptisés. Car beaucoup se disent catholiques qui voudraient l'être en supprimant le surnaturel. Aberration incroyable mais réelle qui s'explique par la neurasthénie intellectuelle d'une nation travaillée par l'impiété depuis plusieurs siècles. Le miracle est nécessaire ; il entre dans le plan de la création, dans le gouvernement providentiel du monde, comme élément extraordinaire mais essentiel (1). Il y a des miracles comme il y a des mystères, parce que Dieu est l'intelligence et la toute-puissance infinies.

devient *semblable à Dieu*... On se fait l'idée de cette transformation par l'exemple du fer qui, plongé dans le feu, lui devient *semblable;* d'une certaine façon, il est devenu *feu,* sans pourtant perdre sa nature propre. On ne pourrait pas employer de telles expressions pour l'eau bouillante. Elle a bien une certaine participation à la nature du feu, mais trop faible. Les qualités naturelles des créatures n'ont que cette ressemblance éloignée avec les attributs divins. » (*Des grâces d'oraison*, p. 273.)

1. Duilhé de Saint-Projet, *Apologie scientifique de la foi chrétienne*, p. 187.

CHAPITRE XI

Revenons à présent aux gestes de notre Sainte.

D'après ses biographes, Colette n'aurait fondé elle-même que dix-sept ou dix-huit couvents. Mais son action, par ses filles et par les Franciscains, ses disciples, fut immense, profonde. C'est bien l'esprit de la séraphique réformatrice que Colettins et Colettines communiquaient à leurs œuvres. Et ces œuvres formèrent un ensemble important. Olivier de la Marche déclare que trois cent quatre-vingts maisons furent soit réformées soit fondées par la glorieuse Mère ou, de son vivant, par ses religieuses. Malheureusement, nul historiographe n'a laissé de renseignements sur les travaux des humbles Clarisses. Aucune histoire locale ne leur a été consacrée. Et les documents qui auraient permis de combler cette lacune n'existent plus (1). On ne saurait trop le regretter. Que de bonnes pages manquent ainsi sur la haute utilité des couvents et leur influence sur la civilisation !

En maints endroits, les Colettins collaborèrent aussi à la régénérescence de la famille de sainte Claire : «... l'an 1436, rapporte Sylvère, le R. P. Frère Guillaume tint le soixante-quinzième chapitre général à Toulouse, auquel il reforma plusieurs monastères de sainte Claire, avec l'ayde et entremise de sœur Colette qui florissait en sainteté de vie en France. Et saint Bernardin édifia en Italie plusieurs couvents de filles et leur donna la même réforme que cette Sainte, au rapport de Gonzague. Je lis aussi que cette réforme est parvenue en Espagne, Portugal et Allemagne. » Wadding, dans ses notes

1. Peut-être, en fouillant les archives départementales, trouverait-on quelque pièce intéressante, curieuse, mais il semble que ce soit tout ce que l'on puisse espérer. C'est par un document découvert dans les archives de Besançon par M. l'abbé Douillet que l'on a su l'adhésion à la réforme des Cordelières de Montigny, près Chariez. L'acte qu'elles firent dresser pour l'abandon de leurs biens est du 26 janvier 1438. (Cf. abbé Douillet, *Sainte Colette*, p. 366.)

sur l'année 1439, signale six monastères espa-
gnols réformés, dont ceux de Salamanque, de
la Corogne, de Zamora et d'Orense ; et, plus
loin, après en avoir cité neuf autres, il remarque
que le principe fécond de cette rénovation venait
de Lézignan.

Sous le gouvernement de Thomas de Court,
élu en 1419, à la mort de Nicolas Rudolphi (1),
les Observants étaient entrés dans une période
florissante. Leurs maisons s'étaient multipliées
rapidement, mais, hélas ! leurs archives ont été
détruites comme celles des Colettines. Aux
monastères réformés dont il a été question précédemment, ajoutons ceux de Varennes, au diocèse de Reims (1414) (2), de Laval (vers la fin
des années 1420) (3), de Saint-Gal, dans le
vicomté de Murat, Auvergne (1430) (4), et de
Montluçon (1441). Ce dernier fut fondé par le
P. Focaudi, qui venait de la maison de Laval
où il était entré après avoir servi comme page
le duc de Bourbon. On sait aussi que les Observants établirent une colonie à Oppenheim (Allemagne) en 1438. Enfin, preuve insigne de

1. L'assemblée de Franciscains réformés qui élut Thomas eut lieu à Cholet (province de Tours).

2. Ce couvent fut établi par le cardinal Louis de Bar,
oncle maternel de la reine Yolande.

3. Cf. Angot, *Dict. hist. de la Mayenne*, v. *Laval*.

4. Les réformés furent installés dans la chapelle de
Saint-Gal par Bernard d'Armagnac, gendre de Jacques
de Bourbon. Bernard tenait cette chapelle de l'évêque de
Saint-Flour, Jacques. Quand les Franciscains eurent été
chassés de ce lieu par les Anglais, en 1448, ils s'établirent
à Cellette, dans la même province.

l'estime en laquelle on tenait partout les Colettins, quand le Souverain Pontife forma le projet de réformer le couvent de l'Ara-Cœli, en 1446, il demanda des Observants de France. Ce fut le P. Jean Moquet, de Dôle, qui se rendit à son appel avec quelques-uns de ses Frères.

Les saints ne pratiquent pas l'ascétisme jusqu'aux degrés héroïques sans que leur santé corporelle n'en souffre. A aucun moment de leur vie terrestre, ils ne cessent d'appartenir à l'humanité : leurs corps obéissent aux mêmes lois que ceux des autres hommes et sont sujets aux mêmes misères. La grâce les surnaturalise, elle ne les dénaturalise pas. L'âge venant, les forces de Colette diminuèrent. A une époque que l'on ne saurait préciser, douze ou quinze ans avant sa mort, en 1432 ou 1435, la Sainte se trouva tellement affaiblie que médecins et religieuses l'obligèrent à prendre quelque repos dans un endroit enveloppé d'air très pur. Quoiqu'il lui en coutât beaucoup de quitter son cher monastère, elle obéit et se retira pendant quelque temps dans le château de Frontenay, où, l'on s'en souvient, une tradition nous l'a montrée, déjà retenue par l'épuisement, lorsque saint Vincent Ferrier s'approcha de Poligny.

Notre séraphique Abbesse ne resta pas sans action spirituelle dans la demeure de Blanche de Savoie; son rayonnement avait toujours les meilleures influences : elle fortifia la piété de son amie. Un peu plus tard, au cours d'un voyage, elle lui sauva la vie. Ce fut sans doute quand notre thaumaturge eut regagné son couvent. La comtesse ayant à traverser une rivière profonde et s'y étant engagée à cheval, « dévia si grandement » qu'elle fut entraînée par le courant ; mais elle invoqua Colette, et une prière de celle-ci l'eut bien vite arrachée aux flots (1).

Blanche de Savoie désirait fort que sa tombe avoisinât celle de sa Sainte bien-aimée ; quand elle fut près de mourir, elle enjoignit donc de l'ensevelir à Poligny, où l'on pouvait croire alors que la réformatrice aurait sa sépulture. Et elle chargea sa nièce Mahault de fonder, pour le repos de son âme, dans l'une des chapelles du monastère de cette ville, une messe perpétuelle et quotidienne (2).

Fille d'Amédée VII de Savoie, frère de Blanche, et de Marguerite de Bourgogne, sœur de Jean sans Peur, Mahault avait épousé en 1417, selon le conseil de Colette, Louis III de Bavière, surnommé « consolation des prêtres (3) ». Après avoir prédit à ces époux très réellement chrétiens, une nombreuse postérité, notre Sainte avait ajouté que, si leur premier enfant était une fille, ils feraient un sacrifice agréable au Seigneur en la lui offrant comme

1. Pierre de Vaux, xx, p. 189.
2. Blanche de Savoie mourut probablement en 1435 ou dans la première moitié de 1436, car, le 1er juin de cette dernière année, sa nièce Mahault écrivait à Colette au sujet de la fondation de la messe précitée. (*Lettre ms.* conservée à la bibliothèque de Besançon.)
3. Louis, qu'on appelait aussi le barbu, était électeur palatin du Rhin depuis 1410.

Clarisse, dans le cas où la vocation religieuse
se manifesterait en elle. Et le pieux couple avait
promis le sacrifice. Or il arriva que leur pre-
mier-né fut une fille et qu'elle eut le désir de
suivre dans la famille colettine sa tante Elisabeth, dont elle portait le nom. Quand cette petite
princesse fut devenue adolescente, la réformatrice chargea le P. Pierre de Vaux d'aller rappeler délicatement leur promesse à ses parents,
et ceux-ci s'inclinèrent aussitôt en vrais fidèles.
C'était en janvier 1438 (1). Mahault remit au
religieux une très belle lettre pour la glorieuse
Mère, et, quelques mois plus tard, elle conduisit
elle-même sa chère fille à Besançon (2).

Voici sa missive à Colette :

« Ma très chère et très aimée mère en Dieu,
humblement je vous recommande le salut de
ma pauvre âme et la bonne prospérité spirituelle et temporelle de Monseigneur et de tous
nos petits enfants, et toutes les affaires que nous
avons présentement pour le bien du pays et
profit du peuple, en vous remerciant très affectueusement de tous les biens, plaisirs et conforts
que par votre grande charité devant Dieu me fîtes

1. Pierre de Vaux était l'un des confesseurs de la
Sainte depuis au moins 1434. Il devint son confesseur
ordinaire après la mort du P. Henri de la Baulme.

2. Mahault profita de ce voyage pour assurer, par un
contrat solennel, la pension annuelle nécessaire à la
messe demandée par sa tante défunte, et pour régler
toutes les dispositions relatives au caveau mortuaire de
celle-ci. Le contrat fut passé par devant quatre notaires,
le 16 mars 1438.

oncques, et spécialement de ce que dernièrement
il vous a plû de me faire visiter par votre confesseur, frère Pierre de Vaux, lequel de par
vous m'a dit et signifié plusieurs choses que,
de bon cœur et de bonne volonté, j'ai intention
de faire, et aultres grandes, s'il vous venait à
plaisir que je les fisse; car Dieu sait qu'il n'est
chose au monde que je ne fisse très volontiers
pour vous, et avec le plus grand plaisir. Entre
aultres choses, il m'a requis singulièrement et
m'a demandé ma fille Elisabeth, pour la mettre
au service de Notre-Seigneur dans vostre sainte
religion, et pour l'honneur de Dieu et de la glorieuse vierge Marie sa mère, et pour l'amour
de vous, pour son salut et pour le mien; de très
bon cœur je la lui ai offerte, et par le présent
escript fait de ma propre main, je la présente à
Dieu et à sa bénîte Mère et à vous, pour faire le
service en vostre saincte religion. Et nonobstant
qu'elle eût pu estre mariée puissamment et
grandement, s'il eût pleu à Monseigneur et à
moi, comme ledit frère Pierre le sçait bien, néanmoins je la donne au souverain Seigneur de
toute créature, auquel, par vostre moyen, je
veux qu'elle soit espouse, sans s'en départir, en
demeurant dans clausure perpétuelle en vostre
dicte religion, en gardant et maintenant l'es-
troicte pauvreté que le très puissant et souverain Roy a voulu garder pour l'amour de nous.
Ainsy que moy, mon dict seigneur espoux vous
la donne très clairement par les lettres qu'il
vous a envoyées. Si ce n'estoit le froid temps

présentement, nous vous l'eussions envoyée;
mais, par la bonté de Dieu, quand il sera cessé,
comme après Pasques, j'ai l'intention de vous
la mener. Plusieurs aultres choses je pourrois
vous escrire que le dict frère Pierre de par moy
vous dira, toute ma famille se recommande bien
à vous, ainsy que le maistre de mes enfants,
ainsy que Monseigneur. Dieu vous donne sa
grâce et l'accomplissement de vos saincts désirs.
Amen.

« Escript à Guenment, le 15ᵉ jour de janvier.
« Mahault de Savoie,
« Toute vostre en tout et partout (1). »

Il n'y avait pas que les vivants qui deman-
dassent à Colette les secours de ses prières;
elle était également implorée par maintes âmes
de défunts en état de purgatoire, surtout par
celles des personnes qui, pendant leur vie,
l'avaient obligée de quelque manière ou en
avaient, au contraire, reçu de notables services.

Dès qu'elle apprenait, soit naturellement,
soit surnaturellement, l'agonie de quelque ma-

1. Louis et Mahault étaient alors au château de Gue-
nement. C'est en vraie mère chrétienne, tout surnaturellement, que la princesse présenta sa fille à Notre-Seigneur. « Un misérable abus, s'écrie le P. Sylvère (p. 36o),
s'est aujourd'hui glissé en l'esprit de plusieurs personnes
mariées, que les cloistres doivent servir de repaire à
leurs enfants pour la descharge de leur famille. O Dieu!
que de malheurs proviennent de cette source et sentine
de misères! Y a-t-il plume ou langue qui les puisse
exprimer? Oh! que sœur Elisabeth fut offerte avec un
esprit pur et garanty de ces folles considérations! »

lade, notre Sainte en recommandait l'âme instamment à Notre-Seigneur tant qu'elle ne la
savait pas hors de danger. Et Dieu lui révélait
fréquemment le sort qui attendait les mourants
auxquels elle s'intéressait (1). C'est ainsi qu'elle
fut avertie, en 1418, des tourments que devait
subir, à cause de sa vie relâchée, le Père Abbé
Raoul de Roye. Toujours animée de gratitude
envers son ancien tuteur, quoiqu'il l'eût laissée
sans défense contre l'hostilité des Corbéiens,
elle implora pour lui une profonde contrition et
finit par obtenir son salut. Mais ce malheureux
avait beaucoup à expier; sept ans après son
entrée au purgatoire, il parut, dans un état si
lamentable, devant Colette que, pour hâter sa
délivrance, elle redoubla d'austérités et de supplications (2).

Ses biographes affirment, d'autre part, que
les religieux et les religieuses des divers couvents de la réforme lui apparaissaient dès qu'ils
étaient morts. Entre autres cas typiques, ils
citent celui de Sœur Jeanne de Jouhe, de la
maison d'Auxonne. Cette Sœur devait se rendre

---

1. Dieu lui donna quelquefois aussi une « clère
cognoissance » de la mort prochaine de certaines personnes. Pendant un de ses séjours à Besançon, ayant
appris de cette manière qu'un riche et honnête marchand, Jean Coulongne ou de Cologne, ne tarderait pas
à quitter cette terre, elle l'exhorta fort délicatement à
prendre en vrai fidèle ses dernières dispositions, et elle
eut la joie de réussir pleinement. (Sœur Perrine, pp. 74-75.)

2. « Pendant deux ans, dit l'abbé Larceneux (15ᵉ cahier),
elle ne cessa d'intercéder pour l'âme d'un autre prêtre
qui la suppliait d'implorer sa grâce. »

à Besançon avec quelques autres Colettines ;
ayant trépassé pendant les préparatifs du
voyage, elle apparut à notre Abbesse. Si bien
que celle-ci put dire au P. Henri, quand il lui
annonça ce décès : « Biau père, elle est venue
vers moy plustôt que n'avès faict... et me rappela par trois fois : ma mère, ma mère, ma mère,
je suis venue à vostre mandement ; et je luy
faisoie signe qu'elle se teusist, cuydant que ce
fust une aultre. Je me retournai vers elle et je
l'apperceu et vei aussi blanche comme neige :
je la recogneu très bien (1). »

Quelques âmes de mondains vinrent également apprendre à la glorieuse Mère qu'elles
étaient sauvées : ainsi fit celle d'Hennequin, qui
se montra « en merveilleuse figure », rayonnante d'allégresse, ce dont Colette se réjouit,
mais non sans en être « moult espantée (2) ».

La réforme de l'humble ancelle ayant tra-
versé avec succès la période difficile des débuts,
l'arbre symbolique du reclusage de Corbie
s'étant magnifiquement développé et poussant
chaque jour de nouveaux rameaux, il fallait
assurer sa vie, laisser aux générations futures
un tableau précis de ce qui pouvait assurer sa
prospérité. Jusqu'alors la Règle avait flori dans
les monastères colettins, grâce à notre réformatrice qui en était l'âme et la commentait par ses
actes autant que par ses paroles. Mais le temps

1. Sœur Perrine, p. 61. — Pierre de Vaux, ch. VII.
2. Sœur Perrine, ch. II.

viendrait de son trépas : une tradition suppléerait-elle aux lacunes d'une règle sommaire, suffirait-elle pour former de vraies clarisses et les diriger dans la voie spirituelle?

Afin que son œuvre ne risquât pas d'être altérée par les abbesses qui lui succéderaient, Colette prit le parti d'écrire ses *Constitutions*. Commencé au début de son séjour à Besançon, cet important travail fut terminé à Auxonne entre 1412 à 1417 ; mais la Sainte le revisa soigneusement ensuite à Poligny et mit dix ans à le parfaire. Aussi peut-on l'appeler un monument de sagesse. Ecrit, comme les peintures de l'Angelico ont été tracées, dans la prière et l'oraison, tout imprégné de séraphisme, il corrobore et complète à merveille la règle de sainte Claire (1).

Cependant, ces *Constitutions*, malgré leurs qualités indéniables, furent d'abord assez mal accueillies dans l'Ordre de Saint-François ; elles parurent trop sévères à beaucoup. Puis le P. Jean Maubert, premier vicaire général des religieux et religieuses d'en deçà les monts, sous l'influence des lumières que lui obtint Colette par ses mortifications et à la suite des explications qu'elle lui donna, finit par accepter la réforme. Alors notre Sainte profita de ce qu'un chapitre de l'Ordre se tenait à Thonon, sous la présidence du Révérendissime Général

1. La Règle des Clarisses fut composée par saint François en 1224 et approuvée par Innocent IV, le 9 août 1253.

des Franciscains, Guillaume de Casal, pour soumettre ses *Constitutions* à ce dernier ; elle les
lui fit remettre par le P. Pierre de Vaux. Après
plusieurs entrevues avec ce religieux, et après
avoir supplié saint Antoine de Padoue de l'é-
clairer, le Général écrivit à la réformatrice :

> *« A ma très religieuse fille en Jésus-Christ*
> *et très dévote sœur Colette, de l'Ordre de*
> *Sainte-Claire, fondatrice de plusieurs cou-*
> *vents, à Besançon.*

« Ma très dévote fille en Jésus-Christ, j'ai
entendu le frère Pierre, votre confesseur, sur
l'approbation et confirmation des *Constitutions*,
qui de prime abord semblent assez difficiles en
certains endroits. Mais, comme sur ce j'étais
assez en peine et souci, car il m'était pénible,
d'un côté, de ne pas complaire à votre dévotion,
qui tant affectionne le zèle de Dieu et le salut
des âmes, d'un autre côté, je craignais d'imposer
à nos sœurs et filles un poids très difficile, j'ai
remis mon dessein et ma résolution à Notre-
Seigneur Jésus-Christ et au mérite de saint
Antoine de Padoue, duquel plaise à Dieu que
je sois digne et dévot enfant. Et enfin je me suis
persuadé par les dits mérites, comme je pense,
de mon bienheureux patron Antoine, que c'est
ici une œuvre spéciale de Dieu. C'est pourquoi
je n'ai pas seulement confirmé, mais encore
j'ai établi, déclaré et autorisé vos *Constitutions*,
et ainsi je vous les envoie et à vos filles, comme

déclarées et confirmées, tant de l'autorité de mon office et du chapitre général, que de l'autorité apostolique que j'exerce en cette part, et scellées et munies du sceau pendant de l'Ordre, avec les autres solennités, exhortant vos dévotes filles présentes et futures à ce qu'elles reçoivent ces *Constitutions* avec dévotion et en gardent les observances, en s'humiliant et en obéissant. Ne doutez point que par les mérites de notre Père saint François, l'auteur de notre sainte règle, le guide de la très sainte vierge Claire, première plante de ce champ fertile, vous ne receviez de très grandes récompenses dans la vie éternelle. Je prie vos filles, et vous, en premier lieu, dont j'estime beaucoup en Notre-Seigneur les prières, de supplier humblement Dieu pour moi, qui en ai grand besoin.

« Or je déclare que vous, ma très chère fille en Jésus-Christ, n'êtes aucunement obligée à ces *Constitutions*, afin que vous puissiez accomplir les choses pour lesquelles vous semblez avoir été appelée par Jésus-Christ ; car l'Apôtre a dit que ceux qui sont conduits par un plus haut esprit de Dieu ne sont pas sous la loi.

« Adieu, ma très dévote fille en Jésus-Christ et mère par vos mérites ; priez humblement pour moi.

« De Thonon, province de Savoie, l'année 1434, le 28 septembre.

« Je désire fort que le couvent de *Sainte-Claire*, à Assise, soit réformé par votre pieux moyen, à la gloire et à l'honneur de Dieu et au salut des âmes.

« Guillaume DE CASAL,
« *Ministre général des Mineurs, fort inutile.*
« *De sa propre main.*

« Récrivez quelque chose. »

La Sainte satisfit à ce désir du Général ; sa lettre, toute de remerciements, lui valut une réponse charmante.

« *A ma très religieuse fille en Jésus, sœur Colette, très dévote fondatrice de plusieurs couvents, à Besançon.*

« Grâces à Notre-Seigneur, ma très chère fille en Jésus-Christ, de ce que les saintes déclarations, avis et constitutions aient plu aux religieux des communautés ou collèges de vos filles, que je vous ai envoyées par votre vénérable confesseur, frère Pierre de Vaux ; et comme vous avez commencé de produire de très grands fruits de chasteté et sainteté en la vigne du Seigneur des armées, attirée par l'opération du Saint-Esprit dans l'institut de notre Père saint François et par les hauts faits de la sainte vierge Claire, ainsi persévérez en conservant et augmentant le troupeau que vous ne cessez d'augmenter et de conserver pour le service de Jésus-Christ. Dans la pratique de ces saintes œuvres, encore que vous ne puissiez pas être de plus heureuse condition que Notre-Seigneur Jésus-Christ, pour l'amour

duquel vous vous êtes consacrée à votre troupeau et à la régulière observance, il faut toutefois que vous soyez constante parmi les détrac-
tions et persécutions. Je ne doute pas que celui
qui a commencé par vous ne parachève et ne
conserve. Je travaillerai à cela de toutes mes
forces, et, s'il est nécessaire, je m'opposerai
comme une muraille à tous ceux qui voudront
détracter, afin que je conserve et défende
vous et votre troupeau, voire le mien et de
notre maître et Père saint François et de la
sainte vierge Claire. Je ne manquerai pas aussi
de vous assister et fortifier de toutes les autres
aides, lorsque par vos lettres et celles du séré-
nissime roy Jacques, devenu votre fils par la
grâce de Dieu, vous me ferez savoir ce qu'il
faudra que je fasse pour vous.

. . . .

« Adieu, ma fille en Jésus-Christ, faites prier
Dieu pour moi, et vous-même principalement,
prenez ce soin qui m'est grandement nécessaire,
parce que, par l'aide spirituelle de vos oraisons,
j'ai confiance que mes charges deviendront plus
légères. J'attends que vous m'écriviez quelque
chose de votre main lorsqu'il plaira à votre
charité.

« De Bâle, le 22 novembre 1434.

« Fr. Guillaume DE CASAL,
« *Ministre général de l'Ordre des Mineurs,*
« *De sa propre main* (1). »

1. Le Révérendissime Général assistait au Concile qui
se tenait en cette ville. Les lettres précitées et plusieurs

Cependant notre réformatrice n'était pas tout à fait satisfaite de son œuvre ; après avoir beaucoup prié Dieu de l'éclairer, elle reprit ses *Règles* en 1435 et les acheva définitivement l'année suivante. Toutes les maisons de la réforme les acceptèrent sans la moindre hésitation ; et, plus tard, à la requête de Guillaume de Casal, Eugène IV les lut avec attention, puis les approuva. Jusqu'en 1600, où il fallut les rendre conformes aux décisions du Concile

autres du même ministre sont à la Bibliothèque de Besançon. L'une de ces pièces contient le mémoire des privilèges accordés à la Réformatrice, — mémoire dressé à Thonon, le 25 septembre 1434; nous en détachons ce passage :

« Désirant vous consoler en Notre-Seigneur Jésus-Christ, je vous concède volontiers les choses suivantes : 1° que vous puissiez avoir un confesseur ou des confesseurs auxquels vous puissiez vous confesser et recevoir d'eux le très saint Sacrement ou Corps de Notre-Seigneur Jésus-Christ, quand bon vous semblera ; 2° que vous puissiez envoyer les frères vers moi et à toutes les provinces de notre ordre, tant deçà les monts qu'au delà.

« *Item*, donner licence aux abbesses de pouvoir recevoir des femmes venant pour entrer dans l'Ordre ; *item*, visiter tous les couvents que vous avez fait ou ferez, quantes fois il vous sera expédient. *Item*, changer les sœurs de couvent en couvent, pour cause juste et raisonnable, comme aussi les confesseurs et leurs compagnons, voire encore envoyer les frères de votre famille aux couvents bien réglés pour y demeurer. *Item*, que vous ayez une chambre séparée du dortoir, en laquelle vous puissiez entendre la messe qui se dira au dehors, et là, recevoir le Corps de Notre-Seigneur et aussi y manger, y boire et y coucher la nuit, voir par petite fenestre ferrée, qui y sera en dehors, méditer et parler sans compagne à toutes sœurs et à toutes personnes. » Ces lettres sont en latin, langue que comprenait la Sainte.

de Trente, elles restèrent telles que la glorieuse Mère les avait laissées. Depuis le début du xvıı^e siècle, nul ne les a retouchées, et elles suffisent toujours à la famille des Clarisses.

Les pages subséquentes révèlent, dans tout son charme, l'esprit des *Constitutions* de notre séraphique réformatrice. Voici quels commentaires lui suggèrent les cinq premiers articles du VIe chapitre de la Règle de sa vénérée Mère sainte Claire :

« Je vous prie et je vous conjure, mes chères Sœurs, de bien imprimer dans vos cœurs ces paroles, de vous en pénétrer et de les garder comme un salutaire et excellent conseil. Considérez, après la très sainte Vierge et après saint François, que telle est la volonté de N. S. Jésus-Christ. Songez que tel est aussi le désir et la volonté de saint François, qui, par son exemple et sa doctrine, depuis le commencement de sa conversion jusqu'à la fin de sa vie, n'a pas cessé d'instruire notre glorieuse mère sainte Claire et de la guider dans la voie de la perfection et du saint Evangile, en lui donnant notre forme de vie et qui lui promit, ainsi qu'à ses compagnes et à nous toutes qui les voulons suivre, de nous servir avec une diligence et un soin spéciaux, lui et ses frères. C'est pourquoi je vous prie pour l'amour de notre Sauveur Jésus-Christ d'aimer et d'embrasser toujours de bon cœur et avec joie la sainte pénitence qui est la voie la plus sûre pour aller au ciel ; pratiquez aussi avec joie notre sainte pauvreté, endurez avec

patience et résignation les travaux, les afflictions et les peines corporelles que vous trouvez
dans notre état ; aimez-les, recherchez-les,
comme véritables épouses du Saint-Esprit,
filles du Très-Haut et fidèles observatrices du
saint Evangile. Je vous prie encore, au nom de
notre Sauveur, mes chères Sœurs, de pratiquer
toujours les conseils salutaires de notre bienheureux Père saint François, de notre bienheureuse Mère sainte Claire qui sont ici écrits dans
notre forme de vie, car si, pour les biens de la
terre qui sont passagers et presque de nulle
valeur, on met tous les soins et toute la diligence à demander conseil aux avocats et aux
juristes, qui sont sujets à se tromper et qui
souvent sont pécheurs, à plus forte raison nous
qui, pour l'amour de Jésus-Christ, avons tout
abandonné et sommes mortes au monde afin de
nous donner entièrement à notre Sauveur,
devons-nous garder les susdits conseils de
notre saint Père et de notre sainte Mère, eux
qui sont sanctifiés de Dieu et qui règnent éter-
nellement avec Lui, rassasiés de tout ce que
l'Être suprême peut leur procurer de bonheur ;
ces conseils qu'ils ont pratiqués et qu'ils nous
ont donnés, tendent à nous procurer les biens
éternels. Ainsi, pour nous conformer à leur
intention et à celle de notre forme de vie, pra-
tiquez-les jusqu'à la fin (1). »

1. *Règle de l'Ordre de Sainte-Claire avec les statuts de
la Réforme de Sainte-Colette*, pp. 228-229. — Cf. Bibliothèque franciscaine, ms. 188.

Les *Constitutions* de notre Sainte « furent
encore ratifiées par le Concile de Bâle, lorsqu'il
étoit uni au pape Eugène IV », lit-on dans les
mémoires de *Sainte-Claire* de Besançon. Elles
y furent approuvées avec éloges. « Nicolas V et
Pie II les confirmèrent de nouveau. Sixte IV,
dans une bulle expresse, datée de Rome en
juillet 1472, les jugea favorablement et imposa
leur observation à toutes les filles de la sainte
Mère (1). »

Enfin, grâce au cardinal Julien Cesarini,
légat du Pape, le même Concile renouvela le
décret de Constance en faveur des Franciscains
réformés. Colette eut très vite l'occasion de
témoigner sa reconnaissance au cardinal. Jusqu'en 1437, ce dernier avait dirigé sans trop de
peine les débats conciliaires, mais l'attitude de
certains évêques, et de maints clercs inférieurs
admis aux séances contrairement à l'usage, finit
par lui rendre sa mission des plus pénibles (2).
Et les autres légats s'étant retirés, il se
sentit accablé par les charges qui lui incombaient.
La Sainte lui écrivit alors plusieurs lettres pour

1. *Mém. de Sainte-Claire de Besançon*, Biblioth. de la
ville. — Les premiers exemplaires des *Constitutions*
débutaient par ces mots : « Cy s'ensuit l'*intention* de
sœur Colette, petite et humble ancelle et indigne serviteresse de Nostre Sauveur Jhésus-Christ. » Un de ces
incunables, envoyé au couvent d'Orbe en 1430, fut plus
tard apporté au monastère de Gand.

2. Les Pères réunis à Bâle ayant commencé par attribuer au corps épiscopal une prépondérance exagérée et
illégitime, le Pape s'était vu contraint de se faire représenter par ses légats.

le réconforter et l'éclairer ; les réponses de Julien prouvent qu'elle atteignit pleinement son but (1).

On voit aussi, par cette correspondance, en quelle haute estime les dignitaires de l'Église tenaient la vierge séraphique, et comment elle pouvait parfois leur rendre de signalés services. Malheureusement, tous ne l'écoutaient pas. Ainsi, ce fut en vain qu'elle adressa des avis et des supplications aux prélats qui préparaient à Bâle un nouveau schisme.

D'autres personnages la consultaient qui n'avaient pas toujours le courage de suivre ses conseils. D'après une tradition, lorsque les adversaires d'Eugène IV offrirent le souverain pontificat au bizarre Amédée, ce prince-ermite lui en aurait écrit (2). Il se serait rencontré avec elle à Lons-le-Saulnier et lui aurait promis de repousser l'offre sacrilège qu'il venait de recevoir. Si cette entrevue eut vraiment lieu, Amédée ne persista pas longtemps dans sa bonne résolution. Loin du rayonnement de l'ancelle du Seigneur, l'infortuné retomba sous le joug du malin. Mais l'énergie de Colette — surtout quand il s'agissait des choses de l'Eglise — n'était pas moins ardente que sa charité. Dès

1. Mais les événements obligèrent le cardinal à se retirer du Concile et à regagner Rome. Ses lettres sont à la Bibliothèque de Besançon. Celles de la Sainte ne sont pas parvenues, hélas! jusqu'à nous.

2. Amédée VIII avait renoncé au duché de Savoie et embrassé la vie érémitique en 1434. Il s'était retiré dans une solitude appelée *Ripaille*, près du lac de Genève.

qu'Amédée fut devenu l'antipape Félix V en
Suisse et en Savoie, elle s'empressa de défendre
aux religieuses qu'elle avait dans ces États de
le reconnaître et même d'en accepter la moindre
faveur (1). En même temps, elle commençait de
s'infliger de dures pénitences en vue d'obtenir
de Dieu que les déplorables agissements des
Pères de Bâle ne rouvrissent pas les blessures
causées par le grand schisme.

1. Pour bien préciser ses ordres, elle se rendit elle-
même à Orbe et à Vevey. Quand Eugène IV eut solennellement dissous le Concile de Bâle, une partie considérable des Pères qui le composaient allèrent siéger à
Ferrare. Ceux qui restèrent à Bâle déposèrent Eugène IV
le 25 juin 1439 et élirent Amédée (Félix V) le 4 novembre
de la même année.

CHAPITRE XII

Mort du P. Henri de la Baulme. — Lettres de la Sainte à ce sujet. — Spiritualité du P. Henri. — Sa doctrine. — Ses conseils. — Ce qu'il pensait de la Sainte. — Ce que la Sainte et ses religieuses pensaient de ce religieux. — Voyage de sainte Colette dans le Palatinat. — Elle impose le respect à des bandits. — Fondation du couvent d'Heidelberg. — La Sainte revient à Besançon en passant par la Lorraine.

En 1439, Colette perdit le vénérable religieux qui était à la fois son Père spirituel et son fidèle lieutenant. Épuisé par un long surmenage et de grandes mortifications, le P. Henri de la Baulme était tombé gravement malade, une dizaine d'années avant, à Castres, où il avait accompagné notre réformatrice. Les prières de celle-ci l'avaient sauvé alors (1), mais que pouvaient-elles au moment de sa rechute ? Le saint vieillard avait terminé sa mission ici-bas, l'heure était venue de le récompenser. Écoutons la Sainte elle-même annoncer ce trépas à ses filles. La lettre suivante était adressée aux religieuses de Vevey, et c'est des Mémoires de ce couvent qu'elle est extraite :

« Nos très chères et bien-aymées sœurs en Dieu, tant humblement que je suis et sais, ma

1. Sœur Perrine, p. 102.

pauvre âme devant Notre-Seigneur je recommande à vos bonnes prières et oraisons, cor-
dialement désirant l'accroissement de toutes
vertus nécessaires pour le salut à vos consciences, en vous suppliant très affectueusement que vous viviez vertueusement, et persé-
véramment profitiez en la très parfaite amour
de Dieu, en la vraie observance de votre Règle
et bonnes ordonnances, et vous plaise savoir
que nouvellement m'est advenu grande douleur
et angoisse et amertume de cœur et de corps,
et non pas sans juste cause ; car le jour des
Cendres dernièrement passé, après matines,
notre R. P. frère Henri fut aggravé de sa maladie grandement, tellement que jeudi d'après,
un petit peu devant minuit, il fut amené à notre
chapelle, et là, très dévotement, en la présence
de nos dits bons Pères et Frères et moi, il reçut
très dévotement le très précieulx corps de
Nostre-Seigneur Jésus-Christ; et incontinent
après, le sacrement de la sainte onction; et
après quand il l'eut, il prit congé de toutes les
Sœurs et s'en retourna dans sa chambre, en
meilleur point qu'il n'était devant, ce nous
sembloit. Le samedi et le dimanche il fut fort
faible, et le lundi aussi, par toute la journée, et
fut en notre chapelle et oratoire en la présence
devant dite, en grande dévotion et cognoissance de Dieu, comme il fut oncques. Il ouyt
toutes les passions et recommandations de
l'âme, et, à six heures et demie après mydi, en
disant ses oraisons et parlant à Nostre-Sei-

gneur, sa belle et glorieuse âme il rendit doucement et dévotement à Dieu, notre benoît créateur. Laquelle, tant je puis et sais, chèrement et le plus très affectionnément que faire se peut, je vous la recommande, vous suppliant de tout mon cœur entièrement que, si vous l'avez aimé loyalement, lui vivant, que l'amour après son trépas ne soit point amoindri, mais augmenté, en faisant votre devoir et toutes diligences de prier Dieu pour lui, comme vous savez qu'il en est bien digne. Nonobstant que je crois qu'il est meilleur mestier qu'il prie pour nous que nous pour luy; et aussi je recommande sa belle âme au dévot père confesseur et à tous mes pères et frères; et de toute ma pauvre intention je prie le benoît Saint-Esprit qu'il vous veuille conserver en sa saincte grâce, et finalement vous octroyer la gloire du paradis. *Amen!*

« Escript à Besançon, le 26ᵉ février 1439.

« Sœur COLETTE. »

Une autre missive fut envoyée aux religieuses du Puy. La voici comme la précédente dans son expressive simplicité :

« Mes très chères et bien-aymées sœurs en Dieu, en la charité de nostre benoît Sauveur Jésus-Christ, tant humblement et chièrement que je puis, ma pauvre âme devant Nostre-Seigneur et vos bonnes prières et saintes oraisons je recommande, désirant de tout mon cœur votre bien spirituel et temporel, et vous

prie très acerte que vous soyez bonnes, dévotes
et parfaites religieuses, et que vous aimiez,
craigniez et doubtiez souverainement Dieu, et
gardiez parfaitement ses saints commandements, votre sainte Règle et vos bonnes ordonnances, et les admonitions et les beaux
exemples que B. P. frère Henri de Baulme,
dont Dieu ait l'âme, vous a tant de fois montrés et enseignés. Duquel la sainte âme de tout
affectueusement et chèrement comme je puis,
je vous recommande, comme il en est bien
digne, et nous y sommes très grandement tenues. Car il nous a toujours esté vrai père, et
bon et pieux pasteur, et je vous prie que vous
ayez toujours bonne patience en toutes choses;
et soyez humbles, dévotes, munies et garnies
de force et vertus; et tant que je puis, vous
recommande nostre R. P. frère Pierre de Reims
(de Vaux), qui labore continuellement pour
l'honneur de Dieu et entretiennement de nostre
saint estat; et à Dieu sans fin, mes très chères
sœurs; qu'il soit garde de vous. *Amen.*

« Sœur COLETTE BOYLET (1). »

A côté de la figure de Colette, si splendide,
celle du P. Henri paraît quelque peu effacée;
elle n'en est pas moins fort belle. C'était un
saint religieux dans toute la force de l'expres-

1. Voici quelle était la suscription de cette lettre :
« A mes très chères et très cordiales mères et amies en
Notre-Seigneur Jésus-Christ, l'abbesse du couvent du
Puy et à toutes les sœurs, soit humblement présentée. »

sion et un esprit hautement séraphique.
L'œuvre de notre réformatrice n'eut pas de
soutien plus ferme, plus vigilant, plus sagace.
Sa doctrine, qu'il synthétisa dans un écrit,
quelques années avant de mourir — peut-être
savait-il sa fin prochaine — révèle la limpidité
de son âme et l'excellence de sa spiritualité.
Voici cet écrit que, certainement, nul ne regret-
tera de connaître :

« Monseigneur saint Bernard, à Dieu dévot, et
singulier à la glorieuse vierge Marie, dit, en sa
doctrine que ceux et celles qui se travaillent et
sont solliciteurs de bien et distinctement et dévotement dire ou chanter les louanges de Dieu,
reçoivent et ont de Dieu, outre les aultres biens,
six grâces moult singulières.

« La première grâce est que jamais Dieu ne
laisse choir si profondément telle créature, qui
le sert de si bon cœur et si volontiers, en péchés, mais plutôt la relève par pénitence que
une aultre.

« La seconde grâce est que, non pas tant
seulement son bon ange, mais aussy les aultres
bienheureux anges et esprits de Dieu luy sont
familiers et en sa compagnie, et se réjouissent
en luy.

« La tierce grâce est que touttes les opérations de icelles personnes sont plus fructueuses
et plus utilles pour remédier tant ès vivans
comme ès trespassez.

« La quarte grâce est que celle créature pour
ce en est plus pronte et volontaire en touttes

bonnes opéracions, et plus apte et plus convenable en sa parole.

« La cinquième grâce est que Dieu, souverainement bon, jamais ne laissera telle personne en l'heure dernière de la mort, mais en
sa très grande nécessitez luy veut miséricor-
dieusement subvenir.

« La sixième grâce est que telle personne, par
la bonne diligence et sollicitude qu'il a, en bien
disant les heures et les louanges de Dieu, par-
viendra à une très grande excellence de prémiation du paradis, laquelle prémiation n'est
point doLnez qu'ès parfaits et poures cœurs ;
et celles sont bienheureux et bien avisez qui
bien servent Dieu en ce monde ycy, car c'est
l'office que font les bienheureux en paradis,
ad quam gloriam nos perducat, Deo gratias,
dit un saint docteur ; que par le droit jugement
de Dieu, celuy meure sans paroles, qui en son
office et service parle négligemment. *Deo gratias.*

« Pour l'honneur et amour de Dieu et de par
Jésus, pour éviter péchés et offanses et maulvais exemples, pour entretenir et conserver
paix et confort et dévotion, amour, unité entre
les sœurs professes et novices, le moyen prin-
cipal est d'occuper sainctement le précieux
temps au divin service et labeur de communauté, selon la forme de la sainte Règle ; et
quand on parlera es lieux et temps, que les paroles que l'on dira soient de nécessité, hutilité,
et de bonne édification ; et communément que

l'on parle de Dieu, de sa bonté, de ses bénéfices, des saints et saintes, et des vertus, de la règle, des saintes ordonnances, des perfections de nostre saint estat, et briefvement des choses appartenant au salut de nos âmes, et par si bonne manière, humilité, charité, dévotion, discrétion, que les ouyans y preignent grande édification; et que touttes paroles oyseuses et noyseuses, soient du tout à perpétuyté retranchiées et déboutées de toutte la communauté; car monsire saint Paul dit que les maulvaises paroles corrompent les bonnes mœurs; par tel maulvais langage le précieux temps de Dieu l'on perd périleusement, les consiances sont blaissées, charité et dévotion grandement refroidies, l'office divin en est diminué d'amour et révérance, les confessions sont studieuses et vaines et sont multipliées, et souverainement murmuration, détraction, division, discensions les randent infructueuses. La sainte règle nous ordonne qu'elle soit gardée, et que les mauldits péchés soient de toutes hays, répudiés, persécutés et déboutés comme annemis mortels de saincte charité, procédant de la racine de mauldite envie qu'est du salut mortelle annemie; c'est le venin mortifère des âmes, et des oyans elle procure la mort très amère de la vraye vie de Jésus-Christ pour nous crucifié, pour icelle punir et extirper à perpétuité du couvent de céans, sans quelquonque espoir de jamais y celle maudite et escommuniée devant Dieu et les anges réytérer, ne profaner le lieu et porte par

là où entre le précieux corps et sang de Jésus-
Christ.

« Je, frère Hanry de Baulme, le plus grand
des pécheurs, et néalmoins de cœur pour vostre
salut perdurable par divin amour, et pour la
purité et innocence de vos cœurs plus paisible-
ment garder, et pour mieux conserver vraye
paix et unité en la communité : si une Sœur
murmure, en l'absence de sa Sœur soit prélate
ou subjecte, celle qui oyra ladite murmurante
la doit incontinent par charité reprendre comme
celle qui porte un venin mortel en sa bouche;
après le doibt dire humblement à l'Abbesse,
qui lui fasse dire sa coulpe à la colacion ou au
digner, selon l'heure que l'offanse aura été per-
pétrée; et la Mère lui ordonnera de demander
pardon aux Sœurs et de baiser leurs piés, ou
aultres pénitences, selon la griefveté de l'offanse. Bien me plaist et ainsi le commande
Nostre-Seigneur Jhésus-Christ et le conseille,
que la sœur qui voit défaillir sa sœur est tenue
de la corriger, mais nullement n'en doit mur-
murer, ne autre conscience blaisser ny empes-
cher. La sainte Écriture défand que l'on ne
médie point du sourd; assez est sourd qui ne
peut ouyr le murmure que l'on faict contre luy,
pour excuser son innocence ; vraye charité
veut que l'on ne die d'aultruy que ce que l'on
voudrait ouyr de soi; prenez y garde, c'est le
vray dommage de soi et d'autres, qui bien con-
gnoissant l'offanse, et par négligence ou dissi-
mulation point n'y pourvoyent, et par ainsy la

religion vienne à totale perdition, ruyne et confusion; pourtant je veux que hâtivement et
diligemment l'on y pourvoye par condigne et
salutaire correction, pour éviter, au jour du
jugement, perdurable damnation et malédic-
tion; pareillement, par divine amour, j'ordonne
que quand les prélates par office, et les sub-
jectes par évangélicque ordonnance, corrigent
leur sœur en aulcune chose défaillante, que
icelle ditte sœur preigne doulcement, bénignement, humblement la charitable correction,
comme fille de paix, et qu'elle leur remercie
courtoisement de la bonne charité qu'elles leur
montrent de la reprendre, affin qu'une aultre
fois, l'on luy puisse fiablement remontrer ses
défaults et amoureusement, pour toujours
mieulx extirper les maulvaises herbes du jardin de Jhésus-Christ, et les bonnes plus am-
plement croître et multiplier, comme raison et
consciance justement le veulx qu'il n'y aye
faulte; et si aulcune, par faulte de vraye humilité, se trouble et hâtivement se courrouce par
signe ou par parole orgueilleuse ou injurieuse,
ycelle soit accusée à la Mère; comme dict est
devant, et pugnie selon sa faulte et selon son
délit et mauvais exemple; car la vraye et nécessaire médicine de religion, pour extirper
toute imperfection, c'est par la bonne pénitence
et discrette et charitable correction; car, sans
correction, c'est chose impossible de venir à
perfection. La raison est qu'il n'y a homme
quy ne pesche; et Monsieur saint Jacques dit

qu'en maintes choses nous défaillons tous; et
Monsieur saint Jean dit que, si nous disons
que nous sommes sans péché, nous mantons et
vérité n'est point en nous. Or donc, si nous
peschons, comme vérité est, et si nous refu-
sons et déprisons, par nostre mauldit et des-
loyal et traistre orgueil, la correction fraternelle de nos prélats ou d'aultres, nous sommes
tous apparans d'estre parfaicts annemis de
nostre salut propre et de Jhésus-Christ qui
nous a tant aymés, et des anges et de tous
saincts et sainctes qui désirent et font grandes
festes quand nous nous convertissons et corri-
geons à pénitence volontaire.

« Hélas! comme maulvais exemple au prochain démontrons, quand nous déprisons leur
bonne correction, à laquelle faire Jhésus-Christ
les oblige! Ton grand orgueil les empesche de
le faire méritoirement, et ainsi, par ta défaulte,
en remords de consciance tu demeurerois; car
tu mets ton grand orgueil pardessus le charitable conseil de Jhésus-Christ. Considère, je te
prie, si tu dois vouloir que l'on délaisse le
conseil de ce bon Jhésus-Christ, pour obtem-
pérer à ta perverse inclination, au grand péril
des deux partyes devant le Juge des juges; à sa
vraye sentence je te convie; mais encore du
mieux, je te dis que tous ceux et celles quy, par
maulvais orgueil et exemple, se sont conformés
à ycelle mauldite condition de ne vouloir porter
correction, ensemble participans serez de l'offanse et horrible punition, au jugement du très

redouté Juge Jhésus-Christ, quy daigna porter patiamment, en souveraine humilité et charité, la sentence très cruelle de mort, luy très innocent; c'estoit pour nous tous. Je te prie et m'en crois; ton profit sera, essaye-le, je t'en donne congé. Je te demande: que répondras-tu, à l'article de ta douloureuse mort, devant luy, quand il te monstrera toutte sa douloureuse passion et tout ce qu'il a faict pour nous, et avec tant peu avons enduré pour l'amour de luy et pour nos propres faultes, grandes et innumérables, si bien profondément et arrestement nous y voulions penser? Pour tout vray, nous porterions joyeusement touttes punitions, corrections, persécutions, povreté d'abit, de couvrechief, de viande et breuvage, dureté et froidure des piés et toutes tentacions, pénitances, maladies, adversités, voire la mort, si besoin fesoit, pour son amour et honneur, pour le salut de nostre prochain et le nostre, pour éviter les tortures perdurables et amoindrir la peine et douloureuse punition de purgatoire, et pour seurement obtenir le souverain bien de gloire, lequel, par sa grâce pure, nous octroye le Père, le Fils et le benoist Sainct-Esprit; à la requette de la Vierge, mère de miséricorde, de saint François, de sainte Claire et de toutes les esleus. Amen. Priez pour frère Hanry de Baulme quy désire vostre salut. De par moy, le vendredy dedans le octave de sainct François, l'an mil quatre cenpt et trente cinq.

« Ma humble mère et touttes mes très aymées

sœurs en nostre piteux Rédempteur, affin que
ceste lestre soit mieulx observée, pour le bien
de toutes vos âmes, je vous ordonne charita-
blement qu'elle soit lue une fois la semaine,
devant la Communité, pour éviter l'ignorance,
et que l'on ne fasse du contraire, affin que paix,
amour, charité, règnent au couvent, et, de plus,
je veux et ordonne que nos mères vicaires et
les discrettes veillent diligemment, en remon-
trant aux sœurs, par divin amour, qu'elles
gardent en pureté de cœur, loyauté et vérité,
mes sainctes ordonnances, pour leur salut ; et,
si aulcunes sont victimes en fesant du contraire,
ce que Dieu ne permette, seront tenues de me
le faire savoir en lieu et temps ; et celles qui
mes ordonnances à leur pouvoir accompliront,
la perdurable bénédiction du Père, du Fils et du
benoist Saint-Esprit, et de toute la cour du
paradis, leur en soit donnée. *Amen.*

« Sans fin priez pour moy et pour nostre
mère Colette de Dieu élue en Jhésus-Christ (1). »

D'autres conseils du vénérable Père se trouvent dans un écrit qui s'adressait aux religieux
chargés de prêcher dans les communautés colettines : *Mémoire des matières pour parler aux
Sœurs, pour le bien commun :*

« Premièrement, dit-il, il faut administrer
aux sœurs leur nécessité, à telle heure qu'elles
soient confortées, et que l'office divin ne soit
diminué.

1. Afin que les religieuses se pénétrassent mieux de
ses enscignements, le P. Henri les répéta en bouts rimés.

« Item, que le sainct temps soit bien employé ès jours fériaulx au labeur manuel d'obédience, travaillant toujours le cœur à Dieu; ès dimanches et jours de feste, au labeur fervent de sainte oraison, méditation, dévotion, contemplation; leçons, s'unissant à Dieu, procurant au possible le salut du peuple par charité. Je prie aux sœurs que, si auculnes des jeunes professes disent leur advis de conscience sur aulcune chose touchant la communité ou seulement de leur estat, qu'elles soient doulcement ouyes et en vérité exaucées; comme veut la règle.

« Item, que nulle ne soit tant adultée et obstruée en sa propre opinion, que la meilleure et plus expédiente ne soit exaucée et préférée.

« Item, je conseille et veux que quand aulcune vouldra, par grand amour et divine charité, reprendre et corriger sa sœur défaillante, qu'elle présente devant à la sainte Vierge ung *Ave Maria*, afin que la correction soit fructueuse.

« Item, que l'on ait aussi grand confort du bien de sa sœur que du sien propre, et que l'on soit couroucé de son mal semblablement.

« Item, que les édifices, par nostre grand mère accomplis, que jamais l'on en fasse d'aultres, ni quelconques édifices, sans son seu et mandement.

« Item, que l'on ait un bon et seur advis pour faire les provisions pour la communité, en évitant touttes superfluités et trop grande distraction; par raison doit suffire notre nécessité.

Item, je conseille que l'on aye **trop plus** grand soing de pourvoir au bien de l'âme que à celui de la rebelle charogne (1). »

Très tôt après être devenu le directeur spirituel de Colette, le P. Henri s'était mis à écrire la vie de son admirable pénitente. Mais celle-ci, en ayant eu vent, se fit apporter l'écrit et le livra aux flammes, après avoir obtenu de son auteur, qu'elle se permit de gronder, la promesse formelle de ne pas recommencer. Ainsi, l'homme le mieux renseigné sur notre réformatrice, celui qui possédait les éléments nécessaires pour en tracer un fidèle portrait, s'en trouva empêché par elle-même. C'est évidemment regrettable, mais la belle leçon d'humilité! Au moins sait-on, par la tradition, qu'il était fermement convaincu de la sainteté de l'humble ancelle. Il affirmait aux religieuses que si le Saint-Père connaissait comme lui les mérites de la glorieuse Mère, il n'attendrait pas longtemps après sa mort pour la canoniser.

De son côté, Colette regardait comme un saint l'éminent religieux. Il opéra quelques

1. Le manuscrit original qui contient ce mémoire avec les bouts rimés et les pages doctrinales se trouve à Gand. Il en existe une copie aux archives des Clarisses de Besançon. D'autres écrits du P. Henri — des traités de spiritualité — forment un manuscrit que possède la Bibliothèque de Besançon. Quelques-uns sont des œuvres originales et les autres des traductions des Pères. D'après un inventaire de 1790, cet ouvrage aurait été composé en 1418. Enfin, on attribue à notre vénéré religieux les quelques recommandations que présente le *Rituel* des Clarisses de Besançon.

miracles pendant sa vie, et, quand son âme se
fut séparée de son corps virginal, celui-ci
devint tendre comme la chair d'un petit
enfant (1). Persuadée que des prodiges s'accom-
pliraient sur la tombe d'un tel serviteur de Dieu,
notre Abbesse le fit inhumer au chapitre même
des Sœurs, dans la clôture, et non dans l'église
du couvent; car, dans ce dernier lieu, les gens
se seraient portés en foule et leur mouvement
incessant eût troublé les offices.

« Nous tenons pour bienheureux le frère
Henry de la Balme, confesseur de notre béate
mère, déclarent les religieuses de Besançon.
Son corps fut relevé plus de cent ans après son
décès, en 1554, aussi entier et intègre, et ses
ossements aussi fermes et durs que s'il n'y
avoit eu que bien peu de temps qu'il soit mort,
et même rendant une bonne odeur, sans que
jamais l'on en ait mis aucune. Nous le gardons
en grande révérence dans une caisse enveloppée dans un taffetas violet. Nous avons
toujours expérimenté qu'il fait beaucoup de
grâces aux religieuses qui ont recours à lui
dans leurs besoins spirituels et corporels. Nous
trouvons même dans nos vieux écrits qu'il
avait été enterré, comme nous, sans cercueil,
et la terre qui se trouvoit autour de son corps
était fine comme farine, et élevée d'un grand
pied en forme de voûte, de toute la longueur de
son saint corps, et sans le toucher aulcunement,

1. Ceci se trouve consigné dans un vieux mémoire
conservé à Besançon.

et son chef contenoit une précieuse liqueur
qui fut par mégarde espanchée par terre, mais
qui rendit une odeur si admirable, si suave,
qu'il sembloit être une exhalaison du paradis,
qui fut répandue par tout le couvent (1). »

Pendant le Carême de 1439, Notre-Seigneur
apparut à son ancelle, le corps tout déchiré de
coups, dans l'état où il était lorsque Pilate dit,
en le montrant aux Juifs : *Ecce homo!* Et la
vierge séraphique fut si profondément touchée
à cette vue, qu'elle ressentit toutes les douleurs
de l'Homme-Dieu à ce moment de sa Passion,
et que son corps se couvrit de blessures semblables à celles qu'avaient reçues les divins
membres. Elle resta trois jours dans sa cellule,
où ses filles la trouvèrent prostrée. Mais son
épuisement ne dura guère ; bientôt, retrouvant
une vigueur nouvelle, elle se rendit dans le
Palatinat, où, depuis longtemps déjà, l'attendaient Louis III et Mahault.

Ces derniers, d'une part, la Sainte, de l'autre,
s'étaient engagés, en 1428, par contrat notarié,
à fonder un couvent à Heidelberg; les princes
devant fournir l'argent nécessaire, l'Abbesse

1. *Lettre des Clarisses de Besançon au P. Dunod.
Arch. de la ville. Inventaire de 1790.* — Le corps du
P. Henri fut « translaté » au chapitre par le P. Arnoux,
confesseur du monastère, le 15 février 1615. Enlevé par
les religieuses quand éclata la tourmente révolutionnaire,
il fut déposé, en 1822, au couvent de Poligny, par le
P. Firmin, et restitué, en 1887, au couvent de Besançon.
D'après ses vénérables ossements, on peut supposer,
note l'abbé Larceneux (12e cahier), que le P. Henri « étoit
d'une riche et belle taille, d'une forte constitution ».

devant organiser la communauté. Et cet engagement liait les successeurs des contractants, afin que, si l'un d'eux venait à décéder, la réalisation de l'œuvre n'en souffrît point. Car Louis et son épouse tenaient beaucoup à avoir des Clarisses dans leur capitale.

Les événements avaient obligé notre réformatrice à différer ce voyage; dès qu'il devint possible, elle se hâta de l'entreprendre avec quelques-unes de ses filles. Comme il fallait s'y attendre, il ne se fit pas sans encombre. Des bandits arrêtèrent, dans une forêt, les servantes du Seigneur et sommèrent l'Abbesse de leur livrer tout ce qu'elle emportait. Le butin n'eût pas été si maigre qu'on pourrait le croire, car les religieuses les plus pauvres, quand elles allaient au loin, surtout pour fonder une maison, devaient forcément se munir d'argent, de vivres et de bagages. La perte de leur viatique eût mis nos Colettines dans un très cruel embarras. Heureusement, grâce à la protection des saints, Colette ne s'effraya point; aux menaces, elle répondit par une véritable harangue et impressionna si bien les brigands qu'ils laissèrent passer la pieuse troupe, sans lui rien dérober, et proposèrent même de veiller sur sa marche(1).

Les souverains du Palatinat soupiraient après notre Sainte, et parce qu'ils l'aimaient

---

1. Pour parler à ces brutes, la Sainte se servit de leur idiome, ce qui contribua probablement à les toucher. Dieu avait donné à son ancelle le don des langues; rappelons qu'elle comprenait très bien le latin.

sincèrement, et parce qu'au nombre des religieuses voyageant avec elle se trouvaient leur
propre fille et la sœur même du prince. Il leur
fut doux de constater que Dieu les récompen-
sait magnifiquement d'avoir tenu leur parole.
La jeune Élisabeth goûtait, à vivre loin du
siècle, un immense bonheur. Aussi, quoiqu'il
lui eût été doux de séjourner près de ses
parents, accepta-t-elle, en brave servante du
Christ, de repartir avec la glorieuse Mère
qu'elle vénérait, lorsque la communauté d'Heidelberg eût été organisée (1). Quant à la tante
de cette angélique Clarisse, l'autre Sœur Élisabeth, elle resta comme Abbesse.

Le départ de leur Mère affligea d'autant plus
les religieuses qu'elles se sentaient un peu per-
dues sur cette terre étrangère; de son côté,
Colette ne fut pas sans éprouver beaucoup de
chagrin. Toutes comprenaient qu'elles ne se
reverraient plus ici-bas, et cette séparation leur
était dure. Peut-être aussi plusieurs avaient-
elles l'intuition que ce couvent, où la réformatrice ne pourrait revenir, ne tarderait pas à
s'anémier. En effet, c'est ce qui arriva; la communauté, réduite à quelques sujets, céda la
place à des Frères-Mineurs venus dans le pays
pour combattre les erreurs de Jérôme de
Prague.

En quittant Heidelberg, Colette se dirigea
sur Nancy; elle devait s'y concerter avec le duc

1. Cette Élisabeth devait mourir à Gand, près de la
sépulture de sa chère mère spirituelle.

de Lorraine, René d'Anjou, et son épouse Isabelle, pour fonder un couvent. Dès qu'ils eurent choisi une ville où cette œuvre pût se développer dans des conditions désirables — ce fut Pont-à-Mousson — elle se remit en route. Peu après que les travaux eurent été commencés, celui qui les dirigeait, le Frère Deschaux, faillit périr victime d'un accident. Deux pans de mur s'écroulèrent sur lui. Mais notre Sainte, prévenue aussitôt surnaturellement, implora la miséricorde divine pour ce religieux, dont l'âme avait grand besoin d'une purification. Et, comme toujours, Notre-Seigneur l'exauça. De retour à Besançon, la diligente Abbesse composa la future communauté de Pont-à-Mousson; mais ce fut seulement après sa mort que les religieuses qu'elle avait choisies purent prendre possession de leur monastère.

CHAPITRE XIII

A peine avait-elle repris sa vie ordinaire dans son cher couvent de Besançon que notre Sainte eut la doûleur de voir son œuvre menacée par un de ceux mêmes qui l'auraient dû soutenir. En effet, sur les conseils de saint Jean de Capistran, le Pape avait résolu de réunir tous les Frères-Mineurs sous la règle de saint François et toutes les Clarisses sous celle de sainte Claire, au moyen de *Constitutions* plus accessibles à tous (1). Ainsi unifiée, la famille franciscaine deviendrait une force irrésistible, pensait-il, une armée redoutable qui ne tarderait guère à rendre nulles les tentatives schismatiques. Mais, pour introduire dans cette union les couvents français, il fallait que Colette sacrifiât ses desseins à ceux de Jean. Ce dernier alla le lui dire au nom d'Eugène IV.

C'était obéir sans doute à d'excellentes intentions, mais mal choisir son heure et en user par trop légèrement avec l'ancelle du Seigneur. Celle-ci avait obtenu de si merveilleux résultats en quelques années qu'il était injuste autant qu'inhabile de lui imposer un nouveau mode d'action. De plus, en touchant à son œuvre, on risquait d'en arrêter l'extension; car pouvait-on le faire sans froisser bien des âmes? Un des meilleurs éléments de succès d'une réforme, n'est-ce pas, après la grâce divine, la personnalité du réformateur?

Le lendemain de son arrivée à Besançon, Jean se présentait à la grille du parloir de sainte Claire (2). On devine le douloureux éton-

1. Saint Jean de Capistran venait de propager avec succès, dans les monastères italiens, la réforme de saint Bernardin de Sienne, dont il était le disciple. D'après une tradition, Bernardin, qui était né un an environ avant Colette, se proclamait le vicaire de la Sainte en Italie.

2. On peut placer ce voyage au printemps de 1440. Ce fut après la déposition d'Eugène IV par les schismatiques de Bâle que Jean de Capistran fut envoyé comme

nement de la vierge séraphique quand le Saint
lui demanda de renoncer à sa réforme pour
adopter celle dont, avec l'autorisation du Saint-
Père, il était le propagateur. Un tel coup l'affecta d'autant plus qu'il la surprit brusquement;
elle demeura comme assommée, et dut remettre
sa réponse au surlendemain. D'inexprimables
souffrances la tenaillèrent pendant ce temps;
car si notre Sainte tenait à sa réforme, elle
entendait ne pas désobéir au Pape. Comme toujours, elle se réfugia dans la prière. Averties
de l'épreuve qui l'assaillait, ses filles l'aidèrent
de leurs oraisons en se succédant, deux par
deux, devant l'autel, la nuit aussi bien que le
jour. Elles offrirent des mortifications particulières et se livrèrent à des processions qui coû-
tèrent du sang à Colette; car c'est en se traînant
sur les genoux qu'elle les suivit.

Quand expira le délai qui lui avait été accordé,
elle pria Jean de la laisser à ses réflexions pendant trois jours encore. Peu après, elle consul-
tait ses religieuses, et, sur leur réponse qu'elles
agiraient selon sa volonté, elle les invitait à ne
pas consentir et à redoubler d'austérité. Elle-
même leur donna l'exemple, bien résolue à faire
en quelque sorte violence au ciel. Mais déjà
Notre-Seigneur arrêtait l'épreuve. Apparaissant à l'ardent Franciscain lorsque celui-ci fut de
retour dans sa cellule, chez les Colettins, il lui

légat du Pape « ad partes Franciae », et il s'arrêta
auprès du duc de Milan avant de gagner la Bourgogne.
(Cf. *Boll.*, oct., t. X, pp. 297 et suiv.)

ordonna de ne plus insister auprès de son ancelle dont la réforme avait sa pleine approbation. Jean comprit alors les conséquences de son acte trop peu réfléchi ; tout bouleversé à la pensée des tourments que la servante de Jésus avait ressentis par sa faute, il accourut à *Sainte-Claire* dès le lendemain matin. « O sœur Colette, fit-il, je te crie mercy, je te dis ma coulpe de t'avoir empêchée et perturbiée sans cause ; et jamais de ceci ne te molesteray, car je cognois que ta réforme est selon Dieu et saint François ; persévère comme tu as commencé, car Dieu est avec toi (1). » .

Après un tel aveu, rien ne pouvait plus empêcher le Saint et la Sainte de sympathiser ; ne s'estimaient-ils pas réciproquement et ne poursuivaient-ils pas le même but ? Ils eurent plusieurs entretiens au cours desquels notre Abbesse retrouva les accents avec lesquels elle avait parlé à saint Vincent Ferrier. Sa sáinteté se révéla dans toute sa splendeur à l'apôtre franciscain, aussi, pensant avec raison qu'une telle réformatrice spiritualisait admirablement son entourage, lui demanda-t-il, avant son départ, d'emmener comme compagnon de voyage « un religieux choisi de sa main (2) ». A partir de ce moment, il ne cessa de défendre et de préconiser la réforme colettine.

1. *Récit ms. de Sœur Marie de la Marche, fille du roi Jacques, rapporté par le Frère Claude Champion.* Biblioth. de Besançon.

2. R. P. Sylvère, p. 364.

Les liens qui unissaient notre glorieuse Abbesse à la maison de Bourgogne n'avaient point été rompus par la mort de l'épouse de Jean sans Peur. Le fils de ce dernier, Philippe le Bon, se garda bien de dédaigner les conseils de notre Sainte (1). Son influence le détourna peu à peu de l'alliance anglaise et finit par le réconcilier avec Charles VII. On peut croire, avec M. Siméon Luce, que la vierge séraphique, grâce à l'usage qu'elle fit de ses relations avec les différents partis, contribua beaucoup à pacifier la France.

L'assassinat de Montereau avait creusé entre les maisons de Bourgogne et de Bourbon un fossé que rien ne devait combler, semblait-il. Or, « cinq jours après cet assassinat, le dauphin allouait à Charles de Bourbon une pension annuelle de 600 livres tournois, et le 21 août suivant, il le nommait son lieutenant général dans les pays de Languedoc et de Guyenne. Comment un prince ainsi comblé des faveurs du chef du parti armagnac aurait-il pu prétendre à la main d'une des filles de Jean sans Peur? Cependant, les négociations matrimoniales ne tardèrent pas à être renouées, et il

1. C'est sur ses instances que Philippe fit, en 1436, une ordonnance pour punir d'une amende les « blasphèmes, mépris et autres graves injures envers le saint nom de nostre Créateur ». (*Arch. de la Côte-d'Or.*) Et c'est évidemment sous l'influence de la Sainte que l'épouse de Philippe, Isabeau de Portugal, avait ordonné des prières publiques pendant que l'on négociait pour le traité d'Arras.

est remarquable que la reprise de ces négociations coïncida avec le séjour de Colette à Moulins. Nous sommes donc autorisés à croire que
la mère spirituelle de Marguerite de Bavière et
de Marie de Berry a contribué plus que jamais
peut-être à préparer les voies, à lever les obstacles d'ordre moral au mariage qui fut célébré
à Autun, le 17 septembre 1425, entre l'héritier
présomptif du duc de Bourbon et la fille cadette
de la duchesse douairière de Bourgogne. Or,
d'une part, la nomination d'Arthur de Richemont, beau-frère de Philippe le Bon, au poste
de connétable de France, due à la prévoyante
initiative de la reine de Sicile; d'autre part, le
mariage du comte de Clermont avec Agnès,
mené à bonne fin sous l'influence des bonnes
relations ménagées par Colette entre Marie de
Berry et la veuve de Jean sans Peur, cette
nomination et ce mariage, disons-nous, sont
incontestablement les deux faits qui ont servi
d'acheminement au célèbre traité du 21 septembre 1435. En vérité ces deux faits consa-
craient déjà la réconciliation domestique des
deux maisons de France et de Bourgogne, dont
la paix, négociée dix ans plus tard à Arras
entre Philippe le Bon et Charles, duc de Bourbon, son beau-frère, consomma la réconciliation
politique (1). »

Saluons donc en notre Sainte une bienfaitrice
nationale. En parlant de la sœur de Charles le

1. M. Siméon Luce, *loc. cit.*, p. 89.

Sage, M. Siméon Luce dit qu'une dévote ayant de l'esprit est le plus consommé des diplomates (1); Colette était encore mieux douée que l'aimable Yolande, elle avait l'esprit séraphique et le Saint-Esprit lui prodiguait les sages inspirations.

Quand l'unité nationale eût été reconstituée par le traité d'Arras, rien ne s'opposa plus à ce que la réforme colettine s'étendît en Picardie et en Artois (2). En redevenant françaises, les villes situées sur la rive droite de la Somme retrouvaient la tranquillité. Toutefois notre Abbesse ne se rendit pas tout de suite à l'appel du duc de Bourgogne, qui avait obtenu en 1437 (bulle du 15 juin) l'autorisation de fonder un couvent à Hesdin. Non pas que le choix de cette ville lui parût défectueux; mais, s'il n'y avait plus rien à craindre dans les cités, les routes restaient dangereuses. D'autre part, elle tenait à ne pas multiplier trop vite les monastères afin de les mieux imprégner de séraphisme. Enfin ses forces s'épuisaient, et sa vaillance ne l'empêchait pas de désirer un moment de repos. Le Ministre général de l'Ordre franciscain, Guillaume de Casal, mit fin à ses hésitations; le 1er juin 1440, il lui écrivit de ne plus différer cette fondation (3).

1. *Loc. cit.*, p. 67.
2. En toute occasion, Colette se montra patriote excellente. M. Siméon Luce fait remarquer qu'elle n'a fondé aucun couvent sur les territoires occupés par les Anglais. (*Loc. cit.*, p. 87.)
3. Peu auparavant, il lui avait expédié, de Gênes, où

Cependant, les préparatifs d'un voyage aussi long ne pouvant s'improviser en quelques jours, et, d'ailleurs, mille soins retenant encore la Sainte en Bourgogne, ce fut seulement l'année suivante, à la fin du printemps, qu'elle se mit en route. Il lui avait été dur de s'éloigner de son cher couvent de Besançon, où elle espérait travailler en paix à sa sanctification ; elle se consola en pensant que la Providence l'envoyait près de la tombe de son cher et vénéré P. Pinet (1). Avant qu'elle n'arrivât à sa destination, un accident lui valut l'intervention de cet excellent religieux. Son chariot ayant versé, notre Abbesse s'était démis un bras ; et toujours courageuse, toujours avide de mortifications, elle n'avait point voulu s'arrêter quoique ses souffrances fussent aiguës. Alors le P. Pinet lui apparut et la guérit, non sans lui avoir amicalement reproché de ne pas l'avoir appelé tout de suite. Elle ne put cacher longtemps ce prodige à ses filles, qui soupçonnaient bien qu'il y avait du surnaturel dans une cure aussi

se tenait le chapitre général, le privilège d'avoir à sa disposition, en tous lieux et couvents, quatre Franciscains, qu'elle pourrait envoyer, selon que l'exigeraient ses intérêts spirituels ou temporels, dans les différentes provinces de l'Ordre. Les Conventuels ne virent pas sans déplaisir ce nouveau privilège, et ils essayèrent de le faire annuler avec les précédents ; mais ce fut en pure perte. Guillaume de Casal ratifia tout ce qu'il avait accordé à Colette et à son confesseur. Ses deux lettres sont à la Bibliothèque de Besançon.

1. On se rappelle que ce religieux avait passé les dernières années de sa vie à Hesdin et qu'il y avait été inhumé.

soudaine; et c'est par leurs soins que le fait fut
relaté plus tard (1).

A Hesdin, par suite de la négligence des
intendants de Philippe, le monastère était à
peine achevé, et il restait à construire la chapelle. En outre, les bâtiments destinés à la communauté ne pouvaient recevoir que peu de personnes. Or la Sainte désirait y établir une
maison-mère des couvents du Nord, force lui
fut d'augmenter d'une aile la construction. Et
comme le duc, surpris de la promptitude de sa
décision, parlait des frais d'un agrandissement
si considérable, pensant bien les prendre à sa
charge, Colette lui répondit très simplement de
ne pas se mettre en peine, que la Providence y
pourvoirait. En effet, à la vive stupéfaction de
Philippe, elle allait bientôt trouver l'argent
nécessaire à ses projets dans son oratoire même.
Et Notre-Seigneur lui accorda encore une source
d'eau pure, dont la maison avait grand besoin.
C'est la protection céleste qui permet aux saints
de vaincre tous les obstacles et de fonder toutes
les œuvres; en les aidant de leurs ressources,
les riches de ce monde ne sont que les auxiliaires du bon Dieu.

A la fête de la Sainte-Trinité, la chère ancelle
eut une extase qui l'affecta très douloureuse-

1. C'étaient les Sœurs Guillemette Chrestienne, Agnès
de Vaux, Marie d'Ornans, Perrine de la Baulme et Elisabeth de Bavière. Cette dernière avait été guérie d'une
infirmité par la Sainte au début du voyage. Un signe de
la croix avait rendu la vue à l'un de ses yeux.

ment en lui révélant certaines épreuves desti-
nées à son couvent d'Hesdin. Mais la fête du
Saint-Sacrement lui valut une vision consola-
trice : celle du triomphe de ses filles, victorieuses
par leurs vertus.

En 1442, notre Sainte partit pour Gand, où
elle devait installer une communauté. Depuis
plusieurs années, quelques notables de cette
ville, à l'instigation d'Hélène Sclapper, demandaient un couvent de Clarisses. Mais Colette ne
pouvait s'occuper de cette fondation avant
d'avoir terminé celle d'Hesdin, et l'on vient de
voir combien elle avait tardé à se rendre en
Artois (1). Elle fit son entrée dans la cité gan-
toise le 3 août, entourée d'une vénération générale. Sa renommée de thaumaturge et d'ascète
l'y avait précédée. Les Flandres et les États de
Bourgogne appartenant au même prince,
l'échange des nouvelles entre ces régions se
trouvait facilité de toutes les manières.

La réformatrice ne séjourna que quelques
semaines à Gand ; ce fut assez cependant pour
qu'elle y déterminât des vocations et y ranimât
la ferveur de plusieurs mondaines (2). Le monas-

1. Une lettre que notre Sainte envoya, de Besançon,
aux notables gantois pour s'excuser de ne pas se rendre
immédiatement à leur appel, a été reproduite dans la
Sainte Colette de l'abbé Douillet, pp. 392 et suiv.

2. A son retour à Besançon, vers la fin de cette même
année 1442, elle écrivit à l'une de ces mondaines, Marie
Boen, une lettre de direction spirituelle qui se trouve
aujourd'hui à la Bibliothèque de Besançon. (*Liasse concernant les Clarisses.*)

tère qu'elle venait d'organiser se distinguait par une telle pauvreté qu'on l'appela Bethléem ; elle lui donna comme abbesse la fille du duc de Bourgogne, Sœur Odette.

Le 11 octobre, Colette était de retour à Besançon, où elle devait se rencontrer de nouveau avec saint Jean de Capistran. Ils avaient à examiner comment il convenait de procéder pour accroître la spiritualité de l'Ordre franciscain et pour maintenir dans leur fidélité au véritable chef de l'Église les provinces de France. Après qu'ils eurent élucidé ces questions, le Saint et la Sainte allèrent visiter les Observants de Dôle, et Jean admira fort leur séraphisme.

Tandis qu'il était auprès d'eux, il reçut d'Isabeau, la duchesse de Bourgogne, un message qui le priait « de vouloir réformer les Cordeliers d'Abbeville, afin qu'ils peussent assister, gouverner et confesser les religieuses de Sainte-Claire que le Sieur de Saveuse vouloit establir en la cité d'Amiens, chose que l'épouse du duc Philippe le Bon n'eust jamais entreprise, si la réformatrice Colette, soigneuse du profit de ses filles, ne l'y eust employée (1) ». Tout était pour encourager un tel dessein ; le 2 novembre, Jean envoya les Frères Aleaume, du Four et Pierre de Vaux à Abbeville, avec charge et pouvoir de ramener à la Règle primitive les religieux de cette ville. « Mais cela fut sans effect aucun, les

1. P. Sylvère, p. 374.

Conventuels occupateurs de ceste maison ne voulant prendre ceste médecine purgative. Ce ne fut qu'en 1467 que Frère Pierre Chambon et Frère Bernardin, religieux du monastère de Dôle, firent l'heureux coup de ceste réformation (1). »

Quand il eut regagné Besançon avec notre réformatrice (2), Jean, pour renforcer les pouvoirs de celle-ci, lui donna l'acte suivant :

> « *A sœur Colette, de l'Ordre de Sainte-Claire, toute dévouée à Dieu le Christ, notre très chère fille dans le cœur de l'Époux des vierges, Jean de Capistran, de l'Ordre des Mineurs, de par le Siège apostolique et le très révérend Père vicaire général, commissaire général en deçà des monts, souhaite le salut et la paix éternelle dans le Seigneur.*

« Désirant, avec une affection paternelle, vous consoler dans le Seigneur, par ces présentes je déclare ratifiées et confirmées toutes les faveurs

1. P. Sylvère, pp. 374-375. — Sur la maison d'Abbeville, cf. Gonzaga, *De orig. seraph. rel.*, édit. de Venise, 1603, p. 652.

2. A ce moment, Colette reçut un messager de ses filles d'Hesdin, et ce lui fut une occasion nouvelle de manifester sa voyance. Ce messager, le Frère Croiquoison, apportait des nouvelles et venait chercher des instructions. Mais, ses nouvelles, à son profond ébahissement, notre Sainte les compléta. « Elle luy dist que Katherine Annette, qui estoit de Gand et estoit trespassée à Hesdin, estoit venue vers elle et lui avoit laissié cheoir un escrit, en disant : « Mère, priez pour moy, je suis « trespassée... » Je l'ay oy dire à frère Jehan Croiquoison, qui a demouré longtemps au couvent de Hesdin et me l'a certifiet. » (Sœur Perrine, p. 59.)

que le T. R. Père Ministre général vous a accordées, à vous et à votre confesseur, Pierre de Vaux, et aux confesseurs des couvents de Sœurs par vous bâtis ou à bâtir. En outre, à vous et à votre dit Père confesseur, par ces mêmes lettres, j'accorde que vous puissiez nommer un ou plusieurs Frères de notre Ordre, d'une vie éprouvée et ayant un bon témoignage, pour remplir l'office de visiteurs des Sœurs desdits couvents ou des Frères qui vivent dans ces mêmes monastères. A ces Frères ainsi choisis, en vertu de ces présentes, j'accorde et je déclare accordés la même faculté, le même pouvoir que les ministres généraux précédents ont accordés autrefois à ces visiteurs. J'ordonne, en vertu de la sainte obéissance, que les Frères ainsi nommés acceptent avec respect l'office de visiteur, et qu'ils le remplissent avec diligence et avec piété. A Dieu.

« Donné par moi, à Besançon, le 8ᵉ jour du mois de novembre, l'an de Notre-Seigneur 1442.

« Fr. JEAN DE CAPISTRAN,
« *Commissaire général.*

« J'ai écrit de ma propre main (1). »

Bientôt après, le saint Franciscain reprit la route de l'Italie. Dans son désir d'être utile à

---

1. Biblioth. de Besançon. — L'année suivante, Jean de Capistran fut nommé vicaire général des moniales de Sainte-Claire, et confirmé dans cette charge aux kalendes d'août. Le Frère Jean Maubert fut, également en 1443, nommé vicaire du Ministre général pour les provinces

notre Sainte, il imagina de préciser par des commentaires l'esprit de la Règle qu'elle avait élaborée. Mais la fougue du généreux évangélisateur l'entraînait souvent aux extrêmes. Le résultat de son travail de commentateur fut que cent trois préceptes de la Règle obligeaient sous peine de péché mortel. C'était tellement en exagérer la rigueur que Colette dut en appeler à Eugène IV. En 1447, peu avant sa mort, le Souverain Pontife déclara que les seuls points de la Règle obligeant les Clarisses sous peine de péché mortel étaient ceux qui se rapportaient aux vœux essentiels d'obéissance, de pauvreté, de charité, de clôture, et ceux qui concernaient l'élection ou la déposition de l'abbesse.

« Les religieuses de sainte Colette, écrit le P. Prudent de Faucogney, furent sans doute bien aises que le Pape eût déclaré que leur Règle ne les mettait point à chaque instant entre l'infraction et le crime, et c'est la seule chose qu'elles acceptèrent de la déclaration du Souverain Pontife. Cette liberté qu'on leur donnoit de profiter de plusieurs adoucissements ne fit que ranimer leur ferveur. Elles voulurent devenir plus austères et plus mortifiées, parce qu'elles étoient plus libres dans leurs pratiques. Elles ont toujours été et sont encore aujour-

de France et contrées voisines; et, d'après les premiers biographes de notre Sainte, il aurait voulu, lui aussi, modifier la réforme colettine. On manque de détails sur cette tentative qui ne réussit pas plus que celle de Jean de Capistran.

d'hui l'admiration des fidèles, par les austérités auxquelles elles se livrent avec une incroyable ardeur. Elles observent pendant toute leur vie le jeûne le plus rigoureux. Elles ne possèdent aucuns revenus; elles ne portent point de linge, vont toujours nu-pieds, même sans sandales, dans la plupart de leurs maisons. Leur habillement consiste dans un habit très grossier, qu'elles ceignent d'une grosse corde à plusieurs nœuds. Elles couchent sur la paille, interrompent leur sommeil toutes les nuits, dont elles passent une partie à chanter leur office, qui est le romain, et qu'elles psalmodient fort lentement. Elles récitent aussi, tous les jours, l'office des morts en commun et celui de la Vierge en particulier, et ont encore plusieurs autres pratiques de dévotion qu'il serait trop long de détailler, et dont elles ne se dispensent jamais. S'il est un spectacle dans l'univers digne de fixer l'attention de Dieu et des hommes, c'est sans doute la vie pénitente de ces saintes filles. Jamais la morale de l'Évangile ne paroît mieux justifiée aux mondains que lorsqu'on voit un sexe faible et délicat, non seulement en observer tous les préceptes, mais encore mettre en pratique tous les conseils, dans toute leur rigueur, et y ajouter mille autres exercices aussi humiliants pour l'amour-propre que rebutants pour les sens. Cependant ces saintes filles, dans leur retraite obscure et au milieu de toutes leurs macérations, jouissent d'une paix profonde, d'un calme qui paroît inaltérable.

Elles connoissent ces joies secrètes, ces consolations intérieures dont on n'a pas idée dans le tourbillon du monde. Toujours sous les yeux d'un Dieu bon et clément qu'elles invoquent sans cesse dans toute la sincérité de leur cœur, toujours rassurées par le témoignage d'une conscience tranquille qui ne leur reproche rien, qui ne leur retrace au contraire que des idées consolantes, leurs jours sont purs et sereins. Elles ne connoissent ni les soucis dévorants, ni l'inquiète activité, ni l'affreux remords. Elles n'ont rien à redouter de la justice des hommes, dont elles ignorent les cabales et les intrigues. Leur vie s'écoule, pour ainsi dire, sans qu'elles s'en aperçoivent. Il semble même que les maladies et les infirmités s'éloignent de leur asyle et respectent leur vieillesse. Enfin, elles quittent sans regret la terre, qui n'est souvent qu'un séjour d'amertume et de tristesse pour ceux qui l'habitent, et où cependant elles ont passé des jours heureux, et elles s'empressent de rejoindre avec la plus grande confiance Celui en qui elles ont toujours mis leur gloire et leur espérance (1). »

Tandis que Colette se trouvait à Hesdin, un seigneur réellement pieux lui offrit de prendre à sa charge les frais de plusieurs fondations.

1. *Vie de sainte Claire.* — Le P. Prudent, de l'Ordre des Mineurs-Capucins, naquit en 1743, à Faucogney, bourg important de Franche-Comté, et se distingua par sa science autant que par sa piété. Le sixième livre de sa *Vie de sainte Claire*, ouvrage excellent, est consacré à sainte Colette et à sa réforme.

C'était ce Philippe de Saveuse, dont il a été question plus haut; il gouvernait Amiens et Arras pour le duc de Bourgogne que le traité de 1435 avait rendu maître de ces villes. Notre Sainte ne fut pas longue à s'entendre avec ce généreux donateur et ils choisirent la cité amiénoise pour donner aux projets du gouverneur un commencement de réalisation. En janvier 1442, Charles VII octroyait des lettres d'amortissement pour cette œuvre; et, le 7 juillet de la même année, Eugène IV signait la bulle d'érection. De plus, le roi recommandait expressément la réformatrice aux différentes autorités. Quant au duc de Bourgogne, il écrivit, en décembre, aux échevins d'aider, de soutenir et de favoriser les « pauvres sœurs » dans les rapports qu'elles pourraient avoir avec eux pour l'entretien de leur couvent (1).

Mais l'échevinage d'Amiens entendait défendre avant tout les intérêts temporels qui lui étaient confiés. Philippe de Saveuse lui ayant proposé un arrangement, il fit attendre sa réponse jusqu'au 20 février 1443. Et alors, il n'accorda l'amortissement demandé que moyennant une rente de 47 livres (au lieu de 27 à 28 que produisaient les biens amortis). Cette victoire incita le curé de Saint-Sulpice, le chapitre et l'évêque lui-même, Jean Avantage, à faire opposition. Le curé et le chapitre voulaient sauvegarder, l'un ses droits curiaux, l'autre des

1. Cette maison fut bâtie en face de l'église paroissiale de Saint-Sulpice et de l'hôpital Saint-Jacques.

droits seigneuriaux dont il était le dépositaire;
l'évêque souleva des questions de juridiction
qui, dans l'avenir, eussent pu provoquer de re-
grettables conflits.

Enfin, ceux des religieux établis à Amiens
qui ne vivaient plus selon leur Règle primitive,
Conventuels, Dominicains et Augustins, crai-
gnirent l'arrivée de ces austères Colettines dont
le rayonnement les gênait si fort, et, dans leur
aveuglement, ils essayèrent de les compromettre aux yeux des fidèles par d'odieuses ca-
lomnies. Comme diverses hérésies étaient alors
propagées un peu partout, ils insinuèrent, dans
de misérables libelles, que l'œuvre de notre réformatrice n'était pas rigoureusement ortho-
doxe. A ces perfidies, Pierre de Vaux opposa
un écrit tracé dans un remarquable esprit de
charité. Il n'eut pas de peine à démontrer que la
réforme colettine était bien l'œuvre de Dieu
même. La soumission de l'humble ancelle à
l'Église et à ses pasteurs n'avait-elle pas été
constante? N'en avait-elle pas reçu une mission? Il rappela les faveurs dont l'honoraient
tant de prélats, il dit quelles vertus se pratiquaient dans les monastères fondés par ses
soins; et il fit remarquer que les aumônes, loin
de diminuer dans les villes à couvents réformés,
y augmentaient plutôt. Voici la fin de cet
écrit :

« Adonc, noble citez d'Amyens, que ne voul-
liés refuser ou empeschier ceste œuvre tant
plaisant à Dieu, mais, por l'amor de ly, la veuil-

liés joyeusement recepvoir; et j'ay espérance
que ja mal ne vous enverra, mais, se Dieu
plaist, vous en serez joyeux et consolés. Ne
doubtez pas que Jhésus-Christ ne puisse norrir
douze ou quinze povres pucelles, qui feront pénitence pour vous et les povres pécheurs, et
garderont l'estat de son sainct Évangile. Les
péchiés croissent, les maulx se multiplient; les
périls sont grans, et devons croire que nous
avons grant mestier d'ayde devant Nostre-
Seigneur, et serons nécessités d'avoir de longs
orateurs, car, de tant plus qu'iniquité habon-
dera et charité reffroidira, serons expédiens
d'avoir plus de vrays intercesseurs pour arres-
ter la ire de Nostre-Seigneur provoquée par nos
péchiés. Ne plaigniez pas une povre place ou
souloit avoir un petit maisenaige; elle est des-
diée aux filles de Nostre-Seigneur. Y en a beaucoup d'autres qui ne sont gaire du proffit, et,
en brief, ung chascun de nous en aura assez de
sept pieds de long, pour tousiours. Et ce maisenaige est en belle rue et sur la grant chaussée,
on n'en doit pas estre mécontent, mais loer le
Créateur. Et soit un biau change que, pour les
biens de terre, qui sont si tost laissiés, on peut
avoir les biens du ciel qui dureront sans fin.
Dieu nous donne à tous grâce d'en tellement
faire son plaisir que finalement y puissions
parvenir. *Amen* (1). »

Philippe le Bon lut cet écrit à Dijon et, très

1. Arch. des Clarisses de Besançon.

touché, il écrivit aussitôt aux échevins amiénois, en vue de leur rendre sympathique la fondation projetée. Sa lettre eut un plein succès. Les religieuses désignées pour composer la communauté d'Amiens arrivèrent dans cette ville avec leur vénérable Abbesse à la fin de janvier 1444 (1). Le 26. eut lieu la bénédiction du monastère, dont Jeanne de Bourbon, l'aînée des filles du roi Jacques, fut nommée abbesse. Toutes les questions pendantes entre le chapitre et son doyen, d'une part, et Colette, de l'autre, n'étaient pas encore résolues; mais l'évêque ne doutait pas qu'elles ne le fussent bientôt et le mieux du monde, ce qui ne manqua pas d'arriver.

L'année suivante, la réformatrice et ses religieuses s'engagèrent, tant en leur nom personnel qu'au nom de celles qui leur succéderaient, à ne rien faire qui pût léser les droits ou l'autorité du prélat (2). Les articles de cet engagement furent soumis à l'approbation du Saint-Père qui, trop éloigné pour juger lui-même,

---

1. Elles avaient été choisies dans différents monastères comtois et bourguignons. Colette avait amené aussi plusieurs religieux de Dôle qu'elle destinait à la direction des couvents de Flandre.

2. Les points principaux de cet engagement étaient les suivants : on n'admettra à l'inhumation dans le monastère que ceux qui auront élu leur sépulture sans fraude; les Pères députés au service du couvent ne pourront administrer les sacrements de l'autel, du mariage, de l'extrême-onction à ceux qui sont étrangers au monastère; on respectera les interdits de l'Evêque d'Amiens. — Cf. Gonzaga, *De orig. seraph. rel.*, p. 661.

commit Raoul, abbé de Saint-Martin d'Amiens
(bulle du 15 septembre 1445) pour les examiner,
juger et ratifier. Et, le 27 septembre 1446, l'abbé
accomplissait sa mission. Quant aux intérêts
du curé, ils avaient été réglés à la satisfaction
des deux parties, par un acte dressé en 1443.

Certaines affaires relatives au couvent amiénois — on ne sait lesquelles — obligèrent notre
Sainte à retourner en Bourgogne pendant l'été
de 1444; elle en revint vers la fin de la même
année avec quelques religieuses qui complété-
rent les communautés du Nord. Le 23 avril 1445,
la chapelle des Colettines d'Amiens était consacrée sous le vocable de saint Georges et de
sainte Claire.

CHAPITRE XIV

Ce fut avec une émotion indicible, analogue
à celle qu'elle avait ressentie en quittant Heidelberg, que Colette partit de Besançon en 1444;
car c'était, comme naguère, sans espoir de re-
voir ici-bas quelques-unes de ses filles les plus
tendrement aimées. Peu avant son départ, elle

apprit, par révélation, qu'un incendie, puis une
peste dévasteraient le couvent bisontin ; et,
comme ces fléaux ne devaient éclater qu'après
la mort des religieuses qui l'entouraient, elle en
fit noter l'avertissement afin qu'à l'heure mar-
quée par Dieu, personne dans la communauté
ne se laissât abattre. Enfin, son regard s'étant
porté soudain sur le cimetière des Sœurs (1),
elle ajouta que, lorsqu'on trouverait sur le sol
la grande croix de pierre qui s'y dressait, le
feu ne tarderait pas à se déclarer et qu'il faudrait alors porter le plus de choses possible à
l'extrémité du jardin pour le dérober aux
flammes (2). Elle prédit aussi que, dans moins
de cent ans, la plupart des fils de saint François reviendraient à la Règle séraphique; ce
qui se produisit, en effet, au début du xvi⁰ siècle.

Les Colettines de Besançon étaient aussi dé-
solées de perdre leur Mère que celle-ci de se
séparer d'elles. Dans le désir de rendre cette
séparation moins rude, notre Sainte leur légua

1. Il s'étendait entre les cloîtres.
2. Soixante-six ans plus tard, en 1510, la croix tomba
pendant la nuit. Se rappelant alors la prédiction de leur
sainte Mère, les religieuses prirent toutes les précautions
imaginables. On alla jusqu'à éteindre les divers feux de
la maison, même la lampe du sanctuaire. Mais l'incendie
éclata dans la rue Saint-Laurent, très près du monastère, qui, bientôt atteint, fut entièrement détruit avec
l'église, sauf le petit oratoire de Colette et la chapelle
de Jacques de Bourbon. La peste sévit sur la ville en
1544 et décima le monastère, qu'entre temps on avait
relevé de ses ruines. Les Clarisses immolées, le fléau
disparut.

ce qu'elle possédait de plus précieux : la parcelle
de la vraie Croix, relique inestimable, la croix
de saint Vincent Ferrier et le bréviaire qu'elle
avait reçu de Benoît XIII. Et, après une
dernière exhortation au renoncement héroïque,
l'invincible ascète les bénit. Ce furent ses adieux
définitifs (1). A ce moment, les couronnes célestes de toutes ces victimes volontaires s'em-
bellirent de joyaux, auprès desquels paraî-
traient bien ternes ceux du monde les plus
éclatants.

Le 26 août 1445, Colette, au cours d'une
extase, dans son couvent d'Amiens, apprit que
le P. Jean Bassadan, le religieux qui l'avait
dirigée jadis à Corbie, venait de mourir à
Aquila et que les habitants de cette ville lui
préparaient des funérailles dignes d'un saint.
Les Sœurs, mises dans la confidence, prirent
note de la date, laquelle fut, peu après, recon-
nue exacte lorsque les Célestins amiénois reçurent le message qui leur annonçait le décès
du fondateur de leur maison.

Le mois suivant, notre Abbesse manda le
P. Claret et le pria de noter différentes dispositions et instructions qu'elle voulait laisser à
ceux qui dirigeraient la réforme après elle. Sa
santé n'inspirait pourtant aucune inquiétude,

---

1. Notre Sainte avait alors à la main son bâton de
voyage; à la prière d'une religieuse, elle le laissa en souvenir au monastère, où, pendant longtemps, on le conserva comme une relique. (Cf. *Lettre ms. des Clarisses
de Besançon à celles d'Amiens*, 17 janvier 1624.)

rapporte Sœur Élisabeth de Bavière, qui assistait à son entrevue avec le religieux ; mais la Sainte, depuis plusieurs mois, pressentait sa fin prochaine. A la fête de la Purification, elle avait dit qu'il ne lui restait guère que deux ans à vivre.

A Hesdin, en 1446, le Jeudi Saint, Dieu lui donna, semble-t-il, un avant-goût des joies célestes. Il la ravit depuis la fin des vêpres jusqu'à matines ; et, pendant cette extase, le plus suave des parfums émana de la vierge séraphique. Il emplit d'abord sa cellule et, quand elle en sortit, il embauma tout le monastère, où, longtemps après, on le respirait encore, surtout dans l'oratoire. Toutefois, notre sainte héroïque n'avait pas fini de souffrir.

Une autre extase qu'elle eut la même année, le jour de la fête solennelle du Prince des apôtres, l'affecta douloureusement en lui montrant quels orages l'hérésie allait déchaîner au siècle suivant. Elle vit la barque de Pierre attaquée furieusement, l'autorité de l'Église méconnue, ébranlée, ses fidèles enfants, et surtout les vierges épouses du Christ, assaillis, tourmentés de la plus odieuse manière ou martyrisés. Elle vit que ses ossements n'échapperaient à la rage de l'ennemi de Dieu que parce qu'on les transporterait à Arras. Et elle vit enfin quels maux menaçaient ses couvents du midi. « Bienheureuses celles qui mourront les premières, s'écria-t-elle quand elle reprit ses sens ; elles ne verront pas les jours de la tribulation ! » Plus que jamais, elle exhorta ses filles à prier pour l'Église.

L'idée de sa fin prochaine ne la quittait pas. La même année, à la Toussaint, comme on lui présentait un froc tout neuf destiné à un Augustin qui allait entrer dans la famille colettine : « Cet habit sera pour moi, fit-elle, et je serai ensevelie dedans. » De fait, la prise d'habit du religieux fut renvoyée à une date ultérieure, et le vêtement resta dans la communauté jusqu'au départ de Colette pour Gand. Alors elle l'emporta dans ses bagages (1).

Toujours pleine de dilection pour son ingrate patrie, la vierge séraphique avait le plus vif désir d'y installer un couvent. Heureux de donner cette satisfaction à la Sainte, Philippe de Saveuse obtint une bulle (20 octobre 1445) qui l'autorisait à édifier un monastère de Clarisses à Corbie et le dispensait de demander aucun consentement. Les Corbéiens, revenus à de meilleurs sentiments envers leur vénérable compatriote, accueillirent sympathiquement ce projet de fondation; l'un d'eux, Jean Mouton, offrit un terrain et, par quelques achats, on eut bien vite un emplacement convenable. Le troisième successeur de Raoul de Roye, Dom Michel Dauphin, montra, lui aussi, quelque con-

1. Pendant que Colette était au monastère d'Hesdin, il arriva qu'il fallut renouveler le vêtement du P. Pierre de Vaux. Mais l'unique pièce de bure que possédât la communauté était trop courte d'une aune. Alors notre Sainte se mit en prière et sa foi fut aussitôt récompensée. La bure se trouva miraculeusement allongée.

tentement et proposa de fournir le sable nécessaire à la construction. Mais il fut blâmé par
le Prieur et les autres Bénédictins, blessés de
n'avoir pas été consultés au sujet de cette entreprise.

C'était la reprise des hostilités contre notre
réformatrice. Bientôt les moines demandent des
dommages et intérêts, et le conciliant Saveuse
leur en ayant donné la promesse, ils osent
objecter qu'aucune compensation ne leur paraît
acceptable, ceux de leurs droits qu'on lèse étant
inappréciables à prix d'argent. Leur jalousie
contre Colette restait vivace, on le voit. Mais
le Pape s'étant prononcé et le roi n'ayant aucun
motif pour parler dans un autre sens, ils
s'adressèrent au Parlement qui, avide d'étendre
ses prérogatives, se garda bien de perdre
cette occasion de se mêler d'une affaire ecclé-
siastique. Par un arrêt, il interdit de poursuivre les travaux et d'attaquer les opposants
ailleurs qu'à son tribunal. Le duc de Bourgogne, auquel en appela Philippe de Saveuse,
envoya plus de six lettres aux Bénédictins. Il y
perdit sa peine. Alors la duchesse écrivit à la
reine, et notre Abbesse adressa directement au
roi la missive suivante :

      « *Au Roy nostre sire*
      « *Jhésus-Christ.*

« Supplie humblement, la très inutile serviteresse de Jhésus-Christ et votre très indigne

' atresse Sœur Colette, pauvre religieuse de
Ordre de Sainte-Claire, que comme il soit ainsi,
que puis environ un an en ça, les seigneurs et
dames de Saveuse, mus de dévotion et par la
singulière affection qu'ils ont pour notre pauvre
religion, ont eu la volonté de faire et de construire un couvent et un monastère du dit Ordre
de Sainte-Claire et de notre manière de vivre,
dedans la ville de Corbie et à cette cause ont
obtenu bulle et mandement de notre Saint-Père
le Pape, et pour les exécuter selon leur force et
teneur, les ont présentés à mes seigneurs les
abbé, prieur et couvent de Saint-Pierre dudit
Corbie, comme il appartient. Eux priant et requérant que humblement y volsissent (vou-
lussent) obéir, et soi à ce consentir. A quoi fût
répondu par Mgr l'abbé, que ce n'était mie
(pas) son intention de contredire aux bulles de
notre Saint-Père et depuis a toujours été et est
content et aussi contents les bourgeois, ma-
nants et habitants d'icelle ville et moult le veulent et désirent. Mais les dits prieur et couvent
nullement ne s'y voldrent (voulurent) ne veulent consentir non obstant que par le dit seigneur et dame de Saveuse, à donc et depuis,
leur fut offert et présenté de eux rendre et restituer tous intérêts qu'à cette occasion y pourraient avoir, en quelque manière que ce fust ;
et après leurs débours et présentations ainsi
faites et eu le consentement du dit abbé, le dit
seigneur et dame, de l'autorité de mon dit
Saint-Père, ont fait commencer et édifier le dit

couvent de Sainte-Claire et y ont jà très grandement labouré (travaillé) et à grands frais et
missions, tant en ouvrages comme en provisions de matières, et pour empêcher le mur
commencé, les dits religieux ont obtenu un
mandement en cas de nouvelletés, en votre
Parlement par vertu duquel on fait cesser les
ouvrages; qui est à très grand dommage et re-
tardement du divin office et du bien commencé
et encore depuis ont obtenu un autre mandement par vertu duquel est défendu à Mgr de
Saveuse et à ses adhérents que à cette cause
ou occasion, par vertu de bulles ou autrement,
ne traictent les dits religieux ailleurs qu'en
votre cour de parlement. Et quand Madame de
Bourgogne a été avertie de leurs difficultés et
contradictions, par pitié et compassion de la
pauvre religion, comme elle vous rescrit, fait
remontrer et à eux-même prié et requis que à
ce se volsissent consentir. A quoi en quelque
manière finalement n'ont voulu accorder et pour
ce que la chose est piteuse et concerne principalement l'honneur de Dieu, l'augmentation de
son divin service et le salut des âmes qu'il a
créées et rachetées, retournons à vous comme
à notre darrain (dernier) et souverain refuge
en ce pauvre monde; requérant en ce votre
douce et piteuse miséricorde et que en suivant
vos très nobles prédécesseurs rois très chrétiens, comme bien avez accoutumé de faire,
sans avoir regard aux créatures mais purement
et simplement au Créateur, plaise à votre très-

bénigne grâce, humble et cordiale charité, donner faveur et telle provision au bien commencé
que brièvement puisse parvenir à perfection,
tellement que Dieu puisse être servi très-
promptement pour pur amour de Jhésus-Christ,
en révérence de sa piteuse mort et sacrée passion. Vous plaise amortir (mots effacés) la place
et lieu où se doit faire le dit couvent. Et que en
sus plus de l'autorité de votre majesté royale et
puissance absolue, vous plaise par grâce spéciale donner congé et autorisation de parfaire
et accomplir le dit couvent, nonobstant la dite
complainte en nouvelletés, en donnant et assi-
gnant juge propice et à ce convenable comme
votre bailli d'Amiens ou autre pour connaître
des dits intérêts comme il appartient, lesquels
nullement ne devaient refuser puisque on veut
leur rendre et restituer tel qu'il sera dit et
trouvé et encore plus. Quel dommage ou préjudice pensent-ils en surplus avoir, vu que les
pauvres religieuses ne peuvent, ne doivent
avoir en temps quelconque, seigneurie ou
juridiction, rente cens ni revenus, mais vivant
de pures aumônes suivant le conseil du saint
évangile de Jhésus-Christ Notre-Seigneur. Et
pour ce de votre grâce et libérale miséricorde,
en pitié et compassion, vous y plaise pour voir
et vous ferez bien et aumône et obligerez la
pauvre religion de plus en plus prier pour votre
très haute et sainte intention ; laquelle chose
voudrions toujours faire de tous nos pauvres
poumons, comme Dieu sçait et connaît et jà

par votre bonne et noble aide, ont été faits les
couvents de la cité du Puy en Auvergne et
d'Amiens en Picardie ; sans laquelle n'eussent
jà été faits, comme je crois piteusement et plusieurs autres biens en votre noble royaume
dont Dieu soit garde. *Amen* (1). »

Mais Charles VII essaya vainement d'amener
les moines à une entente. Ils restèrent implacables, et, pour que cette attitude ne les mît pas
dans une situation embarrassante, ils eurent le
triste courage de demander à la réformatrice
elle-même de se désister. Il faut lire la belle,
la chrétienne réponse qu'elle leur fit :

    « Jhésus, Maria.
    « A mes très honorés et révérends seigneurs,
mes seigneurs le Prieur et les religieux de
Corbie.

    « Mes très honorés et Révérends Seigneurs,

    « Le plus humblement que je puis et sçais,
en vos saintes prières et dévotes oraisons devant Notre-Seigneur Jhésus-Christ ma pauvre
âme je vous recommande : et vous plaise savoir
que j'ai reçu vos lettres qu'il vous a plu m'écrire
et m'envoyer, lesquelles contiennent comment
Monseigneur de Saveuse veut édifier un monastère de notre religion en votre ville de Corbie,
et plusieurs autres choses touchant icelle ma-

1. Lettre reproduite par l'abbé Douillet, *loc. cit.*, pp. 436
et suivantes.

tière, qui seraient longues à réciter. Sur
lesquelles lettres et le contenu d'icelles, je vous
certifie que non pas à ma requête, mais à l'ins-
tance et requête de mon dit Seigneur de Saveuse,
par licence et autorité de Notre Saint-Père le
Pape, et du consentement et bon plaisir du
R. P. en Dieu Monseigneur (l'Abbé) de Corbie
donné et octroyé au dit Seigneur de Saveuse,
pour l'honneur souverain et parfait amour de
Dieu, exaltation de son sanctissime nom, et
l'accroissement du bien spirituel et temporel de
la dite ville, à l'édification et construction du
dit couvent j'ai consenti, non pas qu'oncques
j'eusse désir, intention et volonté que le dit
couvent fût à votre seigneurie ou juridiction
préjudiciable, ni aux églises, ni aux pauvres
privés ou étrangers dommageable : parce que
si ainsi était réellement, et fût le dit monastère
par votre consentement et bon plaisir construit
et parfaitement édifié, je n'y voudrais habiter
ni demeurer ; car ce serait usurper à autrui.
Mais je crois devant Dieu que la dite construction serait à l'honneur de Dieu et de vous,
et à la recommandation du monastère et au
profit d'icelui, et au confort de vous et de tous
les habitants de la ville ; comme je l'ai toujours
vu et su par expérience en tous les lieux où nos
autres couvents furent édifiés, desquels il y en
a de grandes et moyennes et petites villes, et
plus petites et plus pauvres que n'est Corbie :
mais par la bonté de Dieu, je n'en vis oncques
qui ne fussent pourvus sans faire préjudice ni

dommage à autrui, ni que les seigneurs, ni les habitants, réguliers, séculiers, n'y eurent oncques déshonneur, ne dommage : mais spirituellement et corporellement ils en ont profité et été consolés et confortés. Vous me requérez que je veuille désister de l'édification du dit couvent; laquelle chose je vais faire invie (*invita*, à regret), car je ne doute pas qu'une fois devant le Seigneur qui juge, il ne vous convienne rendre compte d'empêcher un si grand bien. Néanmoins, à votre requête, je signifierai au dit Seigneur qu'il se veuille déporter du dit couvent et laisser l'ouvrage, et que vous avez tous conclu que vous ne souffrirerez jour de vos vies que le dit monastère soit édifié, tant que votre résistance y puisse valoir.

« Très honorés et religieux seigneurs, je prie humblement le Saint-Esprit que toujours, il vous veuille conserver en sa sainte grâce et finalement octroyer la gloire perdurable.

« *Escrit à Hesdin, le 2ᵉ jour de mars.*

« *Votre inutile oratresse,*

« Sœur COLETTE » (1).

Sans plus attendre, les moines recommandèrent à notre Sainte de mettre fin le plus tôt possible aux travaux comme aux procédures, et elle eut la charité touchante de prier Philippe de Saveuse de se désister (2). Mais les procédés

1. Abbé Douillet, *loc. cit.*, p. 440.
2. Elle lui écrivit à ce sujet le 10 mars. (Cf. abbé Douillet, *loc. cit.*, pp. 442-443.)

des Bénédictins écœuraient les amis de l'humble ancelle. Prenant la place du pieux gouverneur d'Amiens, la duchesse de Bourgogne demanda, comme fondatrice du couvent de Corbie, une nouvelle bulle à Eugène IV. Le Pape mit des dispositions sévères pour les opposants dans cette bulle, qu'il signa le 21 août 1446, et il nomma trois commissaires pour juger les plaintes et statuer sur les dommages qui pourraient résulter de l'établissement du monastère. Le 3o octobre, l'affaire était discutée par ces commissaires devant l'un d'eux, l'abbé d'Everbode ou d'Averbode (1) ; la construction du couvent fut autorisée nonobstant toute opposition. Enfin l'abbé d'Everbode s'adressant au roi de France, au duc de Bourgogne, à l'archevêque de Reims, à l'évêque d'Amiens, aux abbés, prieurs, archidiacres, doyens, curés de la province, leur enjoignit, sous menace d'excommunication, d'aider à l'exécution des bulles du Saint-Père et de sa sentence. Néanmoins, les extraordinaires moines de Corbie, qui, sans doute, avaient une certaine inconscience, ne s'inclinèrent pas. Leur abbé, trop faible pour leur tenir tête, se contenta de faire constater son consentement par un acte passé devant Maître Sénéchal, prévôt de Corbie.

Nous verrons plus loin comment la mauvaise

1. Averbode, près de Louvain, aujourd'hui abbaye des Prémontrés. Les deux autres commissaires étaient l'évêque de Soleure et le doyen de Saint-Pierre de Louvain.

volonté des Bénédictins finit par triompher. Colette comprit que, malgré le dévouement de ses amis, le monastère de ses désirs ne serait jamais élevé. Mais elle ne s'en émut pas outre mesure, la lettre suivante, qu'elle écrivit à ses filles de Besançon, montre que les vilenies de ses adversaires n'avaient point altéré sa belle sérénité.

« † *Jhesus, M*ª*, F., C.*

« *A ma très chière et très amée Mère en Notre-Seigneur, ma Mère l'abbesse et toutes les Sœurs du couvent de Besançon, soit ceste lettre présentée.*

« † Jhesus, Mª, Franciscus et Clara.

« Ma très chière et très bien amée mère en nostre doulx Sauveur Jhésus-Crist, tant et sy humblement et le plus affectueusement que je puis et say, en la vraye amour et parfaicte charité de nostre doulx Sauveur Jhésus, je me recommande tousiours à vous et à toutes vos boines filles, qui touttes sont mes très bien amées seurs, aux quelles touttes ensemble je me recommande et à chascune de elles aussy espécialement, come si je les nomoie touttes par leurs propres noms ; en vous et elles suppliant très humblement que moy, ma povre âme, ma povre personne, toutte ma charge avec toutte ma piteuse intencion, et biau père frère Pierre, vous plaise avoir tousiours pour recommandée

en vos saintes oraisons devant Nostre-Seigneur,
lesquelles ne sont bien nécessaires, comme
Nostre-Seigneur le scet et cognoist. Et [je] re-
grassie à Dieu et à vous de tous les biens que vous
me avés fait, tant que j'ay esté avec vous : Je
prie Dieu qu'il vous en soit parfaict loüer. Et se
de moy vous plaist à savoir, je sui, comme vous
savés que je sui, tousiours au mieux que je puis,
le corps afeblie, tandis que l'âme est comme Dieu
le cognoist. Ma très chière et très bien amée mère,
je vous recommande tousiours la sainte Règle,
les saintes déclarations et toutes les saintes
ordonnances ; que vous prendrés bien garde
que tout soit bien fait et gardé qui se apartient
à faire et garder, afin que de la charge qui vous
est comise vous puisiés rendre bon compte
devant Dieu, et que les deffautes soient justement pugnies, come mettent les saintes
ordonnances ; et ayés, en faisant vostre offisse,
bonne patience, car, pour le labeur que vous
avés, vous recheverés bon loüer. Je prie très
humblement à touttes les seurs, pour l'amour
de Dieu et pour le salut, que elles estudient de tout
leur povoir de amer et servir Nostre-Seigneur,
et que elles soient vrayes religieuses tendant à
Dieu seullement, gardant loialement touttes
choses que de leur franche volonté ont promis
à Dieu, la sainte Règle, les saintes déclarations
et touttes les saintes ordonnances, afin de
éviter les pugnicions pour ycelles trangressions
ordonnées et encoire plus grandes que ycelles
ne sont après ceste présente vie, et pour avoir

et posséder la vie perdurable qui leur est promis. Le labeur est brief, mais le repos est long : pour petit de paine on rechevera grand loüer. Et pour Dieu, ma mère, je vous recommande bien que vous prendés garde que sainte silence soit bien gardée, et la manière de parler au tournor et à la creille, comme vous savés qu'il doit se faire. Et vous plaisse de moy recommander humblement à biau père confesseur et à tous les boins pères et frères. Et vous recommande, ma mère, l'abbesse de Hesdin et touttes les seurs, et aussi touttes les autres qui sont par decha. Autre chose ne vous escrips à présent, fors que je prie le benoist Saint-Esprit qu'il soit tousiours garde de vous en âme et en corps, et vous donist joie, pais, santé, salut et vie perdurable. *Amen.*

« Escript à Hesdin, le XVIIIe jour

de juillet [1446.]

« Seur COLETTE,

« *Indigne serviteresse de Jhésus, à Hesdin* (1). »

La même année, le lendemain de la Saint-André, notre réformatrice partit pour Gand, et, à peine en route, accomplit un prodige. Elle rendit l'usage d'un œil à une novice du couvent d'Hesdin qui s'était éborgnée accidentellement, vers la fin de l'été, et que le chapitre avait refusé d'admettre à la profession, parce que, selon la

---

1. *Biblioth. de Besançon.* — C'est la Mère de Toulongeon qui était alors abbesse à Besançon.

Règle, on ne pouvait accepter que des personnes saines de corps et d'esprit. Colette avait inutilement essayé de faire comprendre à ses filles qu'il serait injuste et inepte de renvoyer une novice qui s'était blessée au service de la communauté, alors surtout qu'on lui reconnaissait les qualités d'une religieuse. Aussi, pour ne point paraître violer la Règle et pour mettre fin à cet incident, avait-elle déclaré qu'à son prochain départ elle emmènerait la blessée. Ce devait être pour la guérir ; de sorte que rien n'empêcha plus son admission, qui eut lieu à Gand.

A Courtrai, où elle s'arrêta, notre Sainte reçut la visite du confesseur d'une recluse qui passait pour ne jamais manger, et que toute la ville vénérait fort. Mais ce fut en pure perte que le prêtre essaya d'intéresser la glorieuse Mère à sa pénitente. Dans la suite, on apprit que cette incroyable virtuose de la macération en avait imposé à tout le monde et qu'elle se nourrissait en secret.

A la Saint-Nicolas, la vierge séraphique entrait à Gand, où ses filles lui faisaient un accueil enthousiaste et touchant. Mais leur allégresse cessa quand elles apprirent, par les Sœurs arrivées avec leur Mère, que celle-ci avait le pressentiment de mourir bientôt. Peu après, notre Sainte ayant été prise d'une indisposition, toutes crurent que l'heure fatale allait sonner. Il n'en était rien. Ce fut seulement deux mois plus tard, en février 1447, que Colette sut qu'elle

ne tarderait pas à paraître devant Dieu. Elle
l'annonça aussitôt à toutes ses religieuses
assemblées à la grille, ainsi qu'aux Pères Pierre
et Claret réunis de l'autre côté.

« Par l'espace de trois semaines avant son
trépas, elle dist définitivement qu'elle s'en alloit
à Dieu, et convocqua les sœurs, et les exhorta
et admonesta moult chièrement et affectueusement qu'elles fussent vrayes et parfaittes
religieuses, aimant Dieu souverainement, et
gardant leur Règle et les déclaracions d'icelle
loyaulment, en ly rendant dévotement tout ce
qu'elles ly ont voé et promis ; et plusieurs
aultres sainctes et salutaires admonitions elle
leur fist. Et après, leur prédit la manière de
son définement, en disant à elles : « Ne vous
« attendés pas que je vous dise aulcune chose
« à mon trespas : car riens je ne vous diray ni
« parleray à vous (1). »

Enfin, après avoir congédié ses filles, elle se
remémora la mission que le ciel lui avait donnée,
« la réformation de l'œuvre de Monseigneur
Saint François », et dit à son confesseur : « Mon
Père, ce que j'ay faict, de par Nostre-Seigneur
je l'ay faict, et nonobstant que je soye une
grande pécheresse et toute défectueuse, se je
l'avoie encore à faire, je ne say comment je le
feroie, fors que par la manière que je l'ay
faict (2). »

1. Pierre de Vaux, p. 175.
2. Sœur Perrine, pp. 92-93. — Voici, sous une autre
forme, cette déclaration bien caractéristique : « Tout ce

D'après le P. Collet, elle aurait, un autre jour, exhorté vivement encore ses filles à ne pas supporter d'adoucissements à la Règle. A ce sujet, « elle leur cita, rapporte-t-il, l'exemple de saint Bernard, qui vint au secours de ses Frères, comme il s'y étoit engagé, tant qu'ils furent fidèles aux engagements de leur profession ; mais qui s'étant apparu à eux long-temps après sa mort, leur déclara, dans un temps d'affliction, qu'il les abandonnoit, parce qu'ils s'étoient abandonnés eux-mêmes, en cessant de marcher par fa voie qu'il leur avait montrée (1). »

Le 26 du même mois, un dimanche, au matin, notre Sainte se confessa et communia, plus que jamais rayonnante de séraphisme. La nuit suivante, Notre-Seigneur lui apparut ; et, à la suite de cette visite divine, le visage de l'humble ancelle s'embellit, s'auréola d'une splendeur surnaturelle. On aurait pu la croire « revenue à l'état d'innocence primitive », selon l'expression de son confesseur. Elle resta dans une sorte d'extase, pendant laquelle son corps, que tant d'austérités et de souffrances avaient purifié, parut devenir immatériel (2). Pensant qu'elle

que j'ai fait, déclara la Sainte sur son lit de mort, je l'ai fait par l'inspiration du Saint-Esprit, et si j'avais à recommencer de nouveau devant Dieu, il me serait impossible de mieux faire. » (*Avis de notre Mère sainte Colette rassemblés et écrits par ses contemporains*, p. 256.)

1. P. Collet, *loc. cit.*, pp. 173-174.

2. Jusqu'au dernier moment, la Sainte s'occupa de ses

n'avait plus que quelques instants de vie, le P. Pierre de Vaux « lui bailla la sainte oyle et dernière onction » et lui lut ensuite les récits évangéliques sur la Passion.

Mais la nuit s'achevait à peine que l'état physique de Colette s'améliorait. Le saint sacrifice célébré dans sa cellule lui rendit quelque vitalité. Elle entendit de même la messe tous les autres jours de la semaine jusqu'au samedi, versant, selon son habitude, d'abondantes larmes d'amour devant la sainte Eucharistie (1). Quant à ses heures de veille, elle les passa presque entièrement dans la prière, malgré « de griefves douleurs internes ».

Ces douleurs devaient être ses dernières mortifications ; l'hostie qu'était notre héroïque ascète allait enfin avoir la pureté que Dieu lui voulait. Toute à tous, comme toujours, lucide autant que vaillante, le vendredi soir, 4 mars, elle consola ses filles et ses fils. Le P. Pierre s'était

couvents, même des plus lointains. L'abbé Douillet reproduit (*loc. cit.*, p. 453) une lettre qu'elle envoya, le second jour du Carême, au P. Lanier, au Puy. En voici un extrait : « J'envoye au Puy, mon père, frère Jehan Frosseau pour être confesseur, car j'ai entendu que vous ne pouvez plus bonnement faire l'office et ne doubtez pas que tout le plaisir qu'il vous pourra faire lui et les sœurs que on vous le fera ; car c'est mon plaisir et ma volonté que ainsi soit-il fait. Je vous merchie, mon cher père, de tout le confort et service que vous avez fait à mes sœurs lesquelles se louent grandement de vous. Je prie à celui pour qui vous l'avez fait, qu'il vous en soit liesse perdurable. *Amen.* »

1. Ce fut le P. Pierre de Vaux qui célébra la messe dans l'oratoire de notre Sainte.

fait accompagner du P. Claret et des autres religieux « qui ne vouloient point qu'elle rendist l'âme à Dieu, qu'ils ne fussent présens, comme il appartenoit ». Le samedi, quand la messe eût été dite, la chère Sainte dit adieu à ses confesseurs, et, son action de grâce achevée, elle dessina le signe de la croix sur sa personne, puis sur son grabat. « Vecy ma dernière couchée », murmura-t-elle. Il était huit heures du matin. Alors, s'étant couchée toute vêtue, elle se couvrit la tête du voile noir de sa profession et parut s'endormir. Mais lorsqu'on lui eut glissé un oreiller de plumes sous l'occiput, en vue de lui procurer quelque soulagement, elle se hâta de l'enlever. Ce fut son dernier geste. Pendant deux jours entiers, elle resta dans une immobilité presque cadavérique, souffrant sans parler, sans ébaucher un mouvement, n'ouvrant ni les yeux, ni la bouche, comme elle l'avait annoncé. Ainsi savoura-t-elle le calice des épreuves jusqu'à la minute suprême, arrivée le lundi 7 mars, à huit heures du matin (1) — heureuse de se sacrifier pour l'amour de l'Agneau immolé. « Alors, abîmée dans la contemplation des douleurs de la Passion du Sauveur, les pieds et les mains étendus comme ceux de Jésus-Christ sur la croix, au milieu des chants d'allégresse des chœurs angéliques, elle s'envola dans les bras du céleste Époux (2)... » Et, tandis que religieuses et religieux priaient

1. Le 6 mars, selon quelques-uns.
2. Bulle de canonisation, 7.

en laissant couler leurs pleurs devant la sainte
dépouille de l'humble ancelle de Jésus, l'Église
triomphante exultait en recevant son âme
lumineuse. Le jour même où Colette expirait,
Thomas de Sarzanne était élevé au souverain
pontificat et, devenu Nicolas V, il n'allait pas
tarder à ramener à l'obéissance l'antipape
Félix, que notre glorieuse Mère avait si chari-
tablement enveloppé de prières et de conseils (1).

1. Eugène IV venait de mourir. Deux ans après,
Amédée de Savoie démissionna (9 avril 1449) à la condition de demeurer cardinal-légat à vie ; et, quelques
jours plus tard, le 25, le Concile de Bâle se sépara enfin.
Amédée se retira dans son désert de Ripaille et mourut
à Genève le 13 janvier 1452. Ce fut le dernier antipape.

CHAPITRE XV

Après être resté douze heures dans le même
état, le corps de l'admirable réformatrice devint
d'une blancheur liliale. Ses membres, souples
comme si le sang continuait d'y circuler, prirent
une indicible beauté et le plus délicieux des
parfums s'en exhala. « O mort non mort!

s'exclame le P. Sylvère : ô mort heureuse, qui conduit à telle vie! Te diray-je un sommeil, un passage, une extase, un baiser amoureux? Je diray mieux, que tu es tout cela, et encore beaucoup davantage que je ne sçaurais imaginer, ny dire ny écrire (1). »

Comme on désirait fort garder sa robe, on la remplaça par une autre. Or, il arriva que cette autre fut justement celle dont, l'année précédente, notre Sainte avait dit qu'elle servirait à l'ensevelir. Mais l'abbesse Odette, qui prit ce vêtement, ignorait la prédiction, ce fut Sœur Élisabeth de Bavière qui la rappela.

La mort de Colette mit toute la ville en deuil. Les Gantois considéraient la vierge séraphique comme une puissante protectrice et ils eussent aimé la garder longtemps vivante dans leurs murs. Mais ils allaient plus que jamais l'implorer, car aucun d'eux, peut-être, ne doutait de sa sainteté. Aussi manifestèrent-ils tout de suite une grande vénération pour son corps. Les religieuses durent l'exposer dans la chapelle sur une estrade. Et, en très peu de temps, la foule devint si compacte dans la modeste église conventuelle que, pour éviter les accidents et rendre possible la circulation, il fallut percer une paroi et improviser une porte. Durant trois jours, plus de trente mille personnes, au dire des contemporains, se pressèrent, avides de grâces, devant le cher cadavre, appuyant contre

1. *Loc. cit.*, p. 427.

ses membres des chapelets et divers objets de
piété qui se trouvaient aussitôt parfumés d'un
arome exquis (1). Et beaucoup demandèrent,
comme une faveur insigne, de baiser un de ses
pieds ou une de ses mains.

Pendant ce triduum, trois messes furent chan-
tées chaque jour : celles du Saint-Esprit, de la
sainte Vierge et des Morts. Mais l'inhumation
eut un caractère tout à fait humble, la petite
ancelle ayant, sur ce point, laissé des ordres
exprès. On l'enterra donc le troisième jour,
sans suaire, sans cercueil, dans le cimetière
commun des Sœurs, où sous l'action de l'humidité, les cadavres se décomposaient rapidement.
On avait dû, pour accomplir sa volonté, rendre
simplement son corps à la terre sa mère (2).

1. Comme celui qui s'était répandu dans le monastère
d'Hesdin après la vision qu'y eut notre Sainte, ce parfum
persista pendant plusieurs années.

2. « Le troisième jour après son trespas, relate Sœur
Perrine (p. 96), son biau virginal corps, tel comme il
estoit, sans rien muer de sa beauté, simplement et
dévotement fut enseveli et ensépulturé, comme elle avoit
ordonné longtemps devant son trespas...

« Plusieurs fois, elle avoit dit comment Notre-Seigneur
voulit, pour l'amour de nous, morir povrement et simplement en l'air, sans point de couverture, pareillement
elle voloit estre ensevelie près du cloistre, sans linsel et
sans bière, mais seulement la rendre à la terre, sa mère,
sans aultre chose. Je lui oy dire autrefois en sa vie, au
couvent d'Orbe. »

A Besançon, une messe solennelle de *Requiem* fut
célébrée pour l'âme de la Sainte dans l'église des Cordeliers ; et les magistrats décidèrent qu'au nom et avec le
concours de leurs concitoyens, ils feraient tous les frais
du service funèbre.

Dans ceux des monastères que leur extrême pauvreté rendait particulièrement chers à Colette, les religieuses entendirent, à l'heure où mourut leur glorieuse Mère, des concerts de voix célestes (1). A Castres, une Sœur tourière, qui avait l'habitude de réciter cent *Pater* au milieu de la nuit, perçut nettement et à trois reprises différentes, pendant qu'elle priait ainsi, notre Sainte dans son ancien oratoire. Elle lui parut tout en lumière, et sa tête rayonnait si merveilleusement que la Sœur ne parvint pas à en soutenir l'éclat. A plusieurs religieuses, entre autres à Jeanne Carmone, la vierge séraphique apparut ainsi (2).

Lorsque l'âme de Colette eut pris sa place au ciel, elle continua d'opérer force prodiges. Quelques années seulement après son décès, on compta, les actes primitifs l'attestent, vingt-six

1. Pierre de Vaux et un autre religieux, Nicolas de Nalusses, rapportèrent à Sœur Perrine que les religieuses d'Orbe avaient ouï « à heure de tierce, une grande multitude des angeles qui moult doulcement chantoient une merveilleuse mélodie, non jamais oye pareille, entre lesquels une voix angélique fust oye, disant que la vénérable religieuse Sœur Colette s'en estoit allée à Dieu. *Venerabilis soror Coleta migravit ad Dominum.* »

2. Pendant sa vie, tandis qu'elle séjournait à Poligny, Colette avait apparu à un Franciscain missionnaire, dont on sait seulement qu'il était l'oncle d'un certain P. Pierre d'Aisy, lequel devait finir visiteur des couvents de la réforme. Le courageux apôtre ayant été emprisonné à Damas se recommanda pieusement à notre Sainte, et celle-ci, lui apparaissant aussitôt, le consola et lui annonça sa délivrance. Aussi le premier usage qu'il fit de sa liberté fut-il de venir remercier la glorieuse Mère. (Sœur Perrine, pp. 105-106.)

faveurs extraordinaires, dont sans doute plusieurs miracles, dues à son invocation (1). Les fidèles des villes où elle avait séjourné et accompli tant de merveilles crurent à sa sainteté, comme les Gantois, et, plus que jamais, recoururent à son intercession. A Besançon, beaucoup de parents donnèrent à leurs filles le nom de la glorieuse réformatrice. Partout, on manifesta pour elle une ardente dévotion et, bientôt, grâce à la diligence de tous ses enfants, un culte s'ensuivit.

C'était vraiment un peu de son âme que notre Sainte avait communiqué à ses filles. Stimulées par ses innombrables exemples et certaines que son aide, venant du ciel, aurait désormais une irrésistible efficacité, les Clarisses continuèrent de vivre comme si cette Abbesse par excellence habitait encore quelque communauté (2). Leur séraphisme, leur activité, leurs vertus se maintenant à un haut degré, le développement de la réforme ne se ralentit point.

En 1447, l'église du monastère gantois, complètement achevée, est consacrée le 4 juillet, et, le 21 septembre, le couvent de Pont-à-Mousson peut recevoir les religieuses que Colette lui destinait. Dix ans plus tard, les Colettines s'ins-

1. Sur les miracles arrivés après la mort de Colette, cf. les *Boll., loc. cit.*

2. A Besançon, pour mieux s'imprégner de sa « souvenance, les Sœurs gardèrent la louable coutume d'avoir parmi elles une religieuse dénommée sœur Colette ». (Lettre ms. des Sœurs de Besançon à celles d'Amiens, 17 janvier 1624.)

tallent à Nantes, et, en 1459, à Arras, où
Philippe de Saveuse et son épouse Marie de
Lully viennent de faire construire le cloître
qu'ils avaient eu dessein d'élever à Corbie. A
partir de 1461, elles conquièrent les Espagnes.
La maison de Gandia, colonie des religieuses
de Lézignan, régénère celle de Perpignan, puis
essaime en différentes villes, notamment à
Valence, à Alicante, à Madrid, et, envahissant
le Portugal, établit une ruche à Lisbonne même.
En 1470, les filles de sainte Colette sont à
Bourges, par les soins de l'archevêque Jean,
fils de Jacques Cœur, et, l'année suivante, à
Chambéry où, selon une prédiction de leur
vénérée Mère, elles devaient finir par pénétrer.
En 1474, elles s'implantent à Genève (1),
en 1475, à Montreuil-sur-Mer (2) et, trois ans
plus tard, à Grenoble, où la fondatrice du couvent, Jeanne Belle, fille du premier président
du Dauphiné, devait mourir en odeur de sainteté après avoir rempli la charge d'abbesse.
En 1481, la réforme gagne Bruges (3), Metz,
Paris, Dinan (4); en 1482, Péronne; en 1483,

1. Les maisons de Chambéry et de Genève furent
fondées par Yolande de France, duchesse de Savoie.

2. Les Colettines qui vinrent à Montreuil étaient précédemment, non loin de cette ville, à Dubrez; elles
durent quitter ce dernier lieu parce qu'elles y couraient
des dangers.

3. La maison de Bruges, fondée par Marguerite, sœur
d'Edouard IV d'Angleterre, fut une colonie de celle de
Gand. C'est là que les religieuses apportèrent la grille du
reclusage de Corbie.

4. La maison de Dinan fut fondée par celle de Nantes. La

Rouen; en 1484, Bourg-en-Bresse, où Charles de Savoie reprend et mène à bonne fin la fondation projetée par son aïeul. En 1490, des ruches colettines se forment à Cambrai et à Lille; en 1497, à Montbrison et, probablement, à Aix-en-Provence (1); en 1498, à Alençon, avec l'aide de Marguerite de Lorraine, et à Gien avec celle de Jean de Bourbon.

Tandis que l'œuvre de notre réformatrice se propageait de tous côtés avec un franc succès, selon les promesses que Notre-Seigneur avait faites à son ancelle en diverses révélations, Corbie restait sans maison colettine. En vérité, ne semble-t-il pas que cette ville ait été châtiée ainsi pour ses anciennes vilenies contre l'exquise servante de Jésus? Dans l'espoir de vaincre la résistance opiniâtre des Bénédictins, la reine de France avait pris le parti de se substituer, comme fondatrice, à la duchesse de Bourgogne, comme celle-ci s'était substituée à Philippe de Saveuse; les bulles qu'elle obtint (6 août 1447) restèrent sans résultat. Alors, l'année suivante, le roi intervint en même temps que la reine. Celle-ci attribuant la naissance de leur fils Charles aux prières de Colette, leurs Majestés écrivirent aux moines de bien vouloir consentir, en faveur de cet enfant, à l'érection du couvent

maison de Paris reçut son essaim de la ruche de Metz, qui tenait le sien d'Amiens.

1. La maison d'Aix fut fondée vers cette époque, mais on ne sait exactement en quelle année. Par contre, on sait qu'en 1516, les religieuses de ce couvent réformèrent celles de Marseille.

des Clarisses. Les missives royales furent remises le 26 juin à l'abbaye de Corbie, avec des lettres du confesseur des souverains et de l'évêque de Chartres, par le capitaine gouverneur de la Bastille, Guichard de Chissey, qu'accompagnaient un prêtre, Jean Duchesne, un notaire d'Amiens et plusieurs témoins. La demande du roi et de la reine fut répétée verbalement par Chissey, qui ne manqua pas d'insister sur les dédommagements et les faveurs auxquels pouvaient s'attendre les moines. Mais ces derniers tenaient par-dessus tout à ne pas avoir de Colettines dans leur voisinage, toute réforme monastique contrariait leurs concepts et leurs préjugés ; leur réponse, chef-d'œuvre d'habileté avocassière, mérite de passer à la postérité. Après délibération, ils chargèrent leur conseiller en cette affaire, un Amiénois nommé Levillain, de la transmettre à l'envoyé royal. « Les Bénédictins, exposa le susdit Levillain, étaient gens de grande recommandation : l'établissement proposé porterait atteinte à leur juridiction spirituelle et temporelle. Les « femmes men- « diantes » se prétendraient exemptes contre la teneur des actes et la volonté des fondateurs — atteinte inappréciable à prix d'argent, comme ils l'avaient déjà dit. Ils ne pouvaient, sans blesser leur conscience, laisser amoindrir l'héritage qui leur avait été transmis et contrevenir à la volonté des fondateurs. Les « femmes men- « diantes » n'étaient pas d'une si grande recommandation qu'on dût prendre le bien des autres

pour le leur donner. Évidemment, les intérêts
des pauvres et du clergé de la cité souffriraient
de leur établissement. Enfin, les Frères-Men-
diants d'Amiens seraient lésés, eux aussi,
quand ils viendraient prêcher, car ils trouvaient
dans Corbie une partie de leur subsistance. D'ailleurs, Colette, *convaincue de l'injustice de cette
entreprise avant de mourir*, avait demandé au
duc et à la duchesse de Bourgogne de l'abandonner. Pour ces causes, les Bénédictins priaient
le roi de les laisser se défendre en la Cour de
son Parlement. » On n'insista plus (1).

Les maisons des Colettins ne pullulèrent pas
moins que celles des Colettines, malgré les
manœuvres des Conventuels. Ces derniers, qui
cherchaient toujours à entraver la réforme,
eussent certainement, sans le Pape, remis peu
à peu, sous leur autorité, la plupart des monastères amenés par notre Sainte à la stricte
observance, comme celui d'Azille (diocèse de
Narbonne), dont ils tentèrent de s'emparer
en 1448. Heureusement le Saint-Siège entendait
que l'on respectât ses décisions relatives aux
Observants. En 1458, une bulle de Pie II arrêta
de nouveau les empiètements des champions
de la Règle mitigée.

Le monastère réformé de Dôle était resté très
florissant quoiqu'il eût envoyé des contingents

1. Heureusement, les générations se suivent sans toujours se ressembler. En 1672, les Bénédictins de Corbie
commencèrent de célébrer, dans leur église, la séraphique réformatrice.

un peu partout. C'est encore de cette ruche que
sortent, en 1451, les essaims destinés à Rougemont et à Belley, et, l'année suivante, ceux qui
étaient appelés à Thons et à Chalon-sur-Saône.
En 1460, les Colettins qui, depuis plus de dix
ans, ne cessent de s'étendre dans la Bourgogne
et la Franche-Comté, organisent une communauté à Nozeroy, dans le Jura. En 1463, ils
s'installent à Châteldon, dans l'Auvergne, où
ils avaient au moins un couvent depuis le
début des années cinquante. En 1471, ils pénè-
trent à Cluses, dans l'espoir d'arracher à l'erreur une multitude de Vaudois. En 1479, ils
arrivent à Autun; en 1502, ils seront à Paris.
Depuis plusieurs années, ils étaient près de
trente-cinq mille.

Il y avait aussi beaucoup de Colettins à
l'étranger, notamment dans les Flandres (1);
quand, en 1446, il fallut tirer de leur apathie les
monastères d'Écosse, ce fut à des Frères belges
que l'on confia cette mission.

Le retour à l'observance régulière s'accentua
si bien au début du xviᵉ siècle que les derniers
Conventuels modifièrent leur vie et cessèrent
de manifester de l'antipathie à leurs frères.
Selon la prophétie de Colette, il n'y eut plus
alors de Colettins; comme autrefois, les populations ne connurent que des Franciscains.
L'esprit du Père séraphique rayonna de nou-

1. Le chapitre tenu, en 1484, à Bruges, nous apprend
que, dans les trois années précédentes, il y avait eu
huit cents décès.

veau dans toute sa famille, ce qui valut à celle-ci
les forces nécessaires pour soutenir vaillamment les attaques du protestantisme, et l'œuvre
de notre réformatrice se trouva complètement
accompli. Car, malgré ce qu'en ont pu dire certains, l'auteur de cette merveilleuse régénérescence, c'est bien réellement la vierge de Corbie.
C'est bien à l'humble servante de Jésus, l'étude
des faits ne permet pas d'en douter, que revient
l'honneur d'avoir ramené à leur vie intégrale
les divers enfants du Poverello et d'avoir ainsi
préparé le retour à cette harmonieuse union
que la sagesse de Léon XIII devait réaliser au
xixe siècle.

Le dessein de travailler à la réforme des trois
groupes de la famille franciscaine apparaît nettement dans les demandes adressées par
Colette à Benoît XIII, le cardinal chargé du
rapport ne s'y trompa pas. Au début du
xvie siècle, le docteur Josse Clithou célébra
notre Sainte comme la réformatrice des trois
Ordres, et le P. Sylvère, en 1628, lui donna le
même titre. Enfin, la bulle de canonisation
déclare expressément que l'humble ancelle était
appelée, par le Saint-Esprit, à réformer *les
Ordres* de Saint-François (1).

Pour protéger la tombe de leur sainte mère,

1. *Bulle*, 3. — Après cette déclaration, viennent les
lignes suivantes : « ..... par un profond sentiment d'humilité, elle ne pouvait se résoudre à se charger d'un si
pesant fardeau ; cependant, pressée par des prodiges
célestes, elle commença cette réforme et l'exécuta promptement, de la manière la plus heureuse. »

les Clarisses de Gand l'avaient recouverte d'une
légère construction. Il fallut bientôt en faire un
oratoire; car la vénération pour notre réformatrice ne diminuait point, au contraire, et les
fidèles aimaient à implorer son intercession
devant sa sépulture même. Cette intercession
fut particulièrement efficace pendant la terrible
peste de 1469. Plusieurs Gantois ayant affirmé
qu'ils devaient à Colette d'avoir échappé au
fléau, l'évêque de Tournai commença de s'infor-
mer sur les faits miraculeux dus à la thaumaturge.

De leur côté, les Colettins avaient décidé de
recueillir les faits et témoignages par lesquels
la sainteté de notre Abbesse se trouvait attestée.
Les PP. Chrétien Baudoin et Anselme Leroy
firent une enquête à Corbie et dans les villes
bourguignonnes et comtoises où la vierge séraphique avait séjourné. Le 27 juin 1453, ils
obtinrent aux religieuses de Besançon l'autorisation de produire des témoins et de les inter-
roger sur la vie et les vertus de leur béate mère
Colette (1). Ces diverses dépositions furent
colligées par un licencié ès droits, Pierre de
Villette, et le résultat de ce travail prouva que,
partout, l'humble ancelle avait été et était
encore appelée *la Sainte* par les populations (2).

1. *Bibliothèque de Besançon, liasse concernant sainte
Colette.* — L'autorisation fut donnée, au nom de l'archevêque de Besançon, Charles de Neufchâtel, par le
vicaire général Mathelie.
2. *Bibliothèque de Besançon (Archives du couvent*

En 1471, l'évêque de Tournai recevait les dépositions de Philippe Courault ainsi que des vieillards de Corbie qui avaient connu la fille des Boellet au temps de son reclusage (1). Et, dès l'année suivante, sa canonisation était sollicitée à Rome par Charles le Téméraire (2). Sixte IV tenait la glorieuse Mère pour sainte, mais il lui fallait s'occuper d'abord de la cause de saint Bonaventure ; il ne put que faire inscrire au registre consistorial celle de notre réformatrice (3).

En 1492, le P. Jacques Bernard, visiteur de l'Ordre franciscain, se trouvant à Gand, on ouvrit la tombe de Colette et l'on exhuma pieusement ses ossements (13 septembre). L'année suivante, après les avoir lavés dans du vin du Rhin, on les déposa dans une boîte de plomb revêtue à l'intérieur de verre très épais; et ce coffret fut enfermé dans une caisse de bois pré-

---

d'Amiens). — C'est pendant l'enquête dont il vient d'être question, que Sœur Perrine et Pierre de Vaux tracèrent, chacun de leur côté, une vie de notre Sainte.

1. Rappelons que Ph. Courault relata, dans un écrit, les faveurs et les miracles dont la thaumaturge avait comblé ses parents, lui-même et ses compatriotes. Les quatre vieillards corbéiens étaient : Jacques Guyot, clerc de la cour spirituelle de Corbie, notaire assermenté, âgé de soixante-seize ans, Agnès de Vaudemont, âgée de quatre-vingt-quatre ans, Guillaume de Baizieux, âgé de quatre-vingt-quatre ans, et Roberte de Baizieux, âgée de soixante-dix-huit ans. Leur déposition juridique est du 6 mars 1471. — *Bolland.*, mars, t. I.

2. Ce prince avait succédé, en 1467, à son père Philippe le Bon.

3. *Boll.*, *loc. cit.*, p. 533.

cieux, que l'on mit dans une sépulture nouvelle (1).

Sur ces entrefaites, on avait fait tracer en divers endroits des relations de la vie de l'admirable thaumaturge (2). L'authenticité et l'intégrité de ces histoires fut soigneusement établie et l'on en expédia, sous sceau, de fidèles copies aux principales maisons colettines. Puis, en vue d'obtenir l'examen de la cause de notre glorieuse Abbesse, les PP. Jean Escous et Adrian partirent pour Rome (6 décembre 1495). Ils emportaient une supplique signée par Maximilien d'Autriche, souverain des Pays-Bas, et son épouse Marguerite de Bourgogne, par René, duc de Lorraine et roi de Sicile, et son épouse; une pétition, dont notre Charles VIII, avait pris l'initiative, à la requête de sa nièce, Louise de Savoie, religieuse du couvent d'Orbe, et une adresse rédigée par l'évêque d'Amiens, Pierre

1. Une inscription assez longue fut gravée sur la pierre sépulcrale; et la légende suivante, semée de croix, couvrit le champ de l'épaisseur des côtés :

DULCIS ✠ ANCILLA ✠ DEI ✠ ROSA ✠ VERMANS
STELLA ✠ TU ✠ MEMOR ✠ ESTO ✠ MEI ✠ DUM
MORTIS ✠ VENIT ✠ HORA

Aux pieds, également sur l'épaisseur de la pierre, on inscrivit le cachet de la Sainte (une main serrant la croix, les trois clous et la lance) avec sa devise : « Mes sœurs, pensez à la mort, il faut mourir. » Une hache, évocation du métier de Robert Boellet, fut silhouettée à la suite de la devise. Et l'on traça les noms de François et de Claire sur l'extrémité supérieure de la pierre.

2. L'écrit d'Hesdin mentionne quatorze miracles, celui de Gand quinze, celui d'Arras quatre; on en relève une multitude dans ceux de Poligny et d'Auxonne.

Versé, originaire de Poligny, et les évêques de Cambrai et de Genève. Avec ces princes et ces prélats, les deux envoyés représentaient aussi l'archiduc d'Autriche, Marguerite d'Angleterre, duchesse douairière de Bourgogne, l'abbé de Corbie, les bourgeois de cette cité ainsi que ceux de Gand et d'Hesdin. Le consistoire écouta les postulateurs avec bienveillance ; toutefois le Pape dut renvoyer la poursuite de la cause, le soulèvement des Napolitains contre les Français ayant déchaîné la guerre sur divers points de l'Italie.

En 1508, nouvelles sollicitations, présentées, cette fois, par le P. Rollet, franciscain de Bourgogne, avec le concours de Marguerite d'Autriche et des bourgeois de Gand. Par malheur, Jules II, ligué avec Maximilien, Louis XII de France et Ferdinand d'Aragon, luttait contre les Vénitiens. Le moment n'était guère favorable pour entreprendre la glorification de notre Sainte. Les instances furent reprises en 1513 ; Maximilien et Henri VIII d'Angleterre joignirent leurs efforts à ceux de Marguerite et des Gantois, et deux fils de saint François, délégués par les Supérieurs de l'Ordre, supplièrent Léon X d'accorder à leur vénérée Mère le titre de Bienheureuse (1). Mais de graves

---

1. Maximilien fit plaider la cause de Colette par son représentant à la cour pontificale, Albert Pighius, comte de Curpi. Quant à Henri VIII, encore catholique à ce moment, il envoya une missive littéraire, dont voici le plus curieux passage : « Depuis que nous sommes

affaires absorbaient le Souverain Pontife; il lui fallait travailler à la réconciliation de l'empereur et de la République vénitienne, et se précautionner contre François Ier, dont les succès à Milan, à Parme et à Plaisance étaient pour l'inquiéter.

Les années succédèrent aux années sans que la cause put être examinée. En 1536, une seconde reconnaissance des reliques de notre thaumaturge fut faite, le 25 mai, par Nicolas Burilly, évêque *in partibus* de Sarepta et coadjuteur suffragant de l'évêque de Tournai. Les saints ossements n'avaient point du tout souffert, et, détail typique, l'humidité du caveau n'avait même pas altéré la pièce de damas qui les enveloppait. A la suite de cette découverte, on les exposa, par ordre de l'évêque diocésain, à la vénération publique (1).

arrivés dans la Gaule-Belgique, nous avons entendu retentir de toutes parts le nom et les louanges de la glorieuse vierge Colette... Nous avons compris comment, semblable à une diligente abeille, après avoir recueilli sur les fleurs précieuses des plus rares vertus, le miel exquis qu'elle a présenté au céleste Jardinier, elle a mis tous ses soins à produire des essaims nombreux; car c'est elle qui a enrichi non seulement la Belgique, mais aussi la France, la Bourgogne, la Savoie, et bien d'autres pays, de ces monastères qu'elle a construits par ses soins et par son industrie, toujours sous la direction de l'Esprit-Saint... » L'original est en latin.

1. C'était, en réalité, une béatification anticipée; en ce temps-là, les lois canoniques ne s'y opposaient pas. « Mais, dit Baudeau, chanoine régulier de Chancellade, il ne faut pas croire qu'on accordât de semblables permissions sans aucun examen et sans un juste discernement. On trouve les preuves du contraire dans plusieurs de ces

En 1572, un Mineur, le P. Géric, rappela au pape Pie V la cause de notre réformatrice, et la béatification de celle-ci fut décidée. Mais le pontife fils de saint Dominique n'était plus de ce monde quand parvinrent à Rome quelques pièces nécessaires à la procédure qu'il avait demandées (1).

Le tribunal de l'Église voulut au moins manifester sa sympathie pour la servanteresse de Jésus en favorisant la dévotion dont l'entouraient tant de fidèles. Le 27 novembre 1604, Clément VIII autorise les Colettines de Gand à célébrer l'office de leur glorieuse Mère tous les ans, au jour de sa mort. Six ans plus tard, Paul V octroie cette permission à tous les monastères belges de Saint-François. En 1622, elle est accordée, au nom de Grégoire XV, par le nonce « es pays de Flandre et comté de Bourgoigne », aux Colettines de Besançon (5 juillet) et à celles de Poligny (17 septembre) (2). Leurs Sœurs d'Amiens bénéficient, en 1628, de la même faveur, qu'Urbain VIII étend, l'année suivante,

Lettres apostoliques, où l'on fait une mention expresse du soin que le Pape s'étoit donné pour être assuré de la sainteté de ceux à qui ces honneurs étoient déférés. Si ces précautions ne sont pas exprimées dans les autres, on n'en doit pas inférer qu'elles n'ont pas été prises. » (*Analyse de l'ouvrage du pape Benoît XIV sur les béatifications et les canonisations.*)

1. Ces pièces avaient été rédigées par Corneille Jansen, le savant évêque de Gand. Un évêché venait d'être institué dans cette ville.

2. En remerciant le Saint-Père (28 avril 1623), l'archevêque de Besançon le suppliait, au nom de tout son diocèse, de canoniser Colette.

à toutes les Clarisses de France, et, en 1635, à tous les Franciscains (1).

Entre temps, le P. Sylvère, capucin d'Abbeville, avait reçu de ses Supérieurs mission d'écrire la vie de notre vierge séraphique. Commencée en 1625, son œuvre avait été terminée trois ans après, et le succès en fut si considérable qu'il décida le Saint-Siège à reprendre la cause de Colette. Un Capucin de Paris, le P. Sylvestre, confesseur des Clarisses d'Amiens, fut chargé de l'enquête officielle et fit prendre des renseignements dans toutes les maisons de l'Ordre. Mais ceux qu'il obtint ne le satisfirent point. Les troubles de la Fronde, la guerre de Trente ans, la campagne de Louis XIV en Franche-Comté contrarièrent les efforts entrepris plus tard par les dévots de l'exquise ancelle (2).

1. C'est surtout aux sollicitations de Marie de Médicis et de sa fille Henriette d'Angleterre que les couvents de France durent cette autorisation. L'épouse d'Henri IV demanda très instamment aussi la glorification de l'humble ancelle. A Corbie, dès 1628, l'official permit de célébrer, dans la chapelle de la reclusion, des messes votives pendant toute l'année, et la messe solennelle au jour de la fête. Et, le 13 août 1633, tous ceux qui habitaient cette ville furent autorisés par le Pape, à la demande d'Henri de Lorraine, archevêque de Reims et abbé de Corbie, à célébrer la fête de notre Sainte avec l'office et la messe du commun. En 1631, à l'instigation de Nicolas Le Boucher, seigneur d'Ailly, président et trésorier de France, les Abbevillois avaient commencé d'honorer la vierge séraphique par des fêtes solennelles, chez les Cordeliers, à Saint-Gilles.

2. Parmi ceux-ci, un Bisontin, le chanoine Philippe Chifflet, se distingua par son activité dès 1634. Lorsqu'en

Puis, en 1716, un gentilhomme comtois, M. de Neveu, réussit à intéresser au procès de Colette l'impératrice d'Autriche Amalie; et, tandis que les Clarisses de Besançon imploraient l'appui de l'empereur lui-même, les Capucins de Franche-Comté sollicitaient, par un de leurs frères de Rome, l'aide du cardinal Cassini. Sur les conseils de ce dernier, les postulateurs prièrent le procureur général des Récollets d'appuyer leur requête; et ce dernier, Fr. Donatien, remit à Clément XI, en 1717, les suppliques de tous les couvents de Colettines (1). Peu après, l'Université de Besançon envoyait au Saint-Père une lettre qui soutenait la demande des Clarisses. Néanmoins, ces instances restèrent sans résultats.

Les moniales de Besançon firent renouveler leurs supplications, en 1738, par le P. Gravois, récollet; et, l'année suivante, le 11 septembre, Clément XII ordonna, par un décret, de reprendre la cause dans l'état où elle se trouvait. Benoît XIV la fit avancer quelque peu et, en 1744, il voulut connaître tous les livres et manuscrits relatifs à Colette. Mais le P. Gravois ayant été remplacé par un postulateur

février de cette même année, la *Sainte-Claire* de Besançon fut toute parfumée d'une odeur ineffable — odeur qui se manifesta dans plusieurs couvents — il écrivit à l'abbesse que cela signifiait une visite de la Sainte. Et son zèle s'en accrut pour la cause de notre réformatrice.

1. Biblioth. de Besançon. — *Lettres mns. concernant la canonisation de sainte Colette.*

négligent, le jeune P. Anselme, également récollet, la procédure subit de fâcheux retards jusque vers 1771.

A ce moment, la Congrégation des Rites examina l'héroïcité des vertus de l'humble ancelle et, grâce aux cardinaux de Choiseul et de Bernis, cet examen ne languit point (1). Les Pères ayant, à l'unanimité, déclaré possible la discussion des miracles, Clément XIV ratifia leur jugement le 24 août suivant.

« Alors, nous apprend la bulle de canonisation, on proposa quatre guérisons miraculeuses, attribuées à l'intercession de la bienheureuse Colette, pour être discutées, selon l'usage, dans trois Congrégations. Après la première Congrégation, les postulateurs de la cause eux-mêmes retirèrent une de ces quatre guérisons (2). Quant aux trois autres, Pie VI, notre prédécesseur d'heureuse mémoire, le 12 août de

1. Le cardinal de Bernis était ambassadeur de France à Rome. A la prière du cardinal de Choiseul, il incita les Pères de la Congrégation à ne pas interrompre leurs travaux.

2. C'était celle d'une Clarisse du monastère de Gand, Colette de Bloewe, originaire de Bruges. Depuis quatre ans, elle était complètement aphone et les médecins la déclaraient incurable. En 1747, pendant une nouvelle reconnaissance des reliques de la Sainte, elle invoqua Colette avec toute sa ferveur, et, sentant qu'une transformation s'opérait dans sa gorge, elle s'écria soudain très nettement : « M'entendez-vous, ma Révérende Mère? » Tous les assistants crurent à un miracle. Mais, à Rome, un docteur de la commission d'examen ayant déclaré que cette guérison soudaine était presque naturellement impossible, cela suffit pour que la Sacrée Congrégation rejetât le fait comme insuffisant.

l'année 1781, décréta qu'elles devaient être
regardées comme de vrais miracles, surpassant
les forces de la nature, et il les tint en effet pour
tels. De ces trois miracles, le premier arriva à
la Sœur Rosa Croës : elle était depuis longtemps
dans l'impuissance absolue de marcher, par
suite d'une fracture transversale, multiple et
mal remise de la rotule du genou gauche, et elle
fut guérie en un instant ; le second eut lieu sur
la Sœur Marie-Thérèse Smidts, du Tiers-Ordre
de Saint-François, qui fut délivrée sur-le-champ
d'une tumeur avec ulcère au côté gauche, et
d'autres infirmités très graves, dont elle souffrait cruellement ; le troisième fut la guérison
subite de François Romain de la Motte, profès
laïc de l'Ordre des Récollets de Saint-François,
qui était attaqué d'une phtisie pulmonaire
invétérée et jugée incurable, et qui recouvra
pleinement ses forces (1).

« Alors les postulateurs, considérant que,
pour plusieurs raisons favorables à cette cause,
on pouvait espérer d'obtenir la dispense du

---

1. Rosa Croës, cistercienne de Gand, s'était blessée en
se rendant à matines, le 29 novembre 1744. Des abcès se
renouvelant sans cesse dans son genou fracturé, toute
la communauté fit une neuvaine à notre Sainte, et, le
troisième jour, au verset *incarnatus est* du *Credo*,
l'infirme était guérie.

La Tertiaire s'était traînée péniblement, le 19 juillet 1747,
jusqu'au couvent de Bethléem ; elle y but de l'eau du
puits, baisa les reliques de la thaumaturge et se couvrit
de son manteau. C'est alors qu'elle redevint valide.

Le Récollet appartenait au monastère de Bruges et
vint à Gand, sa ville natale, en juin 1747 ; une simple
invocation à la glorieuse Mère lui valut sa guérison.

quatrième miracle, adressèrent dans ce sens
une supplique à Pie VI, notre prédécesseur,
lequel, après avoir pris l'avis d'une Congrégation spéciale nommée par lui à cet effet, et
après avoir pesé les circonstances particulières
de cette cause, accorda la dispense demandée,
par un décret du 21 avril 1790. Après cela, on
proposa à la Congrégation générale des Rites
la question de savoir si la bienheureuse Colette
pouvait en toute sûreté être inscrite au cata-
logue des Saints. Quoique la Congrégation
n'eût pas le plus léger doute à ce sujet, le pape
Pie VI n'en continua pas moins à offrir de
continuelles prières, pour obtenir la lumière
dont il avait besoin, et enfin, le 15e jour du mois
d'août de la même année 1790, il déclara qu'on
pouvait désormais procéder à la canonisation
de la bienheureuse Colette. Le pieux Pontife
avait singulièrement à cœur de terminer cette
importante affaire, mais les temps très difficiles qui survinrent ne lui permirent pas d'y
mettre la dernière main (1). »

En effet, les valets de l'enfer, en arrachant
Pie VI à la chaire de saint Pierre, l'empêchèrent
de couronner son œuvre. Ce fut seulement le

---

1. *Bulle,* 8 et 9. — D'autre part, comme les dépenses
de la canonisation étaient très élevées et que l'on n'en
pouvait rien retrancher, pas même aux religieux d'un
Ordre pauvre, force avait été d'attendre qu'il y eut
plusieurs canonisations à faire. Les saints qui furent
placés sur les autels en même temps que notre réformatrice, sont : François Caracciolo, Benoît de Saint-
Philadelphe, Angèle de Merici et Hyacinthe Mariscotti.

24 mai 1807 que son successeur Pie VII put donner la bulle de canonisation; encore ne la publia-t-on pas en France, le gouvernement impérial n'y admettait point les documents de ce genre. Mais les fidèles n'en entendirent pas moins la voix du Vicaire de Jésus-Christ; à Poligny, on fêta magnifiquement la glorification de notre Sainte, et, à cette occasion, une modeste fille de service, Marie Francœur, offrit une nouvelle châsse qu'elle avait fait réaliser avec ses économies (1).

Lorsque l'hérésie ensanglanta les Flandres et que les Clarisses durent fuir de Gand, celles qui cherchèrent un asile à Arras, en 1577, emportèrent les précieuses reliques de leur Mère. Cet événement, Colette l'avait prédit peu de temps avant de quitter cette terre. Comme Philippe de Saveuse la priait de se rendre au couvent arrageois qu'il venait de terminer : « Si je n'y vais pas vivante, répondit-elle, j'irai morte. »

Les reliques retournèrent à Gand en 1586, mais pour en repartir deux siècles après, Joseph II d'Autriche ayant résolu de chasser les congrégations des Pays-Bas, dont il était alors le maître. Confiées au monastère de Poligny, le 15 octobre 1783, ces saints restes coururent de grands dangers quand éclata la Révolution. Excités par un fanatique, les sans-culottes voulurent les brûler en 1793. Heureusement, une vaillante Clarisse restée dans la ville, Cons-

1. L'abbé Garnison, curé de la paroisse, loua comme il convenait, pendant la cérémonie, ce bel acte de piété.

tance Parpandet, réussit à les sauver. Ayant
décidé quelques bons chrétiens à l'accompagner,
elle les emmena pendant la nuit dans l'église
Saint-Hippolyte, où la châsse avait été trans-
portée, et ils dissimulèrent ce trésor dans la
chapelle même, sous des décombres et du bois.
Mais, peu après, les impies ayant décidé de
fêter la déesse Raison dans le sanctuaire, la
Sœur Parpandet dut chercher une autre cachette. Pendant que les ouvriers chargés du
nettoyage de l'église prenaient leur repas de
midi, elle se glissa dans la chapelle avec deux
charpentiers, Antoine Lugan et son fils François, et, grâce à leur concours, la châsse fut
bien vite dégagée. Ses dimensions ne permettant
pas de l'emporter, Constance en retira le reliquaire et le dissimula sur les voûtes de l'édifice; puis, le surlendemain, nuitamment et
pieds nus, elle revint le chercher pour le conserver dans sa propre demeure. Au bout d'un
an, comme le régime terroriste s'accentuait et
que les perquisitions à domicile se succédaient
sans relâche, elle confia le vénérable dépôt à la
famille Barbier, qui possédait un caveau secret,
et il y resta jusqu'en 1803 (1).

Le 19 novembre de cette même année, les reliques furent transportées à l'hôtel de ville,
sous la direction de l'abbé Gagneur, ancien
vicaire de Saint-Hippolyte; et, le 6 mars 1804,
elles reprirent leur place, en grande pompe,

1. R. P. Sellier, II, pp. 200-203. — Dès 1801, ce caveau
devint un lieu de pèlerinage pour les fidèles de la ville.

dans l'église paroissiale (1). Le 14 mai 1807, après les avoir reconnues de nouveau et d'une manière plus solennelle, on en détacha six parcelles : une pour le Pape, les autres pour l'archevêque de Besançon et celui de Lyon, l'évêque de Gand et deux pieux laïques : Mlle Duliétex et M. Le Boucher de Richemont (2). Enfin, le 12 décembre 1822, fête de l'invention du corps de saint François, les Clarisses qui, depuis deux ans, avaient relevé le monastère de Poligny, recouvrèrent les saints ossements de leur glorieuse Mère (3).

Quand la France eut été rendue à la religion, celles des filles de sainte Colette qui existaient encore reformèrent des communautés partout où ce fut possible. Depuis, leur famille, en se multipliant, n'a cessé d'obéir scrupuleusement à la Règle de notre réformatrice, de s'inspirer de son esprit. Le séraphisme règne dans leurs

1. A. Rousset, *Dictionnaire hist. du Jura*, art. *Poligny*, p. 253.

2. Ce dernier était d'Abbeville. Mlle Dubétex avait, par ses aumônes, permis de réparer la chapelle destinée à recevoir la châsse de Colette.

3. Sur l'histoire des Clarisses après la mort de Colette, cf. J.-Th. Bizouard, *loc. cit.*, et les *Annales franciscaines* de 1886. — Les reliques de notre réformatrice que l'on conservait au couvent de Besançon, et qui avaient été sauvées à grand'peine par quelques religieuses, ne revinrent au nouveau monastère que le 10 juillet 1887. La même année, les Clarisses de Besançon cédèrent à leurs Sœurs de Poligny le reliquaire contenant le morceau de la vraie Croix. Les reliques de l'ancienne maison de Gand sont dans la nouvelle depuis 1814. C'est là que l'on peut vénérer le manteau et la dernière robe de l'humble ancelle.

couvents comme au xv° siècle, et l'on y sous-
crit toujours à cette *protestation de pauvreté*
du vieux Rituel de Besançon : « Nostre Père
saint François, exhortant un jour nostre glorieuse Mère sainte Claire et toutes ses saintes
filles à garder très soigneusement la SAINTE
PAUVRETÉ, se servit des termes suivants : « Je
« vous supplie, mesdames, et vous donne con-
« seil de vivre toujours en cette vie de très
« sainte pauvreté; et prenez bien garde que,
« par l'induction ou conseil de personne, vous
« ne vous en sépariez jamais. » Divin conseil,
qui fut très parfaitement gardé de nostre très
sainte Mère, laquelle ordonna que toutes celles
qui luy succéderoient fussent très zélées à l'observer de la même sorte qu'elle l'avoit été. Et
telle elle fust établie dans ce monastère par
nostre bienheureuse réformatrice sainte Colette,
telle elle est maintenant jusques à présent :
sçavoir, de n'avoir aucune provision qui nous
puisse durer pendant une année, sans mendier;
ne possédant par nous-mêmes, ni par personnes interposées, aucuns champs, prez,
vignes, vergers, maisons, rentes ou revenus
annuels, obligations, ny retenues, nous con-
tentant de la journalière mendicité; et supplions,
par les entrailles sacrées de Jésus-Christ, toutes
les religieuses qui nous doivent succéder, de la
garder de la même sorte, et que, sous aucun
prétexte, elles ne veuillent jamais recourir au
Saint-Siège pour avoir quelque privilège, ny
de se servir de ceux du saint concile de Trente,

et d'observer de tout leur pouvoir la renonciation que nous faisons toutes présentement, tant en leur nom qu'au nôtre, à tout ce qui pourra tant soit peu choquer la pureté de nostre saint estat, comme est la possession des choses susdites, et d'établir un fonds pour le gage de nostre Père confesseur, de quelque manière que ce soit. Et, en foy de tout ce que dessus, et pour nous et pour celles qui nous doivent succéder, nous avons voulu insérer cet acte dans notre présent Rituel, pour le rendre plus authentique, et en conserver l'original dans les archives de ce monastère. Fait capitulairement, toutes assemblées, ce 19° d'aoust de l'an mil six cent septante, et signé de nos propres mains (1). »

1. Cette protestation de pauvreté fut signée par les trente-deux religieuses du couvent, la Mère Françoise-Colette de Crosey étant abbesse. C'est de sainte Colette même que les Clarisses de Besançon tenaient, par des traditions ininterrompues, les coutumes religieuses qu'elles publièrent, en 1671, sous le titre de *Rituel ou Cérémonial*.

CONCLUSION

*Les enseignements de la vie de sainte Colette.
— L'immolation de soi-même. — La science
de Jésus crucifié. — La vraie vie de liberté. —
Au salut éternel par le chemin du Calvaire.
— Raisons d'espérer au milieu des persécutions.
— L'Église est indestructible. — Implorons
des saints. — Vivons la vie chrétienne.*

Les actions de la glorieuse vierge de Corbie,
dit Josse Clithou, sont « si extraordinaires qu'on
aurait peine à les croire, si elles ne nous avaient
été transmises par ceux qui en ont été témoins
et vérifiées par des prélats que leur science,
leur sagesse et la solidité de leur vertu mettent
à l'abri de tout soupçon (1) ». Dieu se plut, en
effet, à glorifier son ancelle par d'étonnantes
merveilles, à l'enrichir de dons admirables.
C'est à la fois une grande figure nationale et
une grande figure chrétienne. Il s'en faut, cependant, qu'elle soit connue, vénérée, célébrée
comme elle le mérite. Que tous ses dévots s'ap-
pliquent donc à développer son culte en France

1. *Brevis Legenda Beatæ Sororis Coletæ*, trad. par
M. l'abbé Douillet. — Josse Clithou, docteur de Sorbonne, était chanoine de Chartres.

et qu'ils demandent instamment son extension à l'Église universelle.

« Nulle religieuse franciscaine, pas même sainte Claire, déclare M. Siméon Luce, ne ressembla davantage au fondateur presque divin de l'Ordre séraphique et moralement ne l'approcha de plus près (1). » Comme le Patriarche d'Assise, elle a soutenu l'Église ébranlée, travaillé à la pacification des esprits, à la réforme des mœurs. Et avec quel amour elle s'immola pour apaiser la colère divine !

Par son renoncement, son abnégation, son esprit de sacrifice, Colette apparaît dans le chœur des vierges comme une héroïne grandiose. De même que saint Paul, elle eut la science de Jésus crucifié, et, de même que saint Augustin, assez de volonté, de courage et de dilection pour fixer à jamais « dans son cœur le divin Crucifié (2) ». Du jour où son esprit eut conscience de Dieu — et l'on a vu que ce fut très tôt — jusqu'à l'heure où son âme quitta son corps mortel, elle ne cessa d'avancer dans la perfection. Sa vie fut une ascension vers la gloire éternelle (3).

Mais ne nous contentons pas de l'admirer, cette vie, étudions-la pour suivre plus fidèlement le divin Maître et acquérir des vertus.

1. *Loc. cit.*

2. *Toto vobis figatur in corde, qui pro vobis fixus est in cruce.* (*Serm. 43.*)

3. Le P. Claret déclara qu'elle n'avait pas commis un seul péché mortel. Sa vie fut vraiment angélique.

Méditons-la pour mieux comprendre l'importance de l'abandon à la volonté sainte et la valeur de la mortification. « Nous procédons par concession et conciliation, écrit le P. Pacifique. Disons le mot ! La mortification nous effraye; nous avons peur d'aborder l'ennemi et nous sommes prêts à accepter tous les parlementaires qu'il voudra bien nous envoyer pour conclure la paix, si onéreuse qu'elle soit. Nous renvoyons à plus tard d'entreprendre cette campagne. L'ennemi met le temps à profit pour se fortifier et resserrer de plus en plus les liens de notre captivité (1). » Voulons-nous secouer le joug de nos passions? Donnons-nous à Jésus sans arrière-pensée, ordonnons-nous de vivre selon sa loi. « Servir Dieu, s'écrie saint Grégoire, c'est s'assurer une vie de liberté. » Inspirons-nous des exemples de l'ancelle magnanime qui prouva qu'elle ne craignait rien tant que de passer un seul jour sans souffrir (2). Apprenons, à son école, à ne pas oublier que, seul, le chemin du Calvaire mène au salut éternel.

Que la méditation de la vie de Colette nous affermisse enfin dans l'espérance comme dans

1. *Retraite*, p. 129.

2. C'est la réponse qu'elle fit un jour à l'abbé Jean Moulines, aumônier de Bernard d'Armagnac, qui lui demandait ce qu'elle craignait le plus dans ce monde. Et cette réponse, si profonde en sa simplicité, ne nous livre-t-elle pas toute la psychologie de la Sainte?

L'abbé Moulines, en se rendant à Gand, après la mort de Colette, s'engagea mal dans le Cher débordé, et il allait y périr quand, ayant invoqué notre thaumaturge, il fut miraculeusement sauvé.

la foi. L'Église de France traverse une phase
désastreuse; mais n'a-t-elle pas connu des
jours plus sombres, n'a-t-elle pas couru de plus
terrifiants dangers? A certains moments du
xiv⁰, du xv⁰ et du xvi⁰ siècle, son état ne parut-il
pas désespéré? Et toujours Dieu l'a sauvée en
la régénérant.

Que prouvent d'ailleurs les mesures d'excep-
tion actuelles, sinon que l'Église est une puissance assez forte pour gêner des adversaires
maîtres du pouvoir? On ne persécute pas une
religion mourante. En réalité, elle est si redoutable cette Église, dont on annonce la décrépi-
tude depuis tant d'années, que les plus auda-
cieux désespèrent de la vaincre sans recourir à
la calomnie. Vaines tentatives. On peut enchaî-
ner et martyriser l'épouse du Christ, on ne la
détruira pas. Depuis qu'elle existe, combien
l'ont attaquée, combien ont prédit sa ruine,
proclamé sa déchéance. Et elle reste debout! Et
quand tous les sanctuaires de France seraient
renversés, l'Église vivante que constituent les
âmes défierait encore tous les assauts et tous
les outrages. Car cette Église mystique est
comme un pur métal : les ordures lancées
contre elle la souillent sans l'altérer.

« On se scandalise souvent, dit très justement Mgr Gay, de ce que souffre la sainte
Église. Dieu semble plus que tolérer ceux qui la
persécutent : ils seraient en droit de croire
qu'ils le servent, tant ils paraissent bénis. La
vérité est que nul n'avance autant qu'eux

l'œuvre divine : de là vient que Dieu leur laisse
le champ libre et les fait durer si longtemps. Le
jour où la prospérité extérieure de l'Église serait complète et universelle serait assurément
celui de son plus extrême péril. La haine de
Satan et, beaucoup plus encore, l'amour de
Dieu pour elle se rencontrent pour l'en préserver (1). »

Malgré les attaques et les négations, elle con-
tinuera de se dresser au-dessus du monde
qu'elle éclaire et vivifie malgré lui. Quels périls
Dieu n'a-t-il pas dissipés en suscitant des
saints? Implorons donc plus que jamais des
saints, des âmes apostoliques, de valeureux
soldats du Christ. Supplions la séraphique
Colette et tous les Bienheureux de France de
nous en obtenir et d'intercéder pour notre malheureux pays. Et faisons tous nos efforts pour
nous rendre dignes des secours de la Providence, travaillons sans relâche à nous réformer
pour vivre intégralement selon la loi divine.
Que peut la persécution contre ce temple du
Saint-Esprit qu'est l'âme d'un vrai fidèle?
Quelles iniquités terrasseront le croyant que
soutient le Pain des forts? Quelles lois l'empê-
cheront de transmettre aux siens le dépôt sacré
de la doctrine? *Le Seigneur est juste dans
toutes ses voies... Le Seigneur est proche de tous
ceux qui l'invoquent... Il remplira les désirs de
ceux qui le craignent, il exaucera leur prière*

1. *Vie et vertus chrétiennes*, pp. 332-333, de la grande
édition.

et les sauvera (1). Sans défaillances, sans craintes vaines, préparons donc les réserves de l'avenir. Agissons en priant. Mais, il faut le répéter, si nous voulons faire des chrétiens, vivons d'abord la vie chrétienne.

Seule, cette vie contient toutes les lois de la vie; elle s'accorde avec la raison, la nature et la révélation. C'est elle qui élève et perfectionne les inclinations naturelles, c'est elle qui conduit l'homme, par l'accomplissement de ses devoirs envers lui-même, envers ses semblables, envers Dieu, à la possession du bonheur parfait, dans la connaissance et l'amour de la Vérité, de la Beauté, de la Bonté infinies.

1. Justus Dominus, in omnibus viis suis,
   et sanctus in omnibus operibus suis.
   Prope est Dominus omnibus invocantibus eum,
   omnibus invocantibus eum in veritate.
   Voluntatem timentium se faciet;
   et deprecationem eorum exaudiet, et salvos faciet eos.
   (Ps. CXLIV, 17, 18, 19.)

TABLE DES MATIÈRES